율곡성리학 산책

이자성리서李子性理書

율곡성리학 산책

이자성리서 李子性理書

이 이 지음
이도중 엮음
전병수 역주

도서출판
수류화개

해제

1584년(선조 17) 정월 초하루, 율곡栗谷 이이李珥가 끝내 숨을 거뒀다. 이날은 병이 위중한 중에도 순무어사巡撫御史로 관북關北에 가는 서익徐益에게 변방의 방략方略을 일러 준 바로 그 이튿날이다. 죽음이 다다랐음에도 나라를 위한 이이의 충정을 볼 수 있다. 《조선왕조실록》의 졸기에는 이이가 죽음에 이른 병을 얻은 것이 병조판서兵曹判書가 된 1582년 12월부터 과로하였기 때문이라고 기록하였다. 또 서울에는 집과 남겨놓은 재산이 없어 막역한 친구가 수의를 보내 장사를 치러주고, 작은 집을 사서 유족에게 주었지만 유족이 생계를 유지하지 못하였다는 기록과 벼슬아치부터 서민에 이르기까지 조의를 표하며 눈물을 흘리고, 발인發靷하는 날 밤에는 원근의 사람들이 모여 영구靈柩를 전송하였는데, 횃불이 수십 리에 걸쳐 있었다는 기록이 있다. 이를 통해 이이의 청렴함과 위아래 할 것 없이 많은 사람에게 인심을 얻었음도 함께 엿볼 수 있다.

이이는 태어나면서부터 슬기가 남다르고 매우 총명하여 7세 때 이미 경서經書를 이해하고 글을 지었으며, 학문을 하면서 사장詞章을 일삼지 않았는데도 문장이 일찍부터 이루어져 이름이 사방에 알려졌다고 한다. 어머니 사임당師任堂 신씨申氏가 죽은 뒤에는 그 슬픔이 너무 지나처 선학禪學에 잘못 물들어 19세 때 금강산에 들어가 불교의 계율을 지키고 참선하였는데, 승려들 사이에 "생불生佛이 나왔다."고 떠들썩하였다고 한다. 그러나 얼마 뒤 이것이 그릇된 것임을 깨달아 20세 때 다시 돌아와 유학儒學에 정진하였다. 딱히 어떤 사람을 스승으로 모시며 가르침을 받은 적은 없지만, 정암靜庵 조광조趙光祖·퇴계退溪 이황李滉을 본보기로 삼았다.

1558년 겨울 별시別試(문과 초시文科初試)에서 〈천도책天道策〉을 지어 장원하였다. 1564년 호조좌랑戶曹佐郎을 시작으로 예조좌랑禮曹佐郎·이조좌랑吏曹佐郎, 우부승지右副承旨, 이조판서吏曹判書, 병조판서兵曹判書 등을 두루 역임하였다. 저서로는 유학 경전 가운데 제왕학의 요점과 도학道學의 정수가 될만한 내용을 뽑아 엮은 《성학집요聖學輯要》, 아동교육서 《격몽요결擊蒙要訣》, 기자箕子의 행적을 정리한 《기자실기箕子實記》, 송나라 주희朱熹가 제자 유자징劉子澄에게 지시해 만든 아동학습서 《소학小學》에 주석을 단 《소학제가집주小學諸家集注》 등과 문집 《율곡집栗谷集》이 있으며, 이이의 저술과 문집을 합하여 출간한 《율곡전서栗谷全書》가 있다.

이이는 1572년 파주 율곡리에 있으면서 약 1년 동안 아홉 차례에 걸쳐 리기理氣, 사단칠정四端七情, 인심도심人心道心 등을 우계牛溪 성혼成渾과 편지로 논하였다. 대체로 성혼이 이이에게 묻고 이이가 답을 주는 형식이다. 성혼이 묻는 내용은 주로 성리학의 핵심 논제지만, 이이에게는 성리학에 대한 자신의 견해를 정리하고 심화하는 계기가 되었으며, 이는 율곡성리학의 핵심 내용이 되었다.

특히 퇴계退溪 이황李滉은 리발理發, 곧 리의 자발성을 인정하여 리기호발설理氣互發說을 주장한 반면, 이이는 리발을 부정하고 기발氣發만을 인정하며 '기가 발하면 리가 그 기를 타고서 작용한다'는 기발리승일 도설氣發理乘一途說을 주장하였다. 이것은, 리와 기는 기본적으로 서로 뒤섞이지 않고[不相雜] 서로 떨어지지 않는[不相離] 관계인데, 이황은 리와 기가 서로 뒤섞이지 않는 측면을 강조한 것이고 이이는 리와 기가 서로 떨어지지 않는 측면을 더욱 강조한 것이다. 화담花潭 서경덕徐敬德이 주장한 유기론적唯氣論的 입장에 대해서도, 이이는 리는 무형無形, 기는 유형有形이므로 리는 통하고 기는 국한한다는 리통기국理通氣局의 측면에서 비판한다. 리는 모든 사물에 갖춰져 있는 본연의 오묘한 이치[本然之妙]로서 본체기 때문에 어디에나 '통通'하지만 형체가 없기 때문에 스스로 발하지 못하는 반면, 기는 개개의 사물에만 국한된 것으로 형체기 때문에 개체에 '국局'하지만 스스로 발할 수 있다는 것이다.

인심人心과 도심道心의 경우도 이황의 말처럼 하나는 기발, 하나는 리발로 저마다 서로 다른 뿌리를 가진 두 가지 마음이 있는 것이 아니라 하나의 마음이 발현하는 곳에 도의道義를 위하고 구체口體(몸)를 위하는 두 가지 단서[端]가 있을 뿐이라고 말한다. 인심은 성현聖賢이라도 벗어날 수 없으며, 인심은 인욕으로 흐르기 쉽기 때문에 아무리 선하더라도 위태로우니 반드시 도심으로 절제하여 인심이 늘 도심의 명령을 듣게 하면 인심도 도심이 될 수 있을 것이라고 하였다.

이이 사후 기호畿湖 지방의 학자를 중심으로 이이의 학설을 따르는 무리가 나왔다. 특히 기호학파라고도 부르는 송시열宋時烈·한원진韓元震·권상하權尙夏·임성주任聖周·임헌회任憲晦 등으로 이어지며 율곡학은 하나의 학맥을 형성하였고, 율곡학은 퇴계학과 더불어 조선 성리학의 양대 산맥을 이루었다.

1. 《이자성리서》

　《이자성리서》는 조선 후기의 학자 이도중李度中이 율곡 이이의 성리설
性理說과 관련한 글을 이이의 문집에서 뽑아 엮은 책이다. 이도중이 서
문에서 "《율곡전서》의 교감 일[校役]을 맡았었다."라고 하였는데, 이 전
서는 순조純祖 14년(1814) 중간본重刊本《율곡전서》를 말한다. 아마도 중
간본 전서를 간행한 뒤 선집選集한 듯한데, 이를 이도중의 문인 박기직
朴基稷이 순조 16년(1816) 여름에 용성龍城(전라도 남원)에서 간행하였다.
　《이자성리서》는 10행 20자, 1권 1책의 목판본이며, 판심版心은 상하
이엽화문어미上下二葉花紋魚尾로 되어 있다. 구성은 부부賦 1편, 간찰 18통,
설說 2편, 논론論 1편으로 이루어져 있는데, 《율곡전서》와 대조하여 표로
보이면 다음과 같다.

〈 이자성리서 〉

	이자성리서	율곡전서
	이자성리서서李子性理書序 (이도중)	
1	리일분수부理一分殊賦	권1 부賦 리일분수부理一分殊賦
2	상퇴계이선생上退溪李先生 【황황滉】	권9 서書1 상퇴계이선생별지上退溪李先生別紙 【무오戊午】
3	여기명언與奇明彦【대승大升】	권9 서書1 여기명언與奇明彦【대승大升ㅇ정묘丁卯】
4	답박화숙答朴和叔【순순淳】	권9 서書1 답박화숙答朴和叔【순순淳ㅇ을해乙亥】 － 첫 번째 편지
5	답박화숙答朴和叔	권9 서書1 답박화숙答朴和叔 － 두 번째 편지
6	답성호원答成浩原【혼渾】	권9 서書1 답성호원答成浩原【정묘丁卯】 － 세 번째 편지
7	답성호원答成浩原	권9 서書1 답성호원答成浩原 － 네 번째 편지
8	답성호원答成浩原	권9 서書1 답성호원答成浩原 － 다섯 번째 편지
9	답성호원答成浩原	권9 서書1 답성호원答成浩原【임신壬申】 － 일곱 번째 편지
10	답성호원答成浩原	권9 서書1 답성호원答成浩原 － 여덟 번째 편지
11	답성호원答成浩原	권10 서書2 답성호원答成浩原【임신壬申】 － 첫 번째 편지

12	답성호원答成浩原	권10 서書2 답성호원答成浩原 – 두 번째 편지
13	답성호원答成浩原	권10 서書2 답성호원答成浩原 – 세 번째 편지
14	답성호원答成浩原	권10 서書2 답성호원答成浩原 – 네 번째 편지
15	답성호원答成浩原	권10 서書2 답성호원答成浩原 – 다섯 번째 편지
16	답성호원答成浩原	권10 서書2 답성호원答成浩原 – 여섯 번째 편지
17	여성호원與成浩原	권10 서書2 여성호원與成浩原
18	답안응휴答安應休【천서天瑞】	권12 서書4 답안응휴答安應休【천서天瑞】 – 첫 번째 편지
19	답안응휴答安應休	권12 서書4 답안응휴答安應休 – 두 번째 편지
20	인심도심도설人心道心圖說 【임오壬午○봉교제진奉敎製進】	권14 설說 인심도심도설人心道心圖說【임오壬午 ○봉교제진奉敎製進】
21	극기복례설克己復禮說【임오동 壬午冬○위조사황홍헌작爲詔使 黃洪憲作】	권14 설說 극기복례설克己復禮說【임오동壬午冬 ○위조사황홍헌작爲詔使黃洪憲作】
22	논심성정論心性情	권14 잡저雜著1 논심성정論心性情
	발跋(박기직)	

〈리일분수부〉는 천지만물의 근본은 하나인데, 이것을 하나의 리[一理] 또는 태극太極이라고 하며, 만물이 저마다 갖춘 근본 곧 개별적인 리는 보편성을 갖춘 본체로서의 리가 체현體現된 것이라는 원리를 읊었다. 〈상퇴계이선생〉은 주일무적主一無適(마음을 한 곳에 집중하여 잡념을 버리는 일)이라는 경敬의 요법을 밝혔으며, 〈여기명언〉은 《대학》에서 말한 '지선至善'이라는 것은 사물의 당연한 법칙이며, 천연적天然的으로 본래 존재하는 '중中'임을 밝혔다.

〈답박화숙〉 2통은 일음일양一陰一陽(한 번 음하고 한 번 양한다.)이라는 설과 리기불상리불상잡理氣不相離不相雜(리와 기는 서로 떨어지지 않고 서로 섞이지 않는다.)이라는 설에 입각하여 태극 앞에 태허太虛가 있다는 서경덕과 박순의 설을 모두 부정하고 기존 정주학의 논리를 고수하였다. 〈답성호원〉 11통과 〈여성호원〉은 태극과 음양陰陽, 리理와 기氣, 인심人心과 도심道心, 사단四端과 칠정七情, 《대학》의 '지선至善'과 《중용》의 '중中' 등에 관하여 논하였으며, 〈답안응휴〉 2통은 리기와 성정性情에 관하여 논하였다.

〈인심도심도설〉은 임금의 교지를 받들어 인심과 도심에 관한 사상을 그림과 함께 간명하게 요약하여 지은 글이며, 〈극기복례설〉은 중국의 사신 황홍헌黃洪憲을 위하여 지은 글로 자신의 사욕을 이기고 예禮를 회복하는 것이 천리天理를 실천하는 것임을 논하였다. 〈논심성정〉은 심·성·정을 간략하게 논한 것이다.

2. 이도중李度中

《이자성리서》의 편자 이도중은 조선 후기의 학자다. 아직 학계의 주목을 받지 못하여 사승師承, 교우交友, 사상, 행적 등에 대하여 자세히 연구된 적이 없어 단편적인 조각[1]을 통해 간략히 살펴보려 한다.

이도중은, 자字는 시중時仲, 호號는 신재新齋니, 아버지 이경응李景膺과 어머니 대구 서씨大丘徐氏(청도군수淸道郡守를 지낸 서광수徐廣修의 딸) 사이에서 영조 39년 계미癸未(1763) 1월 3일에 태어나 순조 34년 갑오甲午(1834) 4월 26일에 향년 72세로 졸卒[2]하였다. 관향은 연안延安이며, 연평부원군延平府院君 충정공忠定公 이귀李貴의 7대손이다. 부인은 은진 송씨恩津宋氏로 은진현감恩津縣監을 지낸 송재위宋載緯의 막내딸이다.

자찬 묘지명인 〈신재자지新齋自誌〉에 "두 번 관직이 내렸지만 벼슬에 나아가지 않았다.[再除不仕]"라고 하였는데, 《승정원일기》를 보면 순조 7년(1801) 4월 18일에 선공감繕工監 가감역관假監役官에 제수되었으나 나가지 않았고, 순조 14년(1814) 1월 20일에 익위사翊衛司 세마洗馬에 제수

---

1 단편적인 조각 : 조선시대 음직蔭職으로 관직에 진출한 인물의 가계를 기록한 《음보蔭譜》, 연안이씨 《대동보大同譜》, 이도중이 1830년 68세에 쓴 자신의 묘지명 〈신재자지新齋自誌〉와 아들 이수李垂가 〈신재자지〉 뒤에 부기附記한 〈자수소찬광기子垂所撰壙記〉에 근거하였다. 문집 소개 부분은 서울대학교 규장각에서 서비스하는 박종우의 《신재집新齋集》 해설을 참고하였다.

2 순조……졸 : 연안이씨 《대동보》에는 이도중이 경인년庚寅年(1830)에 죽은 것으로 기록되어 있으나, 이도중의 아들 이수가 부기한 〈자수소찬광기〉를 보면 '이수의 어머니 곧 이도중의 부인 송씨가 죽은 해로부터 5년 뒤인 향년 72세에 이도중이 죽었다.'고 기록하였다. 이도중의 부인 송씨가 죽은 해가 경인년이니, 《대동보》는 송씨가 죽은 해를 이도중이 죽은 해로 잘못 기록한 듯하다.

되었으나 역시 기한이 지나도록 숙배肅拜하지 않았다는 기록이 있다.

저술로는 말년에 이도중 자신이 직접 편정한 문집《신재집新齋集》32권 13책이 필사본으로 남아 있다. 그중 권12~15는 경서經書와 사서史書, 성리서性理書 등 평소 독서를 하며 모아 기록한 잡록雜錄인《일격日格》, 권16은 성리학의 주요 개념을 도식으로 나타낸 자료를 모은《도설圖說》, 권17은 경서의 해석과 관련한 강설을 모은《강설講說》, 권18~24는 사서 삼경에 대한 제가諸家의 주석과 자신의 견해를 수록한《경서관견經書管見》, 권25는 성리학의 주요 개념을 모은《성리원류性理原流》, 권26은 경전과 국내 학자 가운데 성리학 이념에 반하는 학설을 다룬 글을 모은 《이단변석異端辨析》, 권27~32는《가례家禮》와 관련해 경전과 국내 학자의 글을 뽑아 문답 형식으로 정리한《가례혹문家禮或問》이다.

단행본으로는 율곡의 성리설을 뽑아 엮은《이자성리서》와 율곡의 문장을 뽑아《근사록》의 체재에 맞춰 엮은《이자근사록李子近思錄》이 있다. 문집을 살펴보면 이외에도《절작류편節酌類編》,《효경속편孝經續編》,《증자대전曾子大全》,《본서本書》,《중흥서中興書》등을 편찬하고 쓴 서문이 보이는데, 이 책들은 아마도 이미 일실된 듯하다.

이도중은 성리학을 집대성한 주희朱熹, 그리고 자신의 7대조 이귀의 스승 율곡 이이를 독실하게 믿었으며, 평생 추구한 학문은 오로지 도학道學이었다. 또 누구보다 이이를 존신尊信하여 중간본重刊本《율곡전서》를 간행할 때, 송시열을 '송자宋子'라고 한 예를 따라 이이에게 '자子'라는 호칭을 붙여 전서의 이름을 '이자전서李子全書'라고 할 것을 주장하였다. 그러나 당시 오희상吳熙常과《율곡전서》중간重刊의 일을 주관한 이재李縡의 손자 이채李采 등이 신중해야 함을 주장하며 반대하여 결국 '자'라는 호칭을 붙이지 못하였다.

중간본《율곡전서》를 인출한 후 2년이 지난 1814년에 이도중이 이이에게 '자'라는 호칭을 붙여 사적으로 《이자성리서》를 출간하였다. 이를 본 홍직필洪直弼이 오희상에게 이 책을 보내며 다음과 같이 편지를 썼다.

문하(오희상)께서는 새로 출간한 《이자성리서》를 아십니까? 바로 그 사람(이도중)이 편정編定하고 자기의 문도를 시켜 대방帶方(전라도 남원)에서 출간한 것입니다. …… 그 서문에서 '자호子號(자子라는 호칭)' 두 글자를 이 한 책의 종지宗旨로 삼았고, 심지어 "'자'라는 호칭을 책의 첫머리에 두려고 하였더니, 공론이 한창 일어나 비난하고 저지하였다. 그러나 이는 그들이 자기 분수를 알지 못함만 드러낸 것일 뿐이다. '자'라는 호칭을 쓰지 않는다고 해서 부자(이이)에게 무슨 손상을 입히겠는가!"라고까지 하였으니, 이 말은 전적으로 문하를 두고 한 말입니다. 이것이 진정 율옹栗翁(이이)을 사랑하고 사모하는 마음에서 나온 것이겠습니까. 겉으로는 현자를 높인다는 명분을 사칭하고, 안으로는 바른 분을 흉보는 습성을 자행한 것이니, 아, 매우 참담합니다.

이 책을 사적으로 간행한 것도 승부를 겨루려는 속셈에서 나온 것으로 그 분하게 여기는 마음을 더욱 드러낸 것입니다. 그 책을 다른 사람에게 빌렸는데, 응당 문하께서 한번 보셔야겠기에 삼가 올립니다. 번거롭게 다른 사람에게 보여 간사한 사람이 해를 끼치는 빌미를 보태줄 필요는 없을 듯합니다.[3]

---

3 문하께서는……듯합니다 : 홍직필,《매산집梅山集》권5〈서書 여노주오장與老洲吳丈【丙子菊月二十二日】〉"門下知有新刊《李子性理書》乎? 卽其人所編定, 而俾其門徒劙厥于帶方者也.……其序文以子號二字爲一篇宗旨, 至曰 '擬擧子號, 以冠篇首, 公論方

분명 '자'라는 호칭을 붙여 사적으로 서적을 출간한 것에 대해, 그리고 서문에서 언급한 것에 대해 좋지 않은 감정을 드러낸 것이다. 그러나 일은 엉뚱한 데서 터진다. 순조 17년(1817) 유칠재柳七在·홍찬모洪燦謨 등의 흉서사건凶書事件이 일어났을 때, 이도중이 이이에게 '자'라는 호칭을 붙이기를 주장하며 홍찬모에게 영남의 사론士論을 움직여 달라고 한 일 때문에 무옥誣獄[4]에 휘말린 것이다. 이도중의 아들 이수李垂가 쓴 〈자수소찬광기子垂所撰壙記〉에는 오희상이 "감정을 품고 악독한 짓을 자행하며 온갖 꾀를 내어 죽이려 하였고, 심지어는 모함하여 무옥에 빠뜨렸다.[挾憾逞毒, 百計戕害, 甚至構陷誣獄.]"라고 서술하였고, 홍직필이 쓴 오희상의 〈행장行狀〉에는 당시 '자'라는 호칭을 붙이는 것을 신중해야 한다는 것이 중론이 되자 "이도중이 궁색함을 스스로 깨닫고서 선생(오희상)을 협박하기를 더욱 심하게 하고, 사람을 사주해 투서하여 반드시 중형에 빠뜨리려고 하였다.[度中自知窮遁, 持先生益急, 嗾人投書, 必欲陷害.]"라고 기록하였다. 사서史書에는 둘의 직접적인 기록은 없다. 각자 주변인의 기록을 보면 '자'라는 호칭으로 인한 오해나 불신, 또는 해묵은 감정이 있던 듯하다. 서로 각자의 입장에서 다른 말을 하고 있지만, 극단의 결과는 나오지 않았다.[5]

張, 橫議沮止. 多見其不知量也. 於夫子何傷.' 則專爲門下而發也. 是眞出於愛慕栗翁而然哉. 外假尊賢之名, 內售醜正之習, 吁亦懵矣. 私印此書, 亦出於角勝之計, 益見其可哀也. 其書從人借得, 宜經崇覽, 故謹玆呈上. 恐不必煩諸人, 用添蜮射之資也."

4 무옥 : 이와 관련한 추국이 순조 17년 1월 11일에 시작하여 22일에 마무리된다. 사건의 전말은 《순조실록》 순조 17년 1월 11일 네 번째 기사에 기록되어 있다.

5 극단의……않았다 : 《조선왕조실록》과 《승정원일기》에는 이 사건과 관련하여 오희상에 대한 언급이 없고, 이도중은 벌할 만한 죄안이 없다고 하여 방면되었다.

3. 맺음말

《이자성리서》는 해묵은 감정이 드러나는 발단이 되었지만 그렇다고
이 책의 가치가 없는 것은 아니다. 《율곡전서》 가운데 22편을 모은 짧은
한 책에 불과하지만 율곡 성리설의 요체를 전반적으로 살펴볼 수 있기
때문이다.

이이는 이황과 함께 조선 성리학의 양대 산맥으로 후대에 끼친 영향
이 지대하다. 그러나 이황의 경우, 이황의 학문과 삶을 살펴볼 수 있는
선집류選集類(주로 편지글), 예를 들어 이상정李象靖의 《퇴계선생서절요
退溪先生書節要》, 정인수鄭仁壽 외의 《이자서절요李子書節要》, 이정로李庭
魯의 《주서백선朱書百選》, 심지어 일본 촌사종장村士宗章의 《이퇴계서초
李退溪書抄》 등 여러 종이 출간되었지만, 이이의 경우는 그간 이러한 선
집류가 없었다. 19세기 말에 와서야 《율곡전서》를 초략한 책이 종종 나
왔지만, 필사본으로 남아 있는 매수梅瘦(매수는 호號고, 성명은 미상)의
《율서집요栗書輯要》 정도가 그나마 체계를 갖춘 듯하다. 이도중의 《이자
성리서》는 성리설이라는 주제를 가지고 선집하였다는 측면에서 그 특징
과 가치를 지니고 있다. 아울러 이도중이 이이의 문장을 뽑아 엮은 《이
자근사록》도 후대의 선집이 거의 없는 상황에서 귀중하다 하겠다.

조선은 성리학의 나라다. 그런 만큼 성리학은 조선의 사회와 문화, 역
사 등 전반에 걸쳐 절대적인 영향을 끼쳤다. 따라서 조선을 이해하기 위
해서는 반드시 성리학을 알아야 한다. 조선 중기 이후의 성리학은 이황
과 이이의 영향이 절대적이므로, 조선의 성리학을 이해하기 위해서는
이 두 사람의 학술을 이해하지 않으면 안 된다.

앞서 이야기한 것처럼 이황의 경우는 선집이 다수 있어 독자가 수고를 덜며 접근하기 어렵지 않았지만, 이이의 삶과 학술을 살펴보려면 《율곡전서》를 떠들어봐야 하는 수고를 아끼지 않아야 했다. 그러나 초학자나 일반 독자는 《율곡전서》의 방대함으로 인해 직접 살펴보는 데 어려움이 많았다. 《이자성리서》는 《율곡전서》 가운데 성리설에 관련한 글을 뽑아 엮은 책인 만큼 율곡성리학을 살펴보고 싶은 독자의 수고를 덜고 율곡성리학의 요체를 간단히 살펴보는 데 많은 도움을 주리라 생각한다.

아울러 이이의 글 가운데 당시 학계를 놀라게 하고 조선을 넘어 명나라에까지 이이의 명성을 알린 〈천도책天道策〉을 부록하여 이이의 철학이 자연과 현실 문제까지 연결되는 모습을 살펴볼 수 있도록 하였고, 《조선왕조실록》 이이의 졸기卒記를 부록하여 이이에 대한 당시의 평가를 살펴볼 수 있도록 하였다. 본 번역서의 출판을 계기로 이이에 대한 관심이 모아지고, 아울러 율곡성리학은 물론 조선성리학, 더 나아가 유학儒學에 대한 이해의 폭이 더욱 깊고 넓어지기를 바란다.

2022년 8월 19일
세종 경수재耕收齋에서
담주인潭州人 전병수 씀

| 차례 |

부록

이자성리서
李子性理書

일러두기

1. 이 책은 조선후기의 학자 이도중李度中이 율곡栗谷 이이李珥의 《율곡전서栗谷全書》가운데 율곡성리학의 요체가 되는 글만을 선집選集한 《이자성리서李子性理書》(1책 1권)를 번역한 책이다.

2. 1816년(순조16) 여름 용성龍城(전라도 남원)에서 간행한 《이자성리서》(역자소장)를 저본底本으로 하였으며, 1814년 중간重刊한 《율곡전서》(성균관대학교 대동문화연구원 영인, 1992)를 대교본對校本으로 삼았다.

3. 저본과 대교본의 글자가 다른 경우, 이체자異體字·통용자通用字 등은 교감하지 않고 참고주를 달았으며, 부록한 영인본에도 간단히 두주頭注로 반영하였다.

4. 독자의 이해를 돕기 위해 필요한 곳에 보역補譯과 의역意譯을 하였다.

5. 용어의 간단한 주석은 각주 대신 본문의 용어 뒤에 ( )를 사용하여 설명하였다.

6. 서명書名은 《 》, 편명篇名은 〈 〉를 사용하였다.

7. 원문의 교감校勘 부호는 ( )와 [ ]를 사용하였다. ( )는 저본의 오자誤字 또는 연자衍字를, [ ]는 교감한 정자正字 또는 탈자脫字의 보충을 나타낸다.

《이자성리서》의 서문

    '자子'라는 것은 덕德을 이룬 사람의 존칭이다. '자'라고만 하고 성姓을 말하지 않은 것은 만고에 한 사람뿐이니, 중니仲尼(공자孔子의 자字)를 '자'라고 일컬은 것이 이것이다. 성에 자를 연이어 일컬은 것은 안자顔子·맹자孟子 같은 경우가 이것이다. 성을 말하지 않고 '부자夫子'라고만 일컫는 것은 옛날에 윗사람이나 아랫사람이나 통용하였는데, 공자의 문하에서 니보尼父(중니보仲尼父의 줄임말로 공자를 높여 부르는 말)를 '부자'라 부르고, 주자朱子의 문하에서 회옹晦翁(주희朱熹의 호號)을 '부자'라 부른 뒤로, '부자'라는 호칭이 도리어 성에 자를 이어 일컫는 것보다 귀중하게 여겨졌다.

    추鄒·노魯 지역의 네 성인聖人(안자顔子, 증자曾子, 자사子思, 맹자孟子)과 염계濂溪·민중閩中 지역의 다섯 현인賢人(주돈이周敦頤, 장재張載, 정호程顥, 정이程頤, 주희朱熹)과 우리나라의 율곡栗谷 이이李珥·우암尤菴 송시열宋時烈 두 선생을 모두 '자'라고 일컫게 된 것은 그분들의 도덕道德과 인의仁義, 심성心性과 리기理氣에 관한 설이 서로서로 드러내 밝혀 사문斯文(유학儒學)에 공적이 있기 때문이다. 열 분[1]의 호칭은 모두 책에 쓰여 세상에 널리 퍼져 있으니 말할 필요도 없을 것이다.

우리 부자 이율곡 선생 같은 분은 타고난 자질이 성인聖人[2]에 가까워 도道에 정통精通하지 않음이 없으니, 주부자朱夫子(주희)의 정맥正脈(도통道統)에 곧장 이어진다. 부자(이이)가 또 "발發하는 것은 기氣고, 발하게 하는 것은 리理다. 기가 아니면 발할 수 없고 리가 아니면 발하게 하는 것이 없으니, 성인이 다시 태어나도 이 말을 바꿀 수 없을 것이다."[3]라고 하였으니, 자임한 무게가 또 어떠하겠는가. 이 때문에 우옹尤翁(송시열의 존칭)은 송나라의 다섯 분에 견주고[4], 정종대왕은 좌해부자左海夫子(해동의 공자)라고 명명하였으니[5], 모두 그 덕성德性을 높인 것이다.

---

1 열 분 : 정호程顥와 정이程頤는 형제로서 함께 정자程子라고 합칭하니, 안자顔子·증자曾子·자사子思·맹자孟子·주돈이周敦頤·장재張載·정자程子·주희朱熹·이이李珥·송시열宋時烈을 가리킨 것이다.

2 성인 : 원문은 '生知(태어나면서부터 안다.)'다. '생이지지生而知之'의 줄임말로, 성인聖人이라야 갖출 수 있는 자질이다.

3 발하는……것이다 : 《율곡전서栗谷全書》 권10 〈서書 답성호원答成浩原〉 첫 번째 편지에 나온다.

4 우옹은……견주고 : 송시열宋時烈, 《송자대전宋子大全》 권103 〈서書 답윤이화答尹爾和【무오삼월일일일戊午三月一日】〉에는 "정암과 율곡은 송 왕조의 정자와 주자 같은 분이다.[靜菴栗谷, 如宋朝之程朱耶.]"; 권141 〈기記 길주명천서원기吉州溟川書院記〉에는 "율곡은 동방의 주자다.[栗谷, 東方之朱子也.]"; 권151 〈축문祝文 고황고수옹선생황비정경부인곽씨묘문告皇考睡翁先生皇妣貞敬夫人郭氏墓文〉 등에는 "주자는 후세의 공자요, 율곡은 후세의 주자다. 공자를 배우고자 하면 당연히 율곡으로부터 시작해야 한다.[朱子後孔子也, 栗谷後朱子也, 欲學孔子, 當自栗谷始.]"라는 말이 있다.

5 정종대왕은……명명하였으니 : 정조正祖, 《홍재전서弘齋全書》 권21 〈제문祭文3 선

우리 연평延平 선조(연평부원군延平府院君 충정공忠定公 이귀李貴)는 부자(이이)의 제자로, 일찍이 경연經筵에서 스승의 유집遺集을 간행할 것을 청한 적이 있다.[6] 내가 마침 《율곡전서》의 교감 일[校役]을 맡았기에 '자'라는 호칭을 책의 첫머리에 두자고 의논하니, 공론이 한창 일어나 비난하고 저지하였다. 그러나 이는 그들이 자기 분수를 알지 못함만 드러낸 것일 뿐이다. '자'라는 호칭을 쓰지 않는다고 해서 부자에게 무슨 손상을 입히겠는가!

나와 종유從遊하는 박기직朴基稷 군은 글 읽기를 좋아하는 사람이다. 부자의 성리설性理說을 듣고는 펄쩍펄쩍 뛰면서 기뻐하며 뜻을 함께하는 사람과 힘을 합쳐 성리설에 관한 책을 간행하려고 하였으니, 성현聖賢을 높인 사람으로서 이 사람도 성인의 문도門徒다.

아아! 부자의 종묘宗廟의 아름다움과 백관百官(방사房舍)의 다양함[7]은 모두 《율곡전서》에 있고, 이 책(《이자성리서》)은 바로 도道에 들어가는 문이다. 이 글을 읽는 사람이 한갓 호칭만 높이고 도에 들어가는 문

정문성공이이묘치제문先正文成公李珥墓致祭文〉에 나온다.

6 우리……있다 : 이귀李貴가 어느 경연 자리에서 이이의 유집을 간행하자고 하였는지 확인되지 않는다. 다만 이이가 붕당의 조짐을 보고 이를 구제하기 위해 동료와 주고받은 편지가 대부분 문집에 실려 있지 않으니, 이를 인쇄·반포할 것을 청한 일은 확인할 수 있다. 예조禮曹에서는 관청에서 사고私稿를 반포하는 것이 타당하지 못한 듯하니 호남에 있는 판본으로 인쇄하여 사대부들에게 보내 서로 돌려가면서 보게 하자고 복계覆啓하였다.(《인조실록仁祖實錄》인조 10년 9월 13일 무신戊申 첫 번째 기사; 안방준安邦俊, 《묵재일기默齋日記》권2 〈편당논변偏黨論辨〉)

7 부자의……다양함 : 《논어論語》〈자장子張〉에 자공子貢이 "부자(공자)의 담은 높이가 여러 길이라서 그 문을 찾아 들어가지 않으면 종묘의 아름다움과 백관(방사房舍)의 다양함을 볼 수 없다.[夫子之牆數仞, 不得其門而入, 不見宗廟之美百官之富.]"라고 하였다. 모두 학문의 조예가 깊고 일정한 경지에 올랐음을 가리킨다.

을 찾지 않으면 오히려 집 안으로 들어갈 수 없는데, 어찌 집과 방의 안쪽(학문의 심오한 경지를 비유한 말이다.)을 볼 수 있겠는가. 정숙자程叔子(정이程頤)가 명도明道(정이의 형 정호程顥의 호號)의 묘표墓表를 서술하며 "배우는 사람이 도에 있어서 향할 곳을 모르면 누가 이 분의 공적을 알겠으며, 이 분의 학문이 도달한 곳을 모르면 누가 이 분의 이름이 실정에 걸맞음을 알겠는가."라고 하였으니, 나도 이 글에 대해 그렇게 말할 뿐이다.

문인의 후손 연안延安 이도중李度中이 서문을 쓰다

李子性理書序

子云者, 成德之尊稱也. 言子不言姓, 萬古一人而已, 仲尼之稱子是也. 連姓而稱子, 若顏·孟子之類是也. 不言姓而稱夫子, 古者上下通用, 自孔門號尼父爲夫子, 朱門號晦翁爲夫子, 而後其號反重於連姓之稱矣.

鄒魯之四聖·濂閩之五賢·我東之栗尤二先生, 皆得稱子者, 以其道德仁義心性理氣之說互相發明, 大有功於斯文故也. 十子之號, 皆已書諸冊而布諸世, 不待言矣.

若吾夫子栗谷李先生, 資近生知, 道無不通, 直接朱夫子之正脉. 夫子亦嘗曰: "發之者氣也, 所以發者理也. 非氣不能發, 非理無所發, 聖人復起, 不易斯言." 其自任之重, 又何如也! 是以尤翁以宋五子儗之, 正宗大王以左海夫子名之, 皆所以尊其德也.

惟我延平先祖, 夫子之弟子也, 嘗於經筵請刊遺集矣. 度中適當全書之校役, 議擧子號, 以冠篇首, 公論方張, 橫議沮止, 多見其不知量也. 於夫子, 何傷乎!

從吾遊者朴君基稷, 嗜書者也. 得聞其性理之說, 躍然而喜, 將與同志之士合力刊行, 尊聖賢者, 是亦聖人之徒也. 嗚呼! 夫子宗廟之美, 百官之富, 皆在全書, 而此篇乃入道之門也. 覽是書者, 徒尊其號而不求其道門, 尙不可入, 何望堂室之奧乎! 程叔子序明道墓表曰: "學者於道, 不知所向, 孰知斯人之爲功! 不知所至, 孰知斯名之稱情也!"[8] 愚於此書亦云爾.

門人後孫 延安 李度中序.

---

8 學者於道……孰知斯名之稱情也 : 《하남정씨문집河南程氏文集》 권11 〈명도선생묘표明道先生墓表〉에 나오는데 표현이 조금 다르다. 〈명도선생묘표〉에는 "學者之於道: 知所嚮, 然後見斯人之爲功; 知所至, 然後見斯名之稱情."으로 되어 있다.

1. 리일분수에 대한 부[9]

○ 여기서 분分은 분별이라는 뜻이 아니라 본분·직분·분수를 가리킨다. 리일분수는 정이程頤가 처음 제창하고 주희朱熹가 확립한 성리학 이론으로 '일본만수一本萬殊'라고도 한다. 천지만물의 근본은 하나인데, 이를 하나의 리理 또는 태극太極이라고 한다. 이 리 또는 태극이 만물로 흩어져 만물이 저마다 이것을 갖추게 되는데, 만물이 저마다 갖춘 개별적인 리는 보편적인 하나의 리와 동일하다는 이론이다. 다시 말하면 만물이 저마다 갖춘 개별적인 리는 보편성을 갖춘 본체로서의 리가 체현體現된 것이라는 말이다. 〈리일분수에 대한 부〉는 이 원리를 읊은 부賦로서, 《중용》과 《주역周易》〈계사전繫辭傳〉 등을 인용하고 있다. 부賦는 문체文體의 명칭으로, 구句 끝에 운韻을 달아 대對를 맞추어 짓는 글이다.

---

9 《율곡전서栗谷全書》권1 〈부賦 리일분수부理一分殊賦〉

고개를 들어 천지가 나뉘기 전 혼돈의 상태를 깊이 살펴보며, 고개를 숙여 끝없이 넓은 모습을 가만히 마음속으로 살펴보았네. 천지 음양陰陽의 두 기운이 어린 화육化育(만물을 창조하고 기르는 자연의 이치)의 근원을 철저히 탐구하여, 만물의 지극히 심오하고 미묘한 도리를 끝까지 캐내었네. 널리 만물의 근원에 마음을 두어, 온갖 다른 사물이 하나의 뿌리에서 나왔음을 깨달았네. 당초 태허太虛(우주 만물의 가장 원시적 실체로서의 기氣)로서 아무 조짐이 없을 때는, 혼돈 속에 소리도 냄새도 뒤섞여 있었구나. 하나(태극太極)가 둘(양의兩儀, 곧 음양)을 낳고 둘이 넷(사상四象, 곧 태양太陽·소음少陰·소양少陽·태양太陰)에 이르니[10], 닫음과 엶이 서로 이어나갔구나[11]. 상象을 이루고 법法을 드러냄(건도乾道와 곤도坤道)은, 깊이 용用 속으로 갈무리하고 인仁으로 드러내었구나.[12]

---

10 하나가……이르니 : 《주역周易》〈계사전繫辭傳 상上〉 11장에 "역易에는 태극이 있으니, 이것이 양의兩儀를 낳고, 양의가 사상四象을 낳고 사상이 팔괘八卦를 낳는다.[易有太極, 是生兩儀, 兩儀生四象, 四象生八卦.]"라고 하였다. 양의는 음陰·양陽을, 사상은 태양太陽·소음少陰·소양少陽·태음太陰을 말하니, 송옹邵雍이 여기에 의거하여 "하나가 나뉘어 둘이 되고 둘이 나뉘어 넷이 되며, 넷이 나뉘어 여덟이 되고 여덟이 나뉘어 열여섯이 되며, 열여섯이 나뉘어 서른둘이 되고 서른둘이 나뉘어 예순넷이 된다."라고 하였다. 명도明道 정호程顥는 소옹의 이 수리유추법數理類推法을 가일배법加一倍法이라고 하였다.(《주역전의대전周易傳義大全》 권1〈역본의도易本義圖 복희육십사괘차서지도伏羲六十四卦次序之圖〉부록附錄)

11 닫음과……이어나갔구나 : 《주역周易》〈계사전繫辭傳 상上〉 5장에 "문을 닫음을 곤坤이라 하고, 문을 엶을 건乾이라 하며, 한 번 닫고 한 번 엶을 변變이라 한다.[闔戶謂之坤, 闢戶謂之乾, 一闔一闢謂之變.]"라고 하였으니, 닫음과 엶은 건곤, 곧 음양이 동정動靜하는 작용원리(mechanism)를 말한다. 닫음과 엶이 서로 이어나간다는 것은 이 법칙이 끊임없이 이어나감, 곧 끊임없이 변화함을 말한다.

12 상을……드러내었구나 : 《주역周易》〈계사전繫辭傳 상上〉 5장에 "상을 이룸을 건이라 하고, 법을 드러냄을 곤이라 한다.[成象之謂乾, 效法之謂坤.]", "인으로 드러내며 작용 속으로 갈무리한다.[顯諸仁, 藏諸用.]"라고 하였다.

하나의 빛을 낮과 밤에 나누니, 해와 달이 환하게 번갈아 가며 비추네. 하나의 소리를 대지大地에 흩어주니, 온갖 소리가 온 구멍에서 울리네. 하나의 원기元氣가 순환하여 봄·여름·가을·겨울이 되니, 네 계절을 차례대로 번갈아 운행하네. 하나의 기운이 물러나고 나아가며 줄어들고 자라나니, 어두워졌다 밝아졌다 하는 데에서 귀신鬼神(천지음양의 변화)을 판별할 수 있네. 하물며 이 땅의 온갖 것이 하나의 명命을 품부稟賦 받아 형체를 이룸에랴.

똑같이 풀무(천지)에서 기물(만물의 형체)을 이루었으니, 명을 순조롭게 품부 받았는지 막혀서 품부 받지 못하였는지는 관계가 없는 듯하네. 그러나 품부 받은 명(곧 性)의 치우침과 바름이 이미 다르니, 또 동물과 식물에서 이를 구별할 수 있네. 비록 성명性命을 저마다 바르게(온전하게) 하여 태어난다고 하나, 무엇인들 태화太和(음양이 모여 조화로운 기운)가 변화하여 응결한 것이 아니겠는가. 비록 통체統體(전체)가 혼연渾然하다고 하나, 또 어찌 분명하게 차례가 있는 것이 아니겠는가.

위대한 성왕聖王이 먼저 태어나, 널리 천지의 조화를 본받아 두루 다스리도다. 환하게 큰 근본(하늘이 품부한 性)에 밝아, 보편적인 도道(성을 그대로 따르는 것)를 내세워(제시하여) 사람을 가르치도다. 아! 저 백성은 비록 '동포'라고 하지만, 사랑은 친족을 친애하는 것보다 앞서는 것은 아무것도 없네. 아! 저 만물은 비록 '나의 동류'라고 하지만, 힘써 해야 할 일은 백성을 사랑하는 것보다 급한 것은 아무것도 없네. 나의 부형父兄을 공손한 마음으로 섬겨 사랑의 도리를 세우니, 효도가 끝없는 데까지 널리 퍼지네. 나의 어른을 존경하는 마음으로 섬겨 공경의 도리를 세우니, 순종하는 도리가 온 세상에 도달하네. 잘 미루어 나가는 데도 차례가 있으니, 누가 가까운 것을 버리고 먼 것을 취하겠는가. 처음에는 한 집안의 일에서 벗어나지 않으나, 끝내는 교화가 초목에까지 입혀지리라.

이미 덕이 현묘함에 부합하였는데, 어찌 만물과 나 사이에 간격이 있겠는가. 참으로 존비귀천尊卑貴賤의 질서가 문란하지 않은데, 어찌 본말이 서로 어긋나겠는가. 그런데 어째서 일부만 아는 사람[曲見]이 다시 나와, 한 가지만 들고 백 가지를 버리려 하는가. 어떤 사람은 아득한 곳에서 근본을 엿보려 하고, 어떤 사람은 형체에서 말단을 찾고 있네. 저 은미한 도리를 찾는 사람은 물정에 어두워, 이치는 둘이 아니라고 하는 데에 마음을 단단히 붙잡아 두는구나. 추호秋毫보다 태산太山을 작다 여기니[13], 장자莊子의 괴이한 말은 비웃을 만하네. 덕으로 원수를 갚고자 하니[14], 노자老子의 뒤바뀐 사랑은 조롱할 만하네. 한갓 이치가 하나라는 것만을 상상함은, 마치 농지만 소유하고 농사짓지 않는 것과 같구나.

저 얕은 도량을 가진 사람은 만물의 이치에 어두워, 친하고 친하지 않은 관계에 국한하여 사적인 감정을 멋대로 베푸네. 비좁은 집에 빈구석이 없으니(마음에 여유가 없음을 비유), 자주 며느리와 시어미(인심人心과 도심道心을 비유)가 다투는 격이구나.[15] 사랑하면 살기를 바라고 미워하

---

13 추호보다……여기니 :《장자莊子》〈제물론齊物論〉에 "천하에 추호의 끝보다 큰 것이 없다면 태산은 작은 것이 된다.[天下莫大於秋毫之末, 而大山爲小.]"라는 말이 있다.

14 덕으로……하니 :《노자老子》63장에 "덕으로 원한을 갚는다.[報怨以德.]"라는 말이 있다.

15 비좁은……격이구나 :《장자莊子》〈외물外物〉에 "방에 빈구석이 없으면 며느리와 시어미가 다투고, 마음에 그대로 자적함이 없으면 육정六情이 서로 다툰다.[室無

면 죽기를 바라는 법이니[16], 시력이 흐려지고 마음이 미혹함을 달갑게 여기는 것이로다. 한갓 나뉘어져 다르다는 것에만 얽매임은 마치 농사짓지 않으면서 수확을 바라는 것과 같구나.

아! 우리 사람은 태어나면 몽매蒙昧함으로 곤궁함을 당하니[17], 이전 성현의 가르침을 우러러 깊이 연구해야 하리. 안으로는 차분히 나의 마음 안에서 찾고, 밖으로는 그로써 저 솔개가 하늘에서 날고 물고기가 연못에서 뛰노는 것[18]에서 그 이치를 자세히 살펴보아야 하리라. 용用은 비록 넓어매우 잘 드러나지만, 체體는 은미하여 드러나지 않네. 진실로 용의 넓음을 충분히 음미하여 체의 은미함을 안다면, 《중용》의 '은미한 것이 더 잘 드러난다'는 말을 믿게 되리라. 그러나 참으로 실천하는 것이 어려우니, 이 말을 실천하지 못할까 염려스럽네. 그러므로 자세히 서술하여 노래를 짓노니, 돌이켜 반성함에 도움이 있기를 바라노라. 노래는 다음과 같다.

空虛, 則婦姑勃磎. 心無天遊, 則六鑿相攘.]"라고 하였다.

16 사랑하면……법이니 : 《논어論語》〈안연顏淵〉에 "사랑하면 그가 살기를 바라고, 미워하면 그가 죽기를 바란다. 이미 그가 살기를 바랐는데, 또 그가 죽기를 바라는 것이 미혹이다.[愛之欲其生, 惡之欲其死. 旣欲其生, 又欲其死, 是惑也.]"라고 하였다.

17 몽매함으로……당하니 : 원문은 '困蒙'이다. 《주역周易》몽괘蒙卦에 "六四 困蒙 吝(육사는 몽매함에 곤궁함을 당하는 격이니, 부끄러울 것이다.)"이라고 하였는데, 정전程傳에 "사四는 음유陰柔로서 몽매하고, 강하고 현명한 이가 가까이에서 도와줌이 없어, 스스로 자신의 몽매함에서 깨어날 방법이 없으니, 어리석음에 곤궁함을 당할 자다. 아마 부끄러움이 심할 것이다.[四, 以陰柔而蒙闇, 无剛明之親援, 无由自發其蒙, 困於昏蒙者也. 其可吝甚矣.]"라고 하였다.

18 저 솔개가……뛰노는 것 : 원문은 '飛躍'이니, 《중용中庸》12장에 인용한 《시경詩經》〈대아大雅 한록旱麓〉의 "鳶飛戾天, 魚躍于淵.(솔개는 날아 하늘에 이르는데, 물고기는 연못에서 뛰어논다.)"을 줄여 말한 것이다. 주희朱熹는 장구章句에서 "천지가 사물을 낳고 기름이 널리 행해져 하늘과 땅에 밝게 드러남이 이 리理의 용용이 아님이 없음을 밝혔으니, 이른바 '용用이 넓다'는 것이다. 그러나 그렇게 되는 까닭은 눈과 귀가 미칠 수 있는 것이 아니니, 이른바 '체體가 은미하다'는 것이다."라고 하였다.

음陰은 동動에 뿌리를 두고, 양陽은 정靜에 뿌리를 두었네.

동과 정은 한 덩어리인데, 누가 음과 양 두 가지로 나누었는가.

형체는 체적이 있는[19] 누런 땅에 바탕을 두고, 기운은 공간이 있는 검은 하늘[20]에서 시작하였네.

건乾과 곤坤은 용用이 다른데, 누가 하나로 꿰었는가.

하나기 때문에 신묘하고, 둘이기 때문에 만물을 화생化生하네.

무無는 묘유妙有(비유非有의 유有)를 포함하고, 유有는 진무眞無(비무非無의 무無)를 드러내네.

도道는 형상 밖에 있는 것이 아니고, 리理는 사물에 갖춰져 있다네.

만수萬殊의 근본은 화육化育을 돈독하게 하기를 끝없이 하고, 냇물의 흐름은 쉬지 않네.[21]

누가 그 작용을 맡았는가. 아아, 바로 태극太極이로다.

---

19 체적이 있는 : 원문은 '矩'다. '방方'과 같으니, 모나다·각이 있다는 말이 아니라 '체적體積을 갖고 있다'는 말이다.

20 공간이……하늘 : 원문은 '玄規'다. 허신許愼,《설문해자說文解字》현부玄部에 "검은색에 붉은빛이 있는 것을 '현玄'이라 한다.[黑而有赤色者爲玄.]"라고 하였다. 규規는 원圓과 같으니, 원圓은 둥글다는 말이 아니라 '공간을 갖고 있다'는 말이다.

21 만수의……않네 :《중용中庸》30장에 "작은 덕은 냇물의 흐름과 같고, 큰 덕은 화육化育을 돈독하게 함이니, 이것이 하늘과 땅이 위대한 까닭이다.[小德川流, 大德敦化, 此天地之所以爲大也.]"라고 하였는데, 주희는 장구章句에서 "'작은 덕'은 전체의 부분이요, '큰 덕'은 만 가지 갈래의 근본이다. 천류川流는 냇물의 흐름과 같으니, 줄기(脈絡)가 분명하게 쉼 없이 흘러가는 것이다. 돈화敦化는 그 화육化育을 돈독하게 함이니, 뿌리가 매우 크고 왕성하여 끝없이 뻗어나가는 것이다.[小德者, 全體之分. 大德者, 萬殊之本. 川流者, 如川之流, 脈絡分明而往不息也. 敦化者, 敦厚其化, 根本盛大而出無窮也.]"라고 하였다.

理一分殊賦

仰玄覽乎混淪兮, 俯冥觀乎磅礴. 窮絪縕之化源兮, 極羣彙之至賾. 廓遊心於物初兮, 悟萬殊之一本. 俶太虛之無朕兮, 泯聲臭於混沌. 一生兩而之四兮, 闔與闢其相因. 爰成象而效法兮, 沕藏用而顯仁.

分一光於晝夜兮, 日月昭乎其迭曜. 散一聲於大塊兮, 萬籟調刁於衆竅. 一元之往復舒慘兮, 序四時而錯行. 一氣之屈伸消長兮, 判鬼神於幽明. 矧林叢之品類兮, 賦一命而受形.

同成器於橐籥兮, 若無閒於通塞. 然偏正之旣殊兮, 又區別於動植. 雖性命之各正兮, 夫孰非太和之化醇. 雖統體之渾然兮, 又豈非粲粲而有倫.

懿聖后之首出兮, 誕範圍而彌綸. 洞惟明於大本兮, 揭達道而教人. 噫彼民縱曰同胞兮, 愛莫先於親親. 噫彼物縱曰吾與兮, 務莫急於仁民. 老吾老而立愛兮, 孝克被乎無垠. 長吾長而立敬兮, 順斯達於率土. 羌善推而有序兮, 孰近遺而遠取. 始不出乎一家兮, 終化被乎草木.

旣合德於元妙兮, 豈物我之有隔. 固天秩之不紊兮, 豈本末之相錯. 何曲見之有作兮, 欲擧一而廢百. 或窺本於慌惚兮, 或逐末於形器. 彼索隱昧乎物情兮, 恒固[22]心於不貳. 小太山於秋毫兮, 哂莊生之詭異. 欲以德而報怨兮, 嗤老氏之倒施. 徒想像乎理一兮, 若有田而不治.

彼淺量昧乎物理兮, 局親疏而騁私. 窘室廬而無空虛兮, 紛婦姑之勃谿. 愛欲生而惡欲死兮, 甘目眯而心迷. 徒拘拘於分殊兮, 若不耕而求穫.

嗟我生之困蒙兮, 仰前訓而尋繹. 內潛求於方寸兮, 外以察夫飛躍. 用雖費而孔彰兮, 體則隱而未現. 苟玩費而知隱兮, 信厥微之莫顯. 然允蹈之實難兮, 恐斯言之不踐. 肆敷陳而作歌兮, 庶有裨於觀省. 歌曰:

---

22 固 : 전서본全書本에는 '痼'로 되어 있다.

陰根乎動, 陽本乎靜.

動靜一體, 孰分二儀.

形資黃矩, 氣始玄規.

乾坤異用, 孰貫乎一.

一故神妙, 兩故化物.

無涵妙有, 有著眞無.

道非器外, 理與物俱.

敦化無窮, 川流不息.

孰尸其機, 嗚呼太極.

2. 퇴계 이황 선생께 올리는 편지[23]

○ 이 편지는 1558년(무오戊午)에 이황에게 보낸 것으로, 이황이 "경敬은 주일무적主一無適(마음을 한 곳에 집중하여 잡념을 버리는 일)인데, 만약 일과 사람이 다방면으로 동시에 닥치면 어떻게 일을 처리하고 사람을 상대하겠는가?"라고 한 물음에 이이가 대답한 편지다. 이이는 다섯 색깔이 똑같이 거울에 비쳐도 거울의 맑은 체體는 변하지 않고 동시에 비추는 것을 비유로 들며 경을 체體와 용用으로 나누어 이해하였다.

---

23 《율곡전서栗谷全書》권9 〈서書1 상퇴계이선생별지上退溪李先生別紙【무오戊午】〉

주일무적主一無適은 경敬의 요법要法(요체가 되는 법)이고, 온갖 변화에 대응하는 것은 경의 활법活法(융통성 있게 변통하는 법)입니다. 만약 사물 事物[24]에 대해 하나하나 이치를 궁구하여 저마다 그 당연한 법칙을 안다면 사태를 마주할 때마다 일을 처리하고 사람과 교제하는 것[25]이 마치 거울이 사물을 비출 때 그 중심을 움직이지 않는 것처럼 이리저리 응답하면서도 마음의 체體는 흔들림 없이 태연할 것입니다. 이는 평소에 조치措置[26]한 사리事理가 분명하기 때문입니다. 미리 이치를 궁구하지 않고 일을 마주할 때마다 어떻게 조치할지 생각한다면 한 가지 일을 생각할 동안 다른 일이 이미 지나가고 말 텐데, 어떻게 동시에 일을 처리하고 사람을 상대할 수 있겠습니까. 비유하면 다섯 색깔이 동시에 거울 속에 나타나도 거울의 맑은 체는 색에 따라 변하지 않고 동시에【결락됨】비추는 것과 같니, 경의 활법도 이와 같습니다. 이것은 마음이 동動한 가운데의 공부고, 마음이 정靜한 가운데의 경우에는 한 가지 일에 온 마음을 기울여야 하니, 예컨대 글을 읽으면서 큰 고니를 활로 쏘아 잡으려고 생각한다면 경하지 않는 것입니다.

대체로 마음이 정한 가운데 주일무적함은 경의 체體고, 마음이 동한 가운데 온갖 변화에 대응하면서도 그 주재자를 잃지 않음은 경의 용用

---

24 사물 : 사事는 객관적 외부 사태를 뜻하며, 물物은 《대학大學》의 격물格物의 물物과 같으니, 다른 사람과의 관계에서 오는 것으로서 곧 다른 사람을 상대하는 일을 뜻한다.

25 사태를……교제하는 것 : 원문은 '應接'이다. '응사접물應事接物'의 줄임말로, 응應은 업무적인 일에 대한 대응·대처·처리를 말하며, 접接은 사람(상대방)에 대한 대접·대응을 말한다.

26 조치 : 원문은 '斷置'로 조치措置란 뜻과 같다. 사태를 잘 살펴 필요한 대책을 세워 실천함 또는 그 대책을 뜻한다.

입니다. 경이 아니면 지선至善[27]에 머무를 수 없고, 경 가운데에 또 지선이 있습니다. 정하다는 것은 말라 죽은 나무나 불 꺼진 재처럼 활력이 아예 없는 상태가 아니고, 동하다는 것은 어수선하거나 소란스러운 상태가 아니라서, 마음이 동할 때나 정할 때나 한결같고 체와 용이 떨어지지 않는 것이 바로 경의 지선입니다.

이것으로 미루어 보면 순舜 임금이 "사방으로 민정民情을 살피는 눈을 활짝 뜨고, 사방으로 실정實情을 듣는 귀를 활짝 열어놓았다.", "해와 달, 그리고 수성·목성·금성·화성·토성의 운행을 정상궤도에서 벗어나지 않게 하였다.", "오례五禮(길례吉禮·흉례凶禮·빈례賓禮·군례軍禮·가례嘉禮)를 익히고, 오례에 사용하는 기물을 같게 하였다."라고 한 것[28]은 일이 많은 것 같지만, 언제 경하지 않은 적이 있겠습니까. 그러니 무엇을 하든 주일主一(마음을 오로지 한 곳에 집중함)의 공부가 없겠습니까. 선생께서는 어떻게 생각하십니까?

만약 방씨方氏(방봉진方逢辰, 1221-1291)의 이른바 "마음은 텅 비어 있으면서도 주재함이 있다."[29]라는 것과 주자가 "성인聖人의 마음은 훤하

---

27 지선 : 《대학大學》 경經 1장 "大學之道, 在明明德, 在親民, 在止於至善.(대학의 도는 자신의 명덕을 밝힘에 있으며, 백성을 새롭게 함에 있으며, 지선에 머무름에 있다.)"의 지선至善을 가리킨다.

28 순임금이……한 것 : 모두 《서경書經》 〈순전舜典〉에 나온다. 오례五禮를 익힘은 예례가 변질되었는지 살피는 것이며, 오례에 사용하는 기물을 같게 하는 것은 오례五禮에 사용하는 기물을 진열하고서 법도에 맞지 않게 제작된 것이 있는지 살피고, 있다면 법도에 맞게 하는 것이다. 곧 같게 한다는 것은 천자국에서 내려준 법도에 맞게 바로잡는 것이다.

29 마음은……있다 : 《대학장구대전大學章句大全》 정심장正心章 심부재언心不在焉……식이부지기미절食而不知其味節 소주小注의 교봉蛟峯 방씨方氏 말에 나온다. 방씨는 "마음은 텅 비어 있으면서도 주재함이 있는 것이 아마 마음을 바로잡

게 텅 비고 밝아 사물이 옴을 보았을 때 중요하든 중요하지 않든 간에 사방팔면으로 사물에 따라 즉시[隨] 대응하지 않음이 없으니, 이 마음에는 원래 이 일이 있은 적이 없다."[30]라고 한 것은 이를 두고 말한 것입니다.

는 처방일 것이다.[中虛而有主宰者, 其正心之藥方也歟.]"라고 하였다.

30 성인의……없다 : 《주자어류朱子語類》 권16 〈대학大學3 전칠장석정심수신傳七章 釋正心修身〉 하손賀孫의 기록에 나온다.

上退溪李先生【滉】

主一無適, 敬之要法; 酬酢萬變, 敬之活法. 若於事物上, 一一窮理, 而各知其當然之則, 則臨時應接, 如鏡照物, 不動其中, 東應西答, 而心體自如, 因其平昔斷置事理分明故也. 不先窮理, 而每事臨時商量, 則商量一事時, 他事已蹉過, 安得齊頭應接? 譬如五色同現鏡中, 而鏡之明體, 不隨色變, 同時【缺】照, 敬之活法, 亦如是也. 此則動中功夫, 若於靜中, 則須於一事專心, 如讀書而思射鴻鵠, 便是不敬.

蓋靜中主一無適, 敬之體也; 動中酬酢萬變而不失其主宰者, 敬之用也. 非敬則不可以止於至善, 而於敬之中, 又有至善焉. 靜非枯木死灰, 動不紛紛擾擾, 而動靜如一, 體用不離者, 乃敬之至善也. 以此推之, 舜之明四目, 達四聰, 齊七政, 修五禮, 如五器, 雖若多事, 何嘗不敬. 何往而無主一之功也. 先生以爲何如?

若方氏所謂'中虛而有主宰', 朱子曰: "聖人之心, 瑩然虛明, 看事物來, 若大若小, 四方八面, 莫不隨物隨應, 此心元不曾有這物事." 此之謂也.

3. 명언 기대승에게 보낸 편지[31]

○ 이 편지는 1567년(정묘丁卯)에 기대승에게 보낸 편지다. 기대승(1527-1572)은 자字는 명언明彦, 호號는 고봉高峰·존재存齋, 시호諡號는 문헌文憲이다. 기대승이 퇴계 이황과 편지를 주고받으며 전개한 사단칠정논변四端七情論辨은 조선유학사에 지대한 영향을 끼쳤다.

이 편지에서 이이는 "지선은 중中이 아니다."라고 한 기대승의 설을 비판하면서 《대학》에서 말한 '지선至善'이라는 것은 사물의 당연한 법칙이며, 천연적天然的으로 본래 존재하는 '중'임을 밝혔다.

---

31 《율곡전서栗谷全書》권9 〈서書1 여기명언與奇明彦【대승大升 ○ 정묘丁卯】〉

대체로 '지선至善'이라는 것은 사물의 당연한 법칙입니다. 그 법칙은 다름이 아니라 더할 나위 없이 딱 알맞은 곳일 뿐입니다. 통틀어 말하면 지知와 행行이 모두 빈틈이 없어 조금의 하자도 남지 않고 온갖 이치가 밝아져 지극해진 뒤에야 '지선에 머문다'[32]라고 이를 수 있습니다. 나누어 말하면 지에도 하나의 지선이 있고 행에도 하나의 지선이 있으니, 지가 더할 나위 없이 딱 알맞은 곳에 이르러 다시 옮겨 감이 없으면 '지가 지선에 머물렀다.'라고 이르며, 행이 더할 나위 없이 딱 알맞은 곳에 이르러 다시 옮겨 다님이 없으면 '행이 지선에 머물렀다.'라고 이릅니다. 이 말에 어찌 해로움이 있겠습니까.

선생(기대승)께서 통틀어 말한 '지선에 머문다'는 것만 취하고 나누어 말한 '지선에 머문다'는 것을 취하지 않으신 것은 어째서입니까? 만약 선생의 말씀대로라면 행에만 지선이 있을 뿐 지에는 지선이 있지 않을 것입니다. 사물이 있으면 반드시 그 사물의 법칙이 있는 법[33]인데, 지는 어떤 사물이기에 유독 지선이 없겠습니까. 지를 사물이 아니라고 한 경우는, 명덕明德[34]도 사물이라고 하는데 지만 어찌 사물이 아니겠습니까. 천하에 이름이 있어서 부를 수 있는 것은 모두 사물이라고 이를 수 있는데, 어찌 꼭 사물 중의 사물[35]이라야 사물이라고 하겠습니까.

---

32 지선에 머문다 : 《대학大學》경經 1장 "止於至善"을 가리킨다.

33 사물이……있는 법 : 《시경詩經》〈대아大雅 증민烝民〉에 "하늘이 백성을 내시니, 사물이 있으면 법칙이 있다네.[天生烝民, 有物有則.]"란 말이 있다.

34 명덕 : 주희는 "사람이 하늘에게 얻은 것으로 텅 비고 영묘靈妙하며 어둡지 않아 온갖 도리를 갖추고서 모든 일에 응하는 것"이라고 하였다.《대학장구大學章句》

35 사물 중의 사물 : 소옹邵雍, 《황극경세서皇極經世書》〈관물편觀物篇〉에 "대체로 사물 중의 사물이란 지물至物을 말하고, 사람 중의 사람이란 지인至人을 말한다.

이런 측면에서 보면 《대학》의 '지선에 머문다'는, 나누어 말하면 명덕도 지선에 머무름이 있고, 신민新民도 지선에 머무름이 있습니다. 명덕의 측면에서 나누어 말할 경우, 수신修身도 지선에 머무름이 있고, 정심正心도 지선에 머무름이 있고, 성의誠意도 지선에 머무름이 있고, 격물치지格物致知도 지선에 머무름이 있습니다. 신민의 측면에서 나누어 말할 경우도 이와 같습니다. 종합하여 말하면 명덕과 신민이 모두 지선에 머무른 뒤에야 그 지선에 머무는 본분을 다한 것입니다. 그런데 어찌 격물치지에는 지선에 머무름이 없다고 할 수 있겠습니까.

또 선생께서 이른바 "명덕을 밝힘이 아무리 지극하다 하더라도 여전히 만물의 이치를 속속들이 연구해내고 본성을 다 발휘[窮理盡性]하는 경지에 이르진 못한다."라고 하신 것은 더욱 타당하지 않습니다. 명덕을 밝히는 조목에 격물치지가 있으니 이것이 바로 만물의 이치를 속속들이 연구하는 것[窮理]이고, 성의·정심·수신이 있으니 이것이 바로 본성을 다 발휘하는 것[盡性]입니다. 만약 선생의 주장대로라면 《대학》 공부를 아무리 극진하게 하더라도 오히려 성인聖人의 경지에 이르지 못할 것입니다. 이와 같다면 공자孔子는 지극한 도道를 사람에게 가르치면서 제2등급의 학설로 가르쳐, 사람이 아무리 그 도를 지극히 실천하더라도

하나의 지물로 하나의 지인을 만나게 된다면 성인이 아니고 누구겠는가. 남들이 그를 성인이 아니라고 한다면 나는 믿지 못하겠다. 왜냐하면 성인이란 능히 한 마음으로 모두의 마음을 보고, 한 몸으로 모든 몸을 보며, 하나의 사물로 모든 사물을 보고, 하나의 세상으로 모든 세상을 보는 자를 의미하기 때문이다.[夫物之物者, 至物之謂也. 人之人者, 至人之謂也. 以一至物而當一至人, 則非聖而何? 人謂之不聖, 則吾不信也. 何哉? 謂其能以一心觀萬心, 一身觀萬身, 一物觀萬物, 一世觀萬世者焉.]"라고 하였다. 지물은 가장 미묘한 사물이라는 뜻이니, 여기서는 앞에서 말한 명덕明德을 말한다.

성인의 경지에 이르지 못하고 제2등급의 사람이 되게 한 것이 아니겠습니까.

선생께서 또 "능득能得(머물 곳, 곧 지선을 얻을 수 있음)은 불혹不惑(의혹하지 않음)[36]의 경지다. 【다시 《대학》을 살펴보니, 이 말은 본래 오류가 있으니 깊이 따질 필요가 없습니다.】 그러므로 명덕을 밝힘은 아직 만물의 이치를 속속들이 연구해내고 본성을 다 발휘한 경지에 이르지 못한 것이다."라고 하셨는데, 이 말도 너무 완고합니다. 선대 학자의 학설은 저마다 가리키는 것이 있기 때문에 필요 이상으로 고집해서는 안 됩니다. 능득은 참으로 깊이의 차이가 있으니, 얕은 측면에서 말하면 불혹도 능득이라고 이를 수 있으며, 깊은 측면에서 말하면 '생각하지 않아도 알며 힘쓰지 않고도 맞는'[37] 경지가 아니면 능득의 지극한 공부라고 이를 수 없습니다. 어찌 《대학》의 지극한 공부가 불혹에 머물러 있고 끝내 성인의 경지에 이르지 못한 것이라 판단할 수 있겠습니까.

또 "안자顔子(안연顔淵, 공자孔子의 제자)는 정심正心 공부를 지극히 하지 못하였다."라고 하신 것은, 이 말을 초학자가 언뜻 듣고서 자세히 살펴보지 않으면 도리어 그의 병폐가 됩니다. 그러나 어찌 선생께서도 부합하지 않는 점이 있을 줄 생각이나 하셨겠습니까? 어떻든지 간에 한번

---

36 불혹 :《논어論語》〈위정爲政〉에 "四十而不惑.(40살이 되어서는 의혹하지 않았다.)"이라고 하였다.

37 생각하지⋯⋯맞는 :《중용中庸》에 "誠者, 不勉而中, 不思而得, 從容中道, 聖人也.(천생적天生的으로 성에 이른 사람은 힘쓰지 않아도 도道에 맞으며, 생각하지 않고도 도를 터득하여 자연스럽게 도에 맞으니, 성인이다.)"라고 하였는데, 주희가《논어論語》〈위정爲政〉"六十而耳順; 七十而從心所欲, 不踰矩.(60살이 되어서는 귀(마음)가 순해졌고, 70살이 되어서는 마음이 하고자 하는 것을 따라도 법도를 넘지 않았다.)"에 각각 '不思而得', '不勉而中'으로 주석하였으니, 이것을 말한다.

여쭤보겠습니다.[38] 성인聖人(공자孔子)은 그 심성心性의 본분을 다 발휘하였습니까? 아니면 심성의 본분에 털끝만큼이라도 보탠 것이 있습니까? 만약 '성인이 심성의 본분에 더 보탠 것이 있다.'라고 하신다면 안자는 심정心正(마음이 바르게 됨)의 지극한 공부를 완결지었다고 이를 수 있을 것이고, 만약 '성인이 심성의 본분에 털끝만큼도 더 보태지 않았다.'라고 하신다면 안자는 참으로 조금 완결짓지 못한 곳이 있을 것입니다. 심정의 지극한 공부를 완결짓지 못하였다면 마음의 지知(지각知覺)도 조금의 미진한 곳이 있을 것입니다.

또 성인이 마음이 하고자 하는 것을 따른 것은 마음이 하고 싶어 하는 것이 모두 천리天理기 때문이고, 안자가 마음이 하고자 하는 것을 따르지 못한 것은 마음이 하고 싶어 하는 것이 때로 천리가 아닌 것이 있기 때문입니다. 여기서 이른바 천리가 아니라는 것은 그 지극히 정미精微(깊고 오묘함)한 곳의 측면에서 말한 것일 뿐, 안자에게 곧 나쁜 생각[惡念]이 있다고 이른 것이 아닙니다. 이미 마음이 하고자 하는 것을 따르지 못한다면 그 심성의 본분을 다 발휘하였다고 이를 수 없습니다. 대체로 이른바 성聖·화化·신神이라는 것은 아득하고 어렴풋하여 분명하게 알 수 없는 경지를 이르는 것이 아니라 그 심성의 본분을 다 발휘한 것을 이르는 말일 뿐입니다. 만약 '안자가 심성의 본분을 이미 다 발휘하였는데도 화化하지 못하였다.'라고 하신다면 성인의 덕은 반드시 심성에 쓸데없이 덧붙여진 것이 있을 것이니, 어찌 옳겠습니까. 만약 '안자가

---

38 어떻든지……여쭤보겠습니다 : 원문은 '且道'다. 시문試問(한번 묻다)의 뜻으로, 《어록해語錄解》에는 "아므리ᄏᆞ나 니ᄅᆞ라"라고 하였다. 곧 '아무렇게나 한번 묻다', '어떻든지 간에 한번 묻다'라는 뜻이다.

심정心正의 지극한 공부를 이미 다 완결지었는데도 심성의 본분을 다 발휘하지 못하였다.'라고 하신다면 《대학》 공부는 다만 제2등급으로 떨어지게 될 것입니다.

또 선생께서 "명덕을 밝힘이 극치에 이른 뒤에야 비로소 지선에 머무를 수 있다."라고 하셨는데, 저는 '명덕을 밝힘이 극치에 이른 곳이 바로 명덕을 밝힘이 지선에 머문 것'이라고 생각합니다. 선생의 저 말이 비록 크게 어긋나진 않으나, 배우는 사람이 만약 자세히 살펴보지 않고 '명덕을 밝힘이 극치에 이른 뒤에 또 지선에 머무는 공부를 꾀해야 한다.'라고 생각한다면 아마도 크게 어긋나지 않겠습니까.

또 선생께서 이른바 "지선은 중中이 아니다."라고 하신 것도 타당하지 않습니다. 지선은 바로 천연적天然的으로 본래 존재하는 '중'입니다. 성현의 말씀은 비록 저마다 가리키는 내용이 있어서 이름을 붙인 것이지만, 실제로는 한 가지입니다. 만약 모두 다르다고 여긴다면 이미 지선이 있는데, 또 중이 있고, 또 당연한 법칙이 있게 되니, 배우는 사람이 어느 것을 따라야 하겠습니까.

與奇明彥【大升】

夫至善云者, 只是事物當然之則也. 其則非他, 只是十分恰好處耳. 統而言之, 則知行俱到, 一疵不存, 萬理明盡之後, 方可謂之止至善. 分而言之, 則於知亦有箇至善, 於行亦有箇至善. 知到十分恰好處, 更無移易, 則謂之知之止於至善; 行到十分恰好處, 更無遷動, 則謂之行之止於至善, 何害哉?

先生只取統言之止至善, 而不取分言之止至善, 何耶? 若如先生之言, 則於行只有至善, 而於知無有至善也. 有物必有則, 知是何物而獨無至善耶? 若以知爲非物, 則明德且謂之物, 知獨非物耶? 天下之有名可名者, 皆可謂之物, 豈必物之物, 乃爲物耶?

以此觀之,《大學》之止至善, 分而言之, 則明德亦有止至善, 新民亦有止至善. 就明德上分言之, 則修身亦有止至善, 正心亦有止至善, 誠意亦有止至善, 格物致知亦有止至善. 新民亦然. 合而言之, 則明德新民, 皆止於至善, 然後乃極其止至善之分耳. 烏可謂之格物致知無止至善耶?

且先生所謂明明德雖盡, 猶未到窮理盡性地位者, 尤爲未安. 明明德之目, 有格物致知, 此則窮理也; 有誠意正心修身, 此則盡性也. 若如先生之說, 則《大學》功夫雖極盡, 而猶未至聖人也. 夫如是則孔子何不敎人以至極之道, 而乃敎以第二等之學, 使人雖盡其道, 只做第二等耶?

先生又以爲能得爲不惑地位.【更見《大學》, 此說本誤, 不必深辨.】故明明德, 未到窮理盡性地位, 此亦太固. 先儒之說, 各有所指, 不可執滯也. 能得固有淺深, 就其淺者言之, 則不惑亦可謂之能得; 就其深處言之, 則非不思而得, 不勉而中, 則不可謂之能得之極功. 烏可判《大學》之極功, 止於不惑, 而終不至聖人地位耶?

且顏子未盡正心功夫云者, 此言初學者驟聞而不察之, 則反爲其病, 豈意先生亦有所不合耶? 且道聖人只盡其心性之分耶? 抑加毫末於心性之分耶? 若曰聖人於心性上, 又有加焉, 則顏子可謂畢心正之極功矣; 若曰聖人不加毫末, 則顏子固有一毫未盡處矣. 心正之極功旣未畢, 則心之知亦有一毫未盡處矣.

且聖人之從心所欲者, 心所欲, 皆天理故也. 顏子之未得從心者, 心所欲, 有時非天理故也. 此所謂非天理者, 就其至精至微處言之耳, 非謂顏子便有惡念也. 旣不得從心所欲, 則不可謂之盡其心性之分也. 夫所謂聖所謂化所謂神者, 非渺茫恍[39]惚之謂也, 只是盡其心性之分而已. 若曰顏子旣盡心性之分而猶未化, 則是聖人之德, 必有贅於心性也, 烏可哉? 若曰顏子旣畢心正之極功, 而猶未盡心性之分, 則《大學》功夫, 落在第二等矣.

且先生以爲明明德旣盡, 然後方可止於至善, 珥以爲明明德旣盡處, 此是明明德之止至善. 此說雖不大忤, 若學者不察, 以爲明明德旣盡, 然後又求止至善功夫, 則豈不大錯耶?

且先生所謂至善非中者, 亦未安. 至善, 乃天然自有之中也. 聖賢之說, 雖各有所指而名之者, 其實一也. 若皆二之, 則旣有至善, 又有中, 又有當然之則, 學者將何所適從耶?

---

39 恍 : 전서본全書本에는 '悅'으로 되어 있다. 恍은 悅·慌과 동자同字다.

4. 화숙 박순에게 답한 편지 −1[40]

○ 이 편지는 1575년(을해乙亥)에 박순에게 답한 편지다. 박순(1523-1589)
은, 자字는 화숙和叔, 호號는 청하자青霞子·사암思菴, 시호諡號는 문충文
忠이다. 화담花潭 서경덕徐敬德의 문인으로 성리학에 조예가 깊었으며, 중
앙 정계에서 요직을 두루 지내며 사림士林을 적극적으로 천거하였고, 이
이를 구호하다 삼사三司의 탄핵을 받기도 하였다.

서경덕은 태극太極 앞에 태허太虛를 설정하여 태허가 태극의 근원이
된다고 주장한다. 따라서 태허에도 리와 기가 있고, 태극이 음양을 낳은
뒤에도 리와 기가 있으며, 태허의 리기와 태극 이후의 리기는 서로 순환한
다고 하였다. 박순은 여기에 근거하여 기존 정주학자들이 태극 이후에만
리와 기가 있고, 리는 충막무짐沖漠無眹한 형이상자形而上者고, 기는 형
이하자形而下者라고 보는 관점을 수정해야 한다고 본다. 박순이 말한 '맑
은 하나의 덩어리로서 텅 비고 밝은 기[澹一虛明之氣]'는 바로 서경덕이 말
한 '태허'를 형용한 말이다.

이이는 일음일양一陰一陽 곧 한 번 음하고 한 번 양한다는 설과 리기불
상리불상잡理氣不相離不相雜 곧 리와 기는 서로 떨어지지 않고 서로 섞이
지 않는다는 설에 입각하여 서경덕과 박순의 설을 모두 부정하고 기존 정
주학의 논리를 고수한다.

---

40 《율곡전서栗谷全書》권9 〈서書1 답박화숙答朴和叔【순순ㅇ을해乙亥】〉

보내주신 편지에서 이른바 '맑은 하나의 덩어리[澹一]로서 텅 비고 밝은[虛明] 기氣'라는 것은 음陰입니까? 양陽입니까? 만약 음이라면 음의 앞은 또 양이고, 만약 양이라면 양의 앞은 또 음이니, 맑은 하나의 덩어리가 어떻게 기氣의 시초가 될 수 있겠습니까. 만약 '음도 아니고 양도 아닌 기가 별도로 있어서 저 음과 양을 관할한다.'라고 한다면 이처럼 괴이한 말은 경전經傳에서 본 적이 없습니다.

또 이른바 '충막무짐沖漠無眹(텅 비고 고요하여 아무런 형체나 조짐이 없음)'이라는 것은 리理를 가리켜 말한 것인데, 리의 측면에서 기를 찾는다면 충막무짐하면서도 온갖 사물의 형상이 성대하게 갖춰져 있고[41], 기의 측면에서 리를 찾는다면 한 번 음하고 한 번 양하는 것을 도道라고 합니다. 말로는 비록 이렇게 표현하지만 실제로는 리가 독립하여 음과 양이 없이 텅 비고 고요한 때는 없습니다. 이 점은 가장 선입견 없이 자세히 보면서[42] 깊이 음미하여야 할 것입니다.

---

41 충막무짐하면서도……있고 : 본체에 현상이 내재해 있다는 뜻이다.

42 선입견……보면서 : 원문은 '活看'이다. 활活은 융통성이 있음 곧 고정되지 않음이니, 선입견을 갖지 말고 보라는 말이다. 여기서 선입견은 박순의 스승 화담花潭 서경덕徐敬德의 '담일청허지기湛一淸虛之氣'를 말한다.

答朴和叔【淳】

台敎所謂澹一虛明之氣, 是陰耶陽耶? 若是陰則陰前又是陽, 若是陽則陽前又是陰, 安得爲氣之始乎? 若曰別有非陰非陽之氣, 管夫陰陽, 則如此怪語, 不曾見乎經傳也.

且所謂沖漠無眹者, 指理而言, 就理上求氣, 則沖漠無眹而萬象森然, 就氣上求理, 則一陰一陽之謂道. 言雖如此, 實無理獨立而沖漠無陰陽之時也. 此處最宜活看而深玩也.

5. 화숙 박순에게 답한 편지 −2[43]

○ 천지의 본원을 끝까지 따져 들어가 연구하는 의론은 태극을 음양의 근본으로 삼는 것에 불과한데, 서경덕과 박순은 도리어 음기陰氣를 음양의 근본으로 삼았으니, 일음일양一陰一陽의 측면에서 보면 이것은 그 도리에 어긋난다. 또한 태극의 역할은 음양이 사물의 중심이 되는 오묘함[陰陽樞紐之妙]인데, 서경덕과 박순이 태극의 역할을 이해하지 못하고 있음을 지적하였다.

---

43 《율곡전서栗谷全書》 권9 〈서書1 답박화숙答朴和叔〉

보내주신 편지에서 이른바 "경전經傳에서 논한 〈음양은 모두 천지가 생긴 이후의 측면에서 말한 것이지〉 천지가 생기기 이전의 측면에서 말한 적이 없다."[44]라고 하신 것이 가장 타당하지 않습니다. 부자夫子(공자)는 "역易(음양이 변화하고 소장消長하는 현상)에는 태극太極이 있으니, 이것이 양의兩儀(음양)를 낳는다."[45]라고 하였으며, 주자周子(주돈이周敦頤)는 "무극無極이면서 태극太極이다."[46]라고 하였는데, 모르겠습니다만 합하閤下께서는 이러한 말을 모두 천지가 생긴 이후로 귀속시킨 것입니까?

　작게 여닫힌다는 설과 크게 여닫힌다는 설[47]은 참으로 옳습니다. 그리고 '천지가 생기기 전을 음陰이라고 이른다.'라고 하신 것은 매우 이치에 합당하니, 성인聖人이라도 바꾸지 못할 것입니다. 그러나 다만 음이라고 하였으면 이것도 상象(조짐이 드러난 상태)인데, 어찌 충막무짐沖漠無眹(텅 비고 고요하여 아무런 형체나 조짐이 없음)이라고 이를 수 있겠습니까. 이것으로 이른바 충막무짐이라는 것이 단순히 태극만 가리켰고, 그

---

44 경전에서……없다 : 박순朴淳, 《사암선생문집思菴先生文集》 권4 〈답이숙헌서答李叔獻書〉 제2서書에 "대체로 경전經傳에서 논한 음양은 모두 천지가 생긴 이후의 측면에서 말한 것이지 천지가 생기기 이전의 측면에서 말한 적이 없다.[凡經傳所論陰陽, 皆從天地之已生而言之, 未嘗及天地之先也.]"라고 하였다.

45 역에는……낳는다 : 《주역周易》 〈계사전繫辭傳 상上〉에 나온다.

46 무극이면서 태극이다 : 주돈이周敦頤, 《태극도설太極圖說》에 나온다.

47 작게……설 : 박순이 "천지가 생긴 이후의 측면에서 말하면 한 번 음하고 한 번 양하는 것은 작은 여닫힘이고, 천지가 생기기 이전의 측면에서 말하면 태허가 충막무짐하면서 동한 것이니, 이것이 천지의 큰 여닫힘이다.[從天地已生而言之, 一陰一陽者, 小闔闢也; 從天地未生而言之, 太虛沖漠無眹而動者, 此天地大闔闢也.]"라고 한 것을 말한다.(《사암선생문집思菴先生文集》 권4 〈답이숙헌서答李叔獻書〉 두 번째 편지) 작은 여닫힘은 천지가 생긴 뒤에 일음일양一陰一陽으로 전개하는, 곧 만물이 생성소멸하는 현상계를 말하고, 큰 여닫힘은 천지가 생기기 전에 충막무짐한 태허太虛의 상태를 말한다.

래서 실로 음과 양이 없이 텅 비고 고요한 때는 없다는 것을 알 수 있습니다.

합하께서 어떻게 생각하든지 간에 한번 여쭤보겠습니다. 천지는 하나뿐입니까? 아니면 과거에 무한한 천지가 있었습니까? 만약 '천지는 하나뿐이다.'라고 하신다면 제가 다시 무엇을 말하겠습니까. 그런데 만약 '천지는 끝없이 생성하고 소멸하였다.'라고 하신다면 지금의 이 천지가 생기기 전에 음이 양을 머금고 있는 것은 바로 이전의 천지가 소멸한 뒤 남아 있는 것일 텐데, 어찌 이것을 천지의 본원本源을 끝까지 따져 들어가 연구하는 의론으로 삼을 수 있겠습니까.

보내주신 편지에 또 "그렇다면 태극은 허공에 매달려[48] 독자적으로 존재하는 것인가?"라고 하셨는데, 이것도 옳지 않습니다. 이전의 천지가 소멸한 뒤에는 태허太虛가 고요하여 다만 음뿐이니 그렇다면 태극이 음에 있는 것이고, 이후의 천지가 개벽하려 할 때는 하나의 양이 비로소 생기니 그렇다면 태극이 양에 있는 것인데, 비록 허공에 매달려 있으려해도 어찌 그럴 수 있겠습니까. 장자張子(장재張載)의 학설은 본래 어폐語弊가 있어 한 쪽(음)에 치우쳤고, 화담花潭 서경덕徐敬德의 주장은 너무 지나쳐 음양이 사물의 중심이 되는[樞紐] 오묘한 점이 태극에 있는 줄 모르고 도리어[而乃] 하나의 양이 생기기 전에 기의 음한 것을 음양의 근본이라고 하였으니, 성현의 뜻을 어그러뜨린 것이 아니겠습니까.

아아! 음양은 시작도 없고 끝도 없고 바깥도 없으며, 동動하지도 않고 정靜하지도 않은 때가 있은 적이 없습니다. 한 번 동하고 한 번 정하며,

---

48 허공에 매달려 : 원문은 '懸空'이다. 빙공憑空·공동空洞을 비유하는 말로, 근원이나 근거, 내용이 없음을 뜻한다.

한 번 음하고 한 번 양할 때에 리가 있지 않음이 없습니다. 그러므로 성현이 천지의 본원을 끝까지 따져 들어가 연구하는 의론은 태극을 음양의 근본으로 삼는 것에 불과한데, 그 실상은 본래 음양이 생기기 전에 태극이 독자적으로 존재하는 때는 없습니다. 지금 천지의 본원을 끝까지 따져 들어가 연구하면서 도리어 음기를 음양의 근본으로 삼는 것은 이 음이 이전 양의 뒤임을 전혀 모르는 것입니다. 다만 올해 봄은 지난해 겨울을 근원으로 삼았음만 알고 지난해 겨울은 또 지난해 봄을 시원으로 삼았음을 모르는 것이니, 분명하게 알지 못한 것이 아니겠습니까.

答朴和叔

台論所謂經傳所論, 未嘗及天地之先者, 最爲未安. 夫子曰: "易有太極, 是生兩儀." 周子曰: "無極而太極." 未知閣下以此等說話, 皆歸之於天地已生之後乎?

小闢闔大闢闔之說, 此固然矣. 天地未生之前謂之陰者, 此甚當理, 雖聖人不可得而易也. 但旣是陰則是亦象也, 安得謂之沖漠無眹乎? 以此知所謂沖漠無眹者, 只是單指太極, 而實無沖漠無陰陽之時也.

閣下且道天地只一而已乎? 抑過去有無限天地乎? 若曰天地只一而已, 則珥復何說? 若曰天地無窮生滅, 則此天地未生之前, 陰含陽者, 乃前天地旣滅之餘也, 豈可以此爲極本窮源之論乎?

台論又曰: "然則太極懸空獨立." 此又不然. 前天地旣滅之後, 太虛寂然, 只陰而已, 則太極在陰, 後天地將闢, 一陽肇生, 則太極在陽, 雖欲懸空, 其可得乎? 張子之論, 固爲語病, 滯於一邊, 而花潭主張太過, 不知陰陽樞紐之妙在乎太極, 而乃以一陽未生之前氣之陰者, 爲陰陽之本, 無乃乖聖賢之旨乎?

嗚呼! 陰陽, 無始也, 無終也, 無外也, 未嘗有不動不靜之時, 一動一靜一陰一陽, 而理無不在. 故聖賢極本窮源之論, 不過以太極爲陰陽之本, 而其實本無陰陽未生太極獨立之時也. 今者, 極本窮源, 而反以陰氣爲陰陽之本, 殊不知此陰是前陽之後也. 但知今年之春, 以去冬爲本, 而不知去年之冬, 又以去春爲始也, 無乃未瑩乎?

6. 호원 성혼에게 답한 편지 −1[49]

○ 이 편지는 1567년(정묘丁卯)[50]에 성혼에게 답한 편지다. 성혼(1535−1598)
은, 자字는 호원浩原, 호號는 묵암默庵·우계牛溪, 시호諡號는 문간文簡이
다. 이이가 이조판서로 있으면서 출사出仕를 권유하여, 비과거非科擧 출신
으로서 관계官界에 진출하였다.

이 편지는 《대학》의 '지선至善'과 《중용》의 '중中'에 관하여 논하고서 성
인聖人의 가르침은 반드시 지선을 먼저 세워 준칙으로 삼아 배우는 사람
에게 분명하게 사리의 당연한 중정中正함을 지선으로 삼은 뒤에 중용에
나아가게 해야 참으로 지선에 머무를 수 있음을 말하고 있다.

---

49 《율곡전서栗谷全書》 권9 〈서書1 답성호원答成浩原【정묘丁卯】〉

50 1567년(정묘) : 전서본全書本에는 "어떤 본에는 '무진'으로 되어 있다.[一本作戊辰]"
라는 두주頭注가 있고, 《우계선생연보牛溪先生年譜》에도 무진년 5월에 율곡과
중·지선설을 논하였다고 하였다. 무진년은 서력 1568년이다.

지선至善과 중中[51]에 관한 논설을 여전히 하나로 귀납하지 못한 것은, 제 소견이 본래 확실하지 않으므로 말이 명확하지 못하여 족하에게 이런저런 의심이 나게 하였기 때문입니다. 다만 선대 학자의 학설은 분명한 듯하니, 별도로 견해를 내서는 안 됩니다. 옥계玉溪 노씨盧氏[52]가 "지선은 태극太極의 다른 명칭이면서 명덕明德의 본체다. 하늘에서 얻어 본연의 일정한 법칙이 있는 것은 지선의 체體니 바로 내 마음의 통체統體(전체)인 태극이요, 일상생활하는 사이에 드러나 저마다 본연의 일정한 법칙이 있는 것은 지선의 용用이니 바로 사물마다 각각 갖추고 있는 태극이다."[53]라고 하였으니, 여기에 의거하여 보면 지선의 체는 희로애락이 발현하지 않은 중[未發之中]이 아니겠습니까. 대체로 지선의 용은 사물에 본래 있는 중이 아니겠습니까.

일반적으로 지선의 체는 희로애락이 발현하지 않은 중으로서 하늘이 명한 성[天命之性]이요, 지선의 용은 곧 사물에 본래 있는 중으로서 성을 따른 도[率性之道]입니다. 지선에 머무는 것은 곧 때에 따라 중中에 맞게

---

51 지선과 중 : 지선은《대학大學》경經 1장 "대학의 도는 자신의 명덕을 밝힘에 있으며, 백성을 새롭게 함에 있으며, 지선에 머무름에 있다.[大學之道, 在明明德, 在親民, 在止於至善.]"의 지선을 가리키고, 중은《중용中庸》1장 "기쁨·성냄·슬픔·즐거움이 아직 발현하지 않은 것을 중이라 한다.[喜怒哀樂之未發謂之中.]"의 중을 가리킨다.

52 옥계 노씨 : 송대宋代 노효손盧孝孫(?-?)으로 자字는 신지新之, 귀계貴溪(지금 강서江西에 속함) 사람이다. 영종寧宗 가태嘉泰 2년(1202)에 진사進士가 되었고, 옥산지현玉山知縣을 거쳐 태학박사太學博士가 되었다. 학자들이 '옥계선생玉溪先生'이라고 불렀다. 자세한 행적은 미상未詳이다. 주희朱熹 사후《어류語類》와《문집文集》의 내용을 취해《사서집의四書集義》100권을 집록輯錄하였으나, 현재 전하지 않는다.《사서집의》가 너무 장황하여 읽기 불편하였기 때문에, 원대元代 유인劉因(1249-1293)이 산삭刪削하여《사서집의정요四書集義精要》30권을 만들었다. 이마저도 현존하는 판본이 불완전하며, 사고전서四庫全書에는 28권본이 들어 있다.

53 지선은……태극이다 :《대학혹문大學或問》소주小註에 나온다.

하는 중으로서 도를 등급에 맞게 조절한 교[修道之敎]입니다.[54] 지선상에서 성과 도를 나누면서 교敎자를 붙이지 않은 것은, 지선은 정리正理를 전적으로 가리키고 인사人事를 아울러서 말하지 않았기 때문입니다.【오직 지선에 머문다는 것은 바로 인사고 덕행德行입니다.】중中자에 성性·도道·교敎를 통섭通涉하여 말한 것은, 중자는 성정性情과 덕행德行을 아울러 말하였기 때문입니다.【중에는 두 가지 뜻이 있는데, 성현聖賢이 중을 말한 것은 행行을 가리킨 것이 많습니다.】족하는 바로 중을 체로 여기고 지선을 용으로 여겨 타당하지 않은 것이 아니겠습니까.【대체로 정리正理를 덕행에 상대하여 말하면 정리는 체가 되고 덕행은 용이 됩니다. 정리는 그림쇠·직각자와 같고, 덕행은 그림쇠·직각자를 사용하여 직각과 원을 그리는 것과 서로 비슷합니다.】

또 족하는 때에 따라 중에 맞게 하는 중을 성을 따른 도라고 하였으니, 이것도 오류가 있는 듯합니다. 때에 따라 중에 맞게 하는 것은 도를 등급에 맞게 조절하는 것입니다. 그런데 만약 이것을 성을 따르는 도라고 한다면 도는 바로 사람에게 의지하여 있는 것이니, 어찌 옳겠습니까.【《중용》첫 장章 본문의 집주集注를 자세히 살펴보면 알 수 있습니다. ○중은 성의 속성으로서 큰 근본이고, 화和는 정情의 속성으로서 보편적인 도며, 때에 따라 중에 맞게 함은 중·화를 극진하게 이루는 것으로서 큰 근본을 세워 보편적인 도를 실천하는 것이니, 털끝만큼도 어긋남이 있어서는 안 됩니다.】

또 희로애락이 발현하지 않은 중은 내 마음의 통체(전체)인 한 태극이

---

54 하늘이……교입니다 : 《중용中庸》 1장 "하늘이 명령(품부)한 것을 성이라 하고, 성을 따르는 것을 도라 하고, 도를 등급에 맞게 조절한 것을 교라고 한다.[天命之謂性, 率性之謂道, 修道之謂敎.]"를 말한다.

지, 곧바로 리理의 한 본원처本源處로서 '역易(음양이 변화하고 소장消長하는 현상)에 태극이 있다.'는 태극으로 불러서는 안 됩니다. 족하가 이른바 "나의 마음을 사물에 상대하여 말하면 나의 마음은 체가 되고 사물은 용이 된다."라고 한 것은 매우 옳지만, 나의 마음을 천도天道에 상대하여 말하면 천도는 체가 되고 나의 마음은 용이 될 것입니다. '통체(전체)' 속에도 체와 용이 있고 '저마다 갖추고 있는' 속에도 체와 용이 있으니, '역에 태극이 있다.'는 태극의 측면에서 보면 내 마음의 한 태극도 '저마다 갖추고 있는' 속의 통체고, '역에 태극이 있다.'는 태극은 바로 통체 속의 통체입니다. '역에 태극이 있다.'는, 태극은 비유하면 물의 본원처고,[지선과 중이 이로부터 나왔습니다.] 내 마음의 한 태극은 물이 우물에 있는 것이고,[지선의 체가 곧 중의 체입니다.] 사물의 태극은 물이 그릇에 나뉘어 담긴 것일 뿐입니다.[지선의 용이 곧 중의 용입니다.] 만약 지선을 그릇 안에 담긴 물로만 여긴다면 그 용은 들고 그 체는 빠뜨리는 것이요, 중을 우물 속의 물로만 여긴다면 그 체는 잡으면서 그 용은 가리는 것이니, 모두 도리를 이루지 못할 것입니다.

"지선과 중은, 내용은 같고 가리키는 것은 다르다."라고 말할 경우에는,[족하가 '내용은 같고 가리키는 것은 다르다.'라고 말한 것은 지당하지만, 그 주된 취지는 옳지 않습니다.] 지선은 곧 나의 마음과 사물상 본연의 중으로서[내용이 같은 곳입니다. ○지선은 당연한 법칙인데, 반드시 내 마음의 법칙을 먼저 본 뒤에야 사물의 법칙을 알 수 있습니다. 만약 '내 마음에 아무리 법칙이 있다고 하더라도 소중하게 여기는 것이 사물에 있다.'라고 말한다면 사물의 법칙이 도리어 중요하게 되고 내 마음의 법칙이 도리어 하찮게 됩니다. 《대학》의 공부가 어찌 체를 하찮게 여기고 용을 중요하게 여기며, 안을 하찮게 여기고 밖을 중요하게 여기겠습니까. 절대로 옳지 않으니, 다시 생각해 보십시오. ○무엇을 내 마음의 법칙이라 이를까요? 희로애락이 발현하지 않은 중이 이것입니다. 어떻게 그것을 볼 수 있을까요? 경敬을 잘 실천하면 볼 수 있습니다. 그러므로 정자程子가 "앎을 지극하게 하면서[致知] 경을 보존하지(실천하지) 않는 자는 없었다."라고 한 것입니다.】 정리正理를 전적으로 가리켜 말한 것이고,【가리키는 것이 다른 곳입니다.】 중은 곧 치우치지 않고 기울지 않으며 지나치거나 못 미침이 없는 정리로서【내용이 같은 곳입니다.】 덕행을 아울러 가리켜 말한 것이니,【가리키는 것이 다른 곳입니다.】 중용中庸의 리理는 지선이고, 중용의 행行은 지선에 머무는 것이며, 중中과 화和는 지선의 체와 용이고, 중·화를 극진하게 이루는 것은 지선에 머무는 것입니다.【구절마다 미루어 보면 서로 조응하지 않는 것이 없습니다.】 이처럼 취지를 세워야 결함이 없을 것입니다. 족하가 전일에 "지선이 곧 중이면 지선이라고만 말하거나 중이라고만 말하면 충분할 텐데, 어찌 두 가지로 말할 필요가 있겠습니까."라고 하였기 때문에, 제가 이것으로 생각하여 그 설을 터득한 것입니다.

중용의 도는 지극히 미묘하여 초학자가 갑자기 들으면 역량이 감당하지 못하여, 어떤 사람은 가운데라는 중中자의 뜻에만 연연하여[55] 좋은 평판을 받는 데에 가까이 다가가지 않고 형벌을 받는 데에 가까이 다가가지 않는 학자[56]가 됩니다. 이 때문에 성인聖人의 가르침은 반드시 지선

---

55 가운데라는……연연하여 : 원문은 '流'니, '연연해하다'라는 뜻이다. '가운데라는 중中자의 뜻에만 연연한다'는 말이다.

56 좋은……학자 :《장자莊子》〈양생주養生主〉의 "선을 실천하되 좋은 평판을 받는 데에 가까이 다가가지는 말며, 악을 실천하되 형벌을 받는 데에 가까이 다가가지는 말고, 중을 따르는 것을 도리로 삼으면 몸을 보전할 수 있고 생명을 보존할 수

을 먼저 세워 준칙[標的]으로 삼아 배우는 사람에게 분명하게 사리의 당연한 중정中正함[極]을 지선으로 삼은 뒤에 중용에 나아가게 합니다. 만약 지선이 바로 치우치지 않고 기울지 않으며 지나치거나 못 미침이 없는 도道임을 안다면 중을 잡는 것에 잘못되지 않고 지나치거나 못 미치는 것에 연연하지 않아 참으로 지선에 머무를 수 있을 것입니다.

있으며, 어버이를 봉양할 수 있고 천수天壽를 다 누릴 수 있다.[爲善無近名, 爲惡無近刑, 緣督以爲經, 可以保身, 可以全生, 可以養親, 可以盡年.]"라고 한 것을 단장취의斷章取義한 말이다. 여기서는 선도 악도 실천하지 않는, 곧 이도 저도 아닌 중中의 입장을 택하여 행동한다는 말이다.

答成浩原【渾】

至善與中之論[57], 尙未歸一, 緣珥所見, 自不端的. 故言不明瑩, 致足下輾轉生疑耳. 但先儒之說, 似是分明, 不可別生意旨. 玉溪盧氏曰: "至善, 太極之異名, 而明德之本體. 得之於天, 而有本然一定之則者, 至善之體, 乃吾心統體之太極也; 見於日用之閒, 而各有本然一定之則者, 至善之用, 乃事事物物, 各具之太極也." 以此觀之, 至善之體, 非未發之中耶? 至善之用, 非事物上自有之中耶?

蓋至善之體, 卽未發之中而天命之性也; 至善之用, 卽事物上自有之中而率性之道也; 止於至善者, 卽時中之中而修道之敎也. 至善上分性道, 而著敎字不得者, 至善是專指正理, 不兼人事而言故也.【惟止於至善者, 乃人事也, 德行也.】中字上通性道敎而言者, 中字兼性情德行而言故也.【中有二義, 而聖賢之言中, 多指行處.】足下乃以中爲體, 以至善爲用, 無乃未安耶?【蓋以正理對德行而言, 則正理爲體, 德行爲用, 正理如規矩, 德行如用規矩, 做方圓相似.】

且足下以時中之中, 爲率性之道, 此亦似誤. 時中, 是修道者也. 若以此爲率性之道, 則道乃因人而有者也, 烏可哉?【細觀《中庸》首大文集[58]註則可知. ○中者, 性之德也, 大本也. 和者, 情之德也, 達道也. 時中者, 致中和者也, 立大本而行達者也, 毫釐閒不可有差.】

且未發之中, 只是吾心之統體一太極也, 不可便喚做理之一本處, 易有太極之太極也. 足下所謂以吾心對事物而言, 則吾心爲體, 事物爲用者, 甚是. 但以吾心對天道而言, 則天道爲體, 吾心爲用矣. 統體中, 也有體用, 各具中, 也有體用, 以易有太極之太極觀之, 則吾心之一太極, 亦是各具中之統體也. 易有太極之太極, 乃統體中之統體也. 易有太極之太極, 水之本

---

57 論 : 전서본全書本에는 '說'로 되어 있다.

58 集 : 전서본全書本에는 '輯'으로 되어 있다.

源也,【至善與中之所從出.】吾心之一太極, 水之在井者也,【至善之體, 卽中之體.】事物之太極, 水之分乎器者耳.【至善之用, 卽中之用.】若以至善, 只作器中之水, 則是擧其用遺其體也, 以中只作井中之水, 則是執其體而昧其用也, 皆不成道理矣.

若曰至善與中, 同實而異指,【足下同實異指之示, 至當, 但其主意不是.】至善, 卽吾心與事物上本然之中,【同實處. ○至善, 是當然之則也, 必先見吾心之則, 然後可以知事物之則矣. 若曰吾心雖有則, 而所重在事物上云, 則事物之則反重, 而吾心之則反輕也.《大學》工夫, 豈不輕體而重用, 輕內而重外乎? 千萬不是, 更宜商量. ○何謂吾心之則? 未發之中是也. 何以見之? 能敬則見之矣. 故程子曰未有致知而不在敬者.】而專指正理而言,【異指處.】中, 卽不偏不倚無過不及之正理,【同實處.】而兼指德行而言,【異指處.】中庸之理, 是至善也; 中庸之行, 是止至善也; 中和, 是至善之體用也; 致中和, 是止至善也.【節節推之, 莫不相應.】如此立說, 方無病痛矣. 足下前日以爲至善卽中, 則但言至善, 或但言中, 足矣, 何必兩言之耶? 珥以此思之而得其說焉.

中庸之道, 至微至妙, 初學者驟聞之, 則力量不能承當, 或有流而爲無近名無近刑之學者矣. 是以聖人之敎, 必先立至善, 以爲標的, 使學者曉然以事理當然之極爲至善, 然後進之於中庸. 使知至善乃所以不偏不倚無過不及之道, 則不陷於執中, 不流於過不及, 而眞能止乎至善耳.

7. 호원 성혼에게 답한 편지 −2[59]

○ 《우계선생연보牛溪先生年譜》에 따르면 이 편지는 1568년(무진戊辰)에 성혼에게 답한 편지다. 공자孔子의 제자 안연顏淵은 털끝만큼 미진하였다는 설이 옳음을 주장하고, 성인聖人 공자와 안연의 차이점은 생각함과 생각하지 않음·애씀과 애쓰지 않음에 있으며, 생각함은 바로 격물치지格物致知고, 애씀은 성의정심誠意正心이라고 하였다. 성인은 생각하고 애쓰는 것에 의지하지 않고도 저절로 격물치지와 성의정심하고, 안연은 온 힘을 다 기울여야 할 정도는 아니지만 생각하고 애쓰는 것에서 벗어나진 못하였으니 털끝만큼 미진하다는 것이다. 만약 안연이 미진하지 않고 맨 극점에 다다랐다면 성인은 맨 극점에서 더 지나쳐 가서 도道에 맞지 않을 것임을 말하였다.

---

59 《율곡전서栗谷全書》권9 〈서書1 답성호원答成浩原〉

안자顔子(안연顔淵, 공자孔子의 제자)는 털끝만큼 미진하였다는 설에 대해 많은 사람이 모두 그르다고 하지만, 제가 유독 그르다고 여기려 하지 않는 것은 일부러 이설異說을 세워 남을 이겨 먹는 것을 좋아해서가 아닙니다. 참으로 제 생각에는 안자가 미진한 부분이 전혀 없다는 말에 끝내 타당하지 않은 점이 있기 때문에, 감히 많은 사람의 견해를 두루 따르지 못하는 것입니다.

안자가 성인聖人(공자孔子)과 서로 차이가 나는 점은 생각함과 생각하지 않음·애씀과 애쓰지 않음에 있을 뿐, 도道를 터득하고 도에 맞음에 있어서는 한 가지입니다. 이른바 생각한다는 것은 격물치지格物致知(사물의 도리를 궁구窮究하여 자신의 앎, 곧 인식능력을 지극하게 함)가 아니고 무엇이겠으며, 이른바 애쓴다는 것은 성의정심誠意正心(자신의 뜻을 진실하게 하여 자기의 마음을 바르게 함)이 아니고 무엇이겠습니까. 사물이 오면 생각하지 않을 수 없어 반드시 생각하게 됩니다. 오늘 생각하여 도를 터득하였는데 내일 사물이 오면 또 생각함에서 벗어나지 못한다면, 격물치지의 공부를 끝마쳤다고 할 수 있겠습니까. 마찬가지로 오늘 애써서 도에 맞았는데 내일 또 애씀에서 벗어나지 못한다면, 성의정심의 공부를 끝마쳤다고 할 수 있겠습니까. 이른바 힘을 다하였다는 것은 인사人事의 측면에서 자신의 힘을 지극히 하여 더 보탤 것이 없다는 것이지, 성인이 천성天性으로 활동하여 인사를 베풀지 않는 것과 같은 것이 아닙니다.[60]

---

60 성인이……아닙니다 : 《중용中庸》 20장의 "천생적으로 성誠에 이른 사람은 애쓰지 않고도 도에 맞으며, 생각하지 않고도 도를 터득하여 자연스럽게 도에 맞으니, 성인이다.[誠者, 不勉而中, 不思而得, 從容中道, 聖人也.]"를 가리킨 것으로, 공자는

또 안자의 사재查滓(인욕人欲과 사념私念)는 일반 사람의 사재와 같은 것이 아닙니다. 잘못을 거듭 저지르지 않은 것[61]은 거듭 저지를 만한 잘못이 없는 것만 못하며, 얼음이 녹고 추위가 풀리는 것은 녹고 풀릴 만한 얼음과 추위가 없는 것만 못하며, 티끌이 반드시 보이는 것은 보일 만한 티끌이 없는 것만 못한 법입니다. 그러므로 안자는 성인에 비하면 사재가 약간 있는 것입니다.

격물치지와 성의정심은 참으로 배우는 사람이 해야 할 일이요, 또한 이것을 버리고 성인이 되기를 바랄 수 없습니다. 천지의 운행질서가 제 자리에 안착하고 만물이 제 생리生理 대로 자라는 것[62]은 매우 신묘하여 헤아릴 수 없으나 성인이 잘할 수 있는 일입니다. 그러나 그 실제는 학문의 지극한 공효功效[63]에 불과할 뿐이니, 어찌 학문의 공효를 버리고 별도로 일종의 성인이 되는 도리를 구할 수 있겠습니까. 족하는 격물치

생각하고 애쓸 필요 없이 자연스럽게 도에 맞음을 말한 것이다. 여기서 인사人事는 진실하고 거짓이 없는 성誠에 이르고자 노력하는 것이니, 《중용》20장의 표현을 빌리면 선善을 선택하여 굳게 잡아 지키는 것[擇善固執]이다.

61 잘못을……않은 것 : 《논어論語》〈옹야雍也〉에 "안자라는 이가 배움을 좋아하여 노여움을 옮기지 않고 허물을 거듭 저지르지 않았는데, 불행하게도 명이 짧아 죽었습니다.[有顔回者好學, 不遷怒, 不貳過, 不幸短命死矣.]"라는 말이 있다.

62 천지의……자라는 것 : 《중용中庸》1장에 "중中·화和를 극진하게 이루면 천지의 〈운행질서가〉 제자리를 잡고 만물이 자라난다.[致中和, 天地位焉, 萬物育焉.]"라는 말이 있는데, 주희는 장구章句에서 "위位는 제자리에 안착安着하는 것이다. 육育은 제 생리生理 대로 이루는 것이다.[位者, 安其所也. 育者, 遂其生也.]"라고 하였다.

63 학문의……공효 : 《중용中庸》1장의 장구章句에 "이것(치중화致中和)은 학문의 지극한 공효功效요, 성인이 잘할 수 있는 일이니, 애초에 〈자기 성性〉 밖의 것에 의지할 수 있는 것이 아니고, 도道를 등급에 맞게 조절한 교敎도 〈자기의 마음〉 안에 있을 것이다.[此, 學問之極功, 聖人之能事, 初非有待於外, 而修道之敎, 亦在其中矣.]"라고 하였다.

지와 성의정심을 단연코 배우는 사람이 해야 할 일로 여겨 이를 충분히 다 발휘한 것을 안자에게 돌리고, 성인이 되는 것은 격물치지와 성의정심 밖에서 구하였으니, 타당하지 않은 것이 아니겠습니까. 이것은 바로 불교에서 형적形迹을 털어버리고 범성凡聖을 초월하는 임시방편적인 교묘한 계략[機權]이지 우리 유가儒家의 정확한 논단論斷은 아닙니다. 성인을 낮춰 보는 것은 참으로 옳지 않지만 고원하고 어렴풋하여 알기 어려운 경지에서 성인이 되기를 구하는 것은 더욱 옳지 않습니다.

저는 이렇게 생각합니다. 사물[物]은 궁구窮究하기를 지극하게 하고, 앎[知]은 사물의 도리에 이르기를 지극하게 하고, 뜻[意]은 진실하기를 지극하게 하고, 마음[心]은 바르게 하기를 지극하게 한 이는 성인이고, 격물치지하고 성의정심하였지만 아직 맨 극점에 다다르지 못한 이는 군자고, 군자로서 성인에 가장 가깝지만 아직 한 칸을 도달하지 못한 이는 안자고, 아직 격물치지하진 못하였으나 격물치지하려 하고 성의정심하진 못하였으나 성의정심하려 하는 이는 배우는 자입니다. 성인은 생각하고 애쓰는 것에 의지하지 않고도 저절로 격물치지와 성의정심하고, 안자는 비록 생각하고 애쓰는 것에서 벗어나지 못하였으나 역시 온 힘을 다 기울임에 의지하지는 않았으며, 배우는 자는 몹시 애쓰고 온 힘을 다 기울임에서 벗어나지 못합니다. 대체로 저는 생각하지 않고도 도를 터득함을 앎의 극치로 여기고 애쓰지 않고도 도에 맞음을 행行의 극치로 여깁니다. 그런데 족하는 '생각하여 도를 터득함을 앎의 극치라 하고, 애써 도에 맞음을 행의 극치라 한다.' 하고, 또 성인이 되는 것은 그 극치의 밖에서 구하니, 이것이 말만 많아지면서 더욱 서로 부합하지 않는 이유입니다.

안자가 만약 맨 극점에 다다랐다면 성인은 그 맨 극점을 지나쳐 도에 맞지 않을 것이며, 성인이 만약 맨 극점에서 그쳤다면 안자는 반드시 이르지 못한 것이 있을 것입니다. 쟁점이 여기에 있으니, 어찌 말을 많이 하겠습니까. 주자朱子가 "인심의 사사로운 욕망이라는 것은 일반 사람이 말한 사사로운 욕망이라는 것과는 같은 것이 아니다. 다만 조금이라도 털끝만큼의 얽매인 의사意思가 있다면 아무리 '본래 도심道心이 발현한 것이다.'라고 말하더라도 끝내 인심의 영역을 떠나진 못한 것이다. 이른바 '인욕으로 동動하면 분수를 벗어남[妄]이 있게 되니, 안자에게 불선함이 있음은 바로 이 사이에 있다.'는 것이 이것이다. 이미 분수를 벗어남이 있다고 하면 사사로운 욕망이 아니고 무엇이겠는가. 이런 의사가 전혀 없어야 자연스럽고도 순조롭게 도에 맞아 비로소 순수한 도심이다."[64]라고 한 말이 있는데,【이상은 주자의 말입니다.】이 말을 깊이 음미하면 마음이 바르게 된 지극한 공효는 성인이 아니면 이해할 수 없고, 정자程子의 이른바 '안자의 마음은 거칠다.'라는 것은 일반 사람의 거친 마음을 이르는 것이 아님을 알 수 있습니다. 제가 '미진하다'라고 이른 것이 어찌 감히 근거 없이 이치에 맞지 않게 함부로 허튼소리를 한 것[胡說亂道]이겠습니까.

---

64 인심의……도심이다 : 《회암선생주문공문집晦庵先生朱文公文集》 권42 〈서書 답오회숙答吳晦叔〉에 나온다.

答成浩原

顏子一毫未盡之說, 衆皆非之, 而珥獨不肯自非者, 非故立異而好勝也. 誠以鄙意終有所未安, 故不敢曲循衆見耳.

顏子與聖人所爭者, 只在思與不思, 勉與不勉耳, 其得之其中之則一也. 夫所謂思者, 非格致而何? 所謂勉者, 非誠正而何? 事物之來, 未能不思而必思之, 今日旣思而得矣, 明日事物之來, 又不免於思, 則可謂格致之功已畢乎? 今日旣勉而中矣, 明日又不免於勉, 則可謂誠正之功已畢乎? 夫所謂力之盡者, 只是就人事上極其力, 無以復加云爾, 非若聖人之動以天而不施人事也.

且顏子之查滓, 非若衆人之查滓也. 不貳過, 不若無過之可貳, 氷銷凍釋, 不若無氷凍之可銷釋也, 纖芥必見, 不若無纖芥之可現. 故比之於聖人, 則微有查滓耳.

格致誠正, 固學者事, 亦不可捨此而求聖人也. 位天地育萬物, 許大神妙不測, 是聖人之能事. 而其實不過學問之極功耳, 豈可捨學問之功, 而別求一種聖人道理耶? 足下以格致誠正, 斷然爲學者事, 以其十分盡頭, 歸之於顏子, 而求聖人於格致誠正之外, 無乃未安耶? 此正釋敎拂迹超凡聖之機權也, 非吾儒之的論也. 低看聖人, 固不可, 求聖人於高遠悅惚之境, 尤不可也.

愚則以爲物極其格, 知極其至, 意極其誠, 心極其正者, 聖人也; 格致誠正而未造其極者, 君子也; 就君子上最近聖人而未達一間者, 顏子也; 未格致而欲格致, 未誠正而欲誠正者, 學者也. 聖人無待於思勉而自格致誠正, 顏子雖不免於思勉, 而亦不待著力, 學者未免苦心極力耳. 大抵珥則以不思而得爲知之極, 不勉而中爲行之極, 足下則以爲思得爲知之極, 勉中爲行之極, 又求聖人於其極之外, 此所以多言而愈不相合也.

顏子若造其極, 則聖人過其極而非中也, 聖人若止於其極, 則顏子必有所未至也. 所爭在此, 夫豈多言? 朱子有言曰: "人心私欲者, 非若衆人所謂私欲也. 但微有一毫把捉底意思, 則雖云本是道心之發, 然終未離人心之境. 所謂動以人則有妄, 顔子之有不善, 正在此閒者是也. 旣曰[65]有妄, 則非私欲而何? 須是都無此意思, 自然從容中道, 方純是道心也."【已上朱子語.】深味此言, 則可見心正之極功, 非聖人未了, 而程子所謂顔子心麤者, 非謂衆人之麤心也. 珥之所謂未盡者, 豈敢胡說亂道哉?

---

65 曰:《회암선생주문공문집晦庵先生朱文公文集》에는 '曰'자가 없다.

8. 호원 성혼에게 답한 편지 −3[66]

○ "중中은 나의 마음에 있는 것이지 사물에 있는 것이 아니다."라는 성혼의 말에 이이가 동의하지 않으면서 보낸 편지다. 중이 마음에 있는 것은 《중용》에서 말한 큰 근본[大本]이라는 것이고, 중이 사물에 있는 것은 《중용》에서 말한 보편적인 도[達道]라는 것이다. 보편적인 도는 때에 따라 중에 맞게 하는[時中] 도고, 보편적인 도를 실천함은 때에 따라 중에 맞게 하는 행위인데, 때에 따라 중에 맞게 하는 것은 다름 아닌 《중용》에서 말한 중中·화和를 극진하게 이루는 것[致中和]임을 말하였다.

---

66 《율곡전서栗谷全書》 권9 〈서書1 답성호원答成浩原〉

지선至善과 중中에 관한 논설은 대체로 서로 부합합니다. 그러나 그 부합하지 않는 것은 족하의 의중에 "중은 나의 마음에 있는 것이지 사물에 있는 것이 아니다."라고 여기기 때문입니다. 정자程子가 "사물마다 모두 본래 그러한 중이 있다."[67]라고 한 말이 있는데, 족하는 공교롭게도 아직 보지 못하였습니까. 큰 근본[大本]이라는 것은 중이 마음에 있는 것이고, 보편적인 도[達道]라는 것은 중이 사물에 있는 것입니다. 선유先儒가 대부분 "중은 고정된 형태나 성질이 없다."라고 말하였는데, 만약 마음에 있는 것만을 중이라고 한다면 희로애락이 아직 발현하지 않은 중[未發之中]은 실제 형태나 성질이 일정하니, 어찌 고정된 형태나 성질이 없다고 이를 수 있겠습니까. 예로부터 성현이 중을 말한 것은 그 용用을 가리킨 것이 많은데, 어떤 이는 '중을 잡음[執中]'이라 하고 어떤 이는 '때에 따라 중에 맞게 함[時中]'이라 하였으니, 모두 보편적인 도를 가리킨 것입니다. 그런데 희로애락이 아직 발현하지 않은 중은 자사子思 (공자의 손자 공급孔伋)가 처음 《중용》에 썼기 때문에, 선유가 '선대 성인 (공자)이 미처 드러내지 못한 것을 확충하였다.'[68]라고 여겼습니다. 만약 족하의 말과 같다면 예로부터 성현이 말한 중이라는 것은 모두 희로애락이 아직 발현하지 않은 중을 가리키는 것입니까. 지선은 충분히 옳은 곳이고, 중도 충분히 옳은 곳입니다. 명덕明德에 지선이 있으면 명덕에 중이 있고, 신민新民에 지선이 있으면 신민에 중이 있으니, 어찌 말하지

---

67 사물마다……있다 : 양시楊時, 《이정수언二程粹言》 권상卷上 〈논도편論道篇〉에 나온다.

68 선대……확충하였다 : 《이정문집二程文集》 권10 〈이천문집伊川文集 서계書啓 답 양시논서명서答楊時論西銘書〉에 나온다.

못할 것이 있겠습니까.

　제가 앞서 보낸 편지에는 사물만 말하고 '일용日用' 두 글자를 빠뜨렸으니, 족하의 말이 옳습니다. 다만 사물이라고 하였으면 일용 두 글자는 그 안에 있는 것입니다. 족하는 사물을 널리 말하면 나의 마음도 사물 안에 있을까 염려하지만, 이는 옳지 않습니다. 하늘의 측면에서 사물을 보면 인심人心도 하나의 사물이라는 것이 옳지만, 사람의 측면에서 사물을 보면 나의 마음은 본래 나의 마음이고 사물은 본래 사물이니 사물만 말하면서 나의 마음도 그 안에 있다는 것은 성립하지 않습니다. 족하는 "《대학장구大學章句》에서 주자가 지선을 풀이하여 '천리天理'라 하지 않고 '사리事理'라 하였으니, 그 아래에 '천리'라고 한 것[69]은 나의 마음을 종합하여 말한 것이다."라고 하였는데, 이것으로 그 이름을 붙인 뜻을 추구하는 것은 썩 이해할 수 없습니다. 만약 이 말과 같다면 천리는 애초에 나의 마음에 있지 않고 지선에 머무는 데 이른 뒤에야 천리가 곧 나의 마음에 있게 될 것입니다. 사리라는 것은 천리가 사물에 있는 것을 총괄하여 말한 것인데 글을 생략하여 '사리'라고 하였고, 내 마음의 리理도 그 안에 있을 것이니 천리와 사물을 마음에 있는 것과 사물에 있는 것으로 구별하여 그 이름을 붙인 뜻을 추구할 수는 없을 듯합니다.

---

69 주자가……한 것 :《대학大學》 경經 1장의 장구章句 "지선은 사리의 당연함이 지극한 곳이다. '자신의 명덕을 밝힘[明明德]'·'백성을 새롭게 함[新民]'을 모두 지선의 경지에 이르러 옮겨가지 않아야 함을 말한 것이다. 이는 자신의 명덕을 밝히고 백성을 새롭게 함에 반드시 저 천리의 지극함을 다하여 한 터럭만큼의 사사로운 인욕도 없어야만 하는 것이다.[至善, 則事理當然之極也. 言明明德·新民, 皆當止於至善之地而不遷, 蓋必有以盡夫天理之極, 而無一毫人欲之私也.]"를 두고 말한 것이다.

천명天命의 측면에서 본다면 명덕도 하나의 일[物事]이니, 명덕의 체體는 곧 지선의 체이면서 희로애락이 발현하지 않은 중이요, 명덕의 용用은 곧 지선의 용이면서 희로애락이 이미 발현한 중입니다. 따라서 명덕을 밝힌다는 것은 바로 큰 근본을 세워 보편적인 도를 실천하는 것입니다. 이 점을 제대로 파악하면 어찌 분명하게 이해하지 못하겠습니까. 체계[體統]가 저마다 갖춰져 있다는 논설은 족하의 말도 옳습니다. 그러나 천명과 성性만은 본래 경계가 있기 때문에 무턱대고[一向] 혼합해서는 안 됩니다.

'때에 따라 중에 맞게 한다[時中]'는 논설은 저도 전적으로 교敎[70]만을 때에 따라 중에 맞게 함으로 여긴 것이 아니고 교도 때에 따라 중에 맞게 함이라고 이른 것일 뿐이라고 생각합니다. '때에 따라 중에 맞게 한다'는 한 마디는 선유 가운데 보편적인 도[達道]를 가리켜 말한 분도 있고, 보편적인 도를 실천하는 것을 가리켜 말한 분도 있습니다. 지난번 편지에서는 족하가 전적으로 보편적인 도만 때에 따라 중에 맞게 함으로 여긴 듯하였기 때문에, 제가 이렇게 말한 것입니다. 그런데 이번에는 또 족하가 전적으로 보편적인 도를 실천하는 것을 때에 따라 중에 맞게 함으로 여기는 듯합니다. 주자가 때에 따라 중에 맞게 함을 풀이한 《중용장구中庸章句》에 "중은 고정된 형태나 성질이 없어 때에 따라 있으니, 이것이 바로 일상의 도리[平常之理]다."[71]라고 하였으니, 이것은 보편적인 도를 가리켜 말한 것입니다. 거기에서 "군자는 그것이 자기 자신에게 있

---

70 교 : 《중용》 1장 '수도지위교修道之謂敎'의 교로서, 도를 등급에 맞게 조절한 것을 이른다.

71 중은……도리다 : 《중용中庸》 2장의 장구章句에 나온다.

음을 알기 때문에 자기가 보지 못하는 것에 대해 경계하고 삼가며, 자기가 듣지 못하는 것에 대해 염려하고 두려워하여【이것은 중을 극진하게 이루는 것입니다.】 어떠한 때에도 중에 맞게 하지 않음이 없다.【이것은 화和를 극진하게 이루는 것입니다.】"[72]라고 하였으니, 이것은 보편적인 도를 실천하는 것을 가리켜 말한 것입니다. 보편적인 도는 때에 따라 중에 맞게 하는 도고, 보편적인 도를 실천함은 때에 따라 중에 맞게 하는 행위[行]입니다. 군자가 보편적인 도를 실천할 수 있는 것은 큰 근본을 세우지 못하는 경우가 없어서입니다. 그러므로 주자가 "반드시 그 체體가 선 뒤에 용用이 행해질 수 있다."[73]라고 한 것입니다. 그렇다면 제가 때에 따라 중에 맞게 함을 중中·화和를 극진하게 이루는 것이라고 한 것도 그릇된 말은 아닐 것입니다.

《대학》을 먼저 익히고 《중용》을 나중에 익힌다는 논설은 족하의 말이 분명할 뿐만 아니라 저도 이것을 주장합니다. 그러나 《중용》을 배워도 이단異端으로 흐를 수 있기 때문에 《대학》의 가르침을 확립하여 이를 구제하는 것을 이르는 것이 아니니, 족하는 다시 이 말을 천천히 완미玩味해 보는 것이 어떻겠습니까. 선유가 "중의 체는 알기 어렵고 선의 단서는 확충하기 쉽다."라고 하였습니다. 이 때문에 《중용》에서는 하학下學의 공부를 논할 때는 반드시 '선을 선택한다[擇善]' 하고 '중을 선택한다[擇中]' 하지 않으며, 반드시 '선을 밝힌다[明善]' 하고 '중을 밝힌다[明中]' 하지 않았으니, 어찌 중의 체는 알기 어렵다고 여긴 것이 아니겠습니까.

---

72 군자는……없다 : 《중용中庸》 2장의 장구章句에 나온다.

73 반드시……있다 : 《중용中庸》 1장의 장구章句에 나온다.

만약 《대학》과 《중용》이 저마다 도를 밝히기만 하고 서로 관계되지 않아 애초에 앞뒤의 차례에 뜻이 있는 것이 아니라면 정자程子와 주자가 사람을 가르칠 때 먼저 《대학》을 읽게 한 것은 공자孔子·증자曾子·자사子思의 뜻이 아닌 것이 됩니다. 먼저 《대학》을 근본으로 삼아 격물치지格物致知에 힘을 다하지 않고 곧바로 《중용》을 배워 위로 천리에 도달하고자 한다면 저는 그런 사람이 성인의 도를 잘 배우리라 보장하지 못하겠습니다.

족하는 제가 함부로 말한다고 책망하며 순경荀卿(전국시대 사상가 순자荀子. 이름은 황況, 경卿은 자字)을 인용하기까지 하였으니, 저도 모르게 두려워 얼이 빠졌습니다. 아무리 그렇다 하나, 학문으로 말하면 저는 다행히 주자의 뒤에 태어났으니 반드시 성악론性惡論을 펴진 않을 것이요, 재주로 말하면 저는 불행히도 재주가 부족하니 아무리 순경이 되고자 한들 될 수가 없을 것입니다. 족하가 제가 나쁜 길로 떨어져 선을 실천하지 못할까 걱정하는 것은 괜찮지만, 제가 순경이 될까 하는 걱정은 하지 마십시오. 도가 외롭다[74]는 말은 참으로 가르쳐 주신 말씀과 같으니, 매우 한스럽습니다. 그러나 다만 저는 벗들이 강론하고 연마하여 함께 성장하는 보탬이 없음을 한스럽게 생각한 것일 뿐, 감히 유도儒道를 책임졌다고 자처한 것이 아닙니다. '자신을 점검하라.'는 말씀은 종신토록 가슴에 새기겠습니다.

---

74 도가 외롭다 : 유학儒學을 연구하여 실천하는 사람이 적거나, 주위 사람이 죽었을 때 주로 쓰는 말이다. 이 편지에 앞서 성혼에게 보낸 편지가 남아 있지 않아 정확히 무엇을 가리키는지 알 수 없으나, 바로 다음에 이이가 해명하는 말이 있으니, 아마도 주변에 함께 교학상장教學相長할 만한 벗이 없음을 토로한 말로 보인다.

答成浩原

至善與中之論, 大槪相合, 其不合者, 足下之意, 以爲中只在於吾心, 而不在於事物故也. 程子有言曰: "事事物物, 皆有自然之中." 足下偶未之見耶? 大本者, 中之在心者也; 達道者, 中之在事物者也. 先儒多說中無定體, 若只以在心者謂之中, 則未發之中, 實體一定, 烏可謂之無定體耶? 從古聖賢之言中者, 多指其用, 或曰執中, 或曰時中, 皆指達道, 而未發之中, 則子思始著於《中庸》, 故先儒以爲擴先[75]聖所未發. 若如足下之言, 則從古聖賢所言中者, 皆指未發之中耶? 至善, 是十分是處; 中, 亦十分是處. 明德有箇至善, 則明德有箇中; 新民有箇至善, 則新民有箇中, 何不可言之有?

愚之前書, 只言事物, 而欠日用二字, 足下之說是矣. 但旣謂之事物, 則日用二字, 在其中矣. 足下恐其泛言事物, 則吾心亦在事物中耶, 此則未然. 自天而觀事物, 則人心亦一事物者是矣, 自人而觀事物, 則吾心自吾心, 事物自事物, 不成只言事物, 而吾心亦在其中矣. 足下以爲《章句》釋至善, 不曰天理, 而曰事理, 其下曰天理者, 總會吾心而言之, 以此究其立名之義者, 頗不可曉. 若如此言, 則天理初不在於吾心, 而至於止至善, 然後天理乃在吾心耶. 事理者, 摠言天理之在事物者, 而省文曰事理, 而吾心之理, 亦在其中矣, 恐不可以天理事理, 爲在心在事之別, 而究其立名之義也.

自天命而觀之, 則明德亦一箇物事, 明德之體, 卽至善之體而未發之中也; 明德之用, 卽至善之用而已發之中也. 明明德者, 卽立大本而行達道者也. 如此看破, 豈不分曉乎? 體統各具之說, 足下之說亦是. 但天命與性, 自有界限, 不可一向滾合也.

時中之說, 愚意亦非專以敎爲時中也, 只謂敎亦時中耳. 時中二字, 先儒

---

75 先:《이정문집二程文集》권10〈이천문집伊川文集 서계書啓 답양시논서명서答楊時論西銘書〉에는 '先'이 '前'으로 되어 있다.

有指達道而言者, 有指行達道而言者. 前書, 恐足下專以達道爲時中, 故有所云云. 今者, 又恐足下專以行達道爲時中也. 朱子釋時中《章句》曰: "中無定體, 隨時而在, 是乃平常之理也." 此指達道而言也. 其曰: "君子知其在我, 故能戒謹不睹, 恐懼不聞,【此則致中.】而無時不中.【此則致和.】" 此指行達道而言也. 達道, 是時中之道也; 行達道, 是時中之行也. 君子之能行達道者, 未有不能立大本者也, 故朱子曰: "必其體立而後, 用有以行." 然則愚以時中爲致中和者, 亦非過矣.

先《大學》後《中庸》之說, 非特足下之言爲然也, 愚意亦主乎此也. 非謂學中庸而流於異端, 故立《大學》以救之也, 足下更取而徐玩之何如? 先儒曰: "中體難識, 善端易擴." 是故《中庸》論下學功夫, 必曰擇善而不曰擇中, 必曰明善而不曰明中, 豈不以中體難識乎? 若《大學》·《中庸》, 各自明道, 不相管攝, 初非有意於先後次第, 則程·朱之敎人, 先讀《大學》者,非孔·曾·子思之意也. 不先《大學》從事於格物致知, 而徑學《中庸》欲上達天理, 則吾未保其善學聖道也.

足下責愚以敢言, 至引荀卿, 不覺竦然自失也. 雖然, 以學言之, 則愚幸而生於朱子之後, 必不爲性惡之論; 以才言之, 則愚不幸而才不足, 雖欲爲荀卿, 不可得也. 足下憂其退墮不爲善可矣, 勿憂其爲荀卿也. 道孤之說, 誠如下諭, 深恨深恨. 但愚意恨無朋友講磨相長之益耳, 非敢以任斯道者自處也. 點檢自家之諭, 當服膺而終身焉.

9. 호원 성혼에게 답한 편지 −4[76]

○ 이 편지는 1572년(임신壬申)에 성혼에게 답한 편지다. 심心은 하나인데 인심人心과 도심道心으로 구분하고, 정情도 하나인데 사단四端과 칠정七情으로 구분하여 말하는 것에 대해 분석하고 그 관계를 설명하였다.

---

76 《율곡전서栗谷全書》권9 〈서書1 답성호원答成浩原【임신壬申】〉

성현聖賢의 말씀은 횡橫으로 말하기도 하고 종縱으로 말하기도 하는데[77], 저마다 가리키는 것이 있습니다. 종으로 말한 것을 횡으로 말한 것에 맞추려 하고, 횡으로 말한 것을 종으로 말한 것에 맞추려 하면 그 본지本旨를 잃기도 합니다. 심心은 하나인데 도심道心이라고도 하고 인심人心이라고도 한 것은 성명性命의 정심正心에 근원한 마음과 형기形氣의 사심私心에서 생기는 마음을 구분한 것[78]이고, 정情은 하나인데 사단四端[79]이라고도 하고 칠정七情[80]이라고도 한 것은 전적으로 리理를 말한 것과 기氣를 겸하여 말한 것이 다르기 때문입니다. 이 때문에 인심과 도심은 서로 겸하지 못하고 서로 처음과 끝이 되며, 사단은 칠정을 겸하지 못하지만 칠정은 사단을 겸합니다. 도심의 은미함과 인심의 위태함[81]

---

77 횡으로……하는데 : 횡설橫說과 수설竪說을 말한다. 횡설은 연관성이 먼 것 또는 간접적인 것으로부터 설명하는 것이고, 수설은 연관성이 가까운 것 또는 직접적인 것으로부터 설명하는 것이다.

78 심은……구분한 것 : 〈중용장구서中庸章句序〉의 "마음의 허령지각은 하나일 뿐이다. 그런데 인심·도심의 차이가 있다고 생각한 것은, 어떤 것은 형기形氣의 사심私心에서 생기고 어떤 것은 성명性命의 정심正心(공심公心)에 근원하여 〈인심과 도심은〉 지각하게 되는 까닭이 같지 않기 때문이다.[心之虛靈知覺, 一而已矣. 而以爲有人心道心之異者, 則以其或生於形氣之私, 或原於性命之正, 而所以爲知覺者不同.]"를 두고 한 말이다.

79 사단 : 사람은 하늘로부터 인의예지仁義禮智의 성性을 품부 받았는데, 이 네 종류의 실마리를 사단이라고 한다. 정情이 발현함을 통해 성의 본래 보습을 볼 수 있으니, 측은지심惻隱之心은 인仁의 단서, 수오지심羞惡之心은 의義의 단서, 사양지심辭讓之心은 예禮의 단서, 시비지심是非之心은 지智의 단서다.(《맹자孟子》〈공손추公孫丑 상上〉)

80 칠정 : 기쁨[喜]·노여움[怒]·슬픔[哀]·두려움[懼]·사랑함[愛]·미워함[惡]·욕망[欲]이다.

81 도심의……위태함 :《서경書經》〈대우모大禹謨〉의 "인심은 위태롭고 도심은 은미하니, 정밀하게 살피고 한결같이 지켜야 그 중도中道를 잡을 수 있을 것이다."라고 한 말을 가리킨다.

은 주자의 해설이 지극합니다. 그러나 사단은 칠정처럼 다 갖춰지지 못하였고 칠정은 사단처럼 순수하지 못하니, 이것은 제 견해입니다.

인심과 도심은 서로 처음과 끝이 된다는 것은 무엇을 이를까요. 만약 사람의 마음이 성명의 정심에서 곧장 나왔더라도 간혹 이 정심을 순히 따라 선을 이루지 못하고 사의私意를 끼워 넣으면 도심으로 시작하여 인심으로 끝마치는 것입니다. 반대로 사람의 마음이 형기에서 나왔더라도 바른 이치에 위배되지 않으면 참으로 도심에 어긋나지 않을 것이고, 혹은 올바른 이치에 위배되더라도 그릇됨을 알아 제재하여 그 욕망을 따르지 않으면 인심으로 시작하여 도심으로 끝마치는 것입니다. 대체로 인심과 도심은 정情과 의意(정이 발현한 뒤에 헤아리고 생각하는 것)를 겸하여 말한 것이지 정만 가리킨 것이 아닙니다. 칠정은 사람의 심心이 동할 때 이 일곱 가지가 있음을 통틀어 말한 것이고, 사단은 칠정 가운데 그 선한 일변一邊을 선택한 측면에서 말한 것이니, 본래 인심과 도심을 성명과 형기처럼 상대적으로 단정하여 말한 것[說下]과는 같지 않습니다. 또 정은 발현한 그대로요 따지고 비교하는 데까지 미치지 않은 것이니, 또 사단과 칠정은 인심과 도심이 서로 시작과 끝이 되는 것과는 같지 않습니다. 그런데 어찌 억지로 사단과 칠정의 관계를 인심과 도심의 관계에 서로 맞출 수 있겠습니까. 만약 사람의 심을 양변兩邊으로 말하려 한다면 인심과 도심의 설을 따라야 할 것이고, 선한 일변을 말하려 한다면 사단의 설을 따라야 할 것이며, 선과 악을 겸하여 말하려 한다면 칠정의 설을 따라야 할 것이니, 네모난 자루를 둥근 구멍에 끼우듯 이러쿵저러쿵 입론立論할 필요가 없습니다.

사단과 칠정은 바로 본연지성本然之性(인간이 태어날 때부터 품부 받은 천리天理에 뿌리를 둔 성)과 기질지성氣質之性(형체가 생긴 뒤 그 기품氣稟의 청탁淸濁에 영향을 받은 성)의 관계와 같습니다. 본연지성은 기질氣質을 겸하지 않고 말한 것이며, 기질지성은 도리어 본연지성을 겸한 것입니다. 그러므로 사단은 칠정을 겸할 수 없고 칠정은 사단을 겸합니다. 주자의 이른바 "리에서 발發하고 기에서 발한다."라는 것은 대강만 말한 것인데, 후세 사람이 너무 심하게 나눠 전개할 줄 어찌 생각이나 하였겠습니까. 배우는 사람은 융통성 있게 보는 것[活看]이 옳을 것입니다.

더욱이 퇴계 선생은 선을 사단에 돌린 뒤에 또 "일곱 가지의 정情에도 불선함이 없다."[82]라고 하였으니, 만약 이 말이 옳다면 사단 이외에도 선한 정이 있는 것입니다. 이 선한 정은 어디에서 발현한 것입니까. 맹자는 그 개요를 들었기 때문에 측은惻隱·수오羞惡·공경恭敬(사양辭讓)·시비是非만 말한 것이니, 그 밖의 선한 정이 다 사단이 된다는 것은 배우는 사람이 미루어 알아야 할 것입니다. 사람의 정이 어찌 인의예지仁義禮智에 근거하지 않고서 선한 정이 될 수 있겠습니까.[이 한 단락은 깊이 연구하고 정밀하게 생각하여야 합니다.] 선한 정에 이미 사단이 있는데, 또 사단 이외에 선한 정이 있다면 사람의 마음에 두 가지 근본이 있는 것이니, 어찌 옳겠습니까.

대체로 희로애락이 아직 발현하지 않은 상태는 성이고, 이미 발현한 상태는 정이며, 발현하여 헤아리고 생각하는 상태는 의意입니다. 심心은 성·정·의의 주재主宰가 되므로, 아직 발현하지 않은 상태와 이미 발

---

82 일곱……없다 : 이황李滉, 《성학십도聖學十圖》〈심통성정도설心統性情圖說〉에 "일곱 가지 정은 기가 발함에 리가 타기 때문에 또한 불선함이 없다.[七者之情, 氣發而理乘之, 亦無有不善.]"는 말이 있다.

현한 상태 및 그 헤아림을 모두 심이라고 이를 수 있습니다. 발현하는 것은 기고, 발현하게 하는 것은 리입니다. 그 발현하는 것이 정리正理에서 곧장 나오고 기가 일을 처리하지 않았으면 도심道心이니 도심에서 나온 칠정은 선한 일변이 되고, 발현할 즈음에 기가 이미 일을 처리하면 인심人心이니 인심에서 나온 칠정은 선과 악을 함께 갖고 있게 됩니다.

인심의 상태일 때, 그 기가 일을 처리함을 알아 정밀하게 살펴 정리를 따라가면 인심은 도심에게 명령을 들을 것이고, 그 기가 일을 처리함을 알면서도 정밀하게 살피지 못하고 그 기가 향하는 대로 따르면 정이 우세하고 욕망이 확 타올라 인심은 더욱 위태로워지고 도심은 더욱 어두워질 것입니다. 정밀하게 살피는 것과 살피지 않는 것은 모두 의意가 하는 것이므로, 스스로 수양하는 것은 뜻을 진실하게 하는 것[誠意]보다 먼저 해야 할 것이 없습니다. 만약 퇴계 선생처럼 "사단은 리가 발하였을 때 기가 리를 따른 것이고, 칠정은 기가 발하였을 때 리가 기를 타고서 부린 것이다."라고 한다면 리와 기 두 가지가 앞서기도 하고 뒤서기도 하여 서로 대등한 것이 두 갈래로 저마다 나오는 것이 되니, 사람의 마음이 아마 두 근본이 되는 것이 아니겠습니까. 정은 비록 각양각색이지만, 그 무엇인들 리에서 발현한 것이 아니겠습니까. 다만 기가 리를 가리고 일을 처리하기도 하며, 기가 리를 가리지 않고 리에게 명령을 듣기도 하므로 선과 악의 다름이 있는 것입니다. 이것으로 몸소 살펴 인식[體認]하면 거의 알 수 있을 것입니다.

별지別紙에서 한 말은 대체로 괜찮습니다. 그러나 이른바 "사단과 칠정은 성性에서 발현하고, 인심과 도심은 심心에서 발현한다."는 것은 심과 성을 두 갈래로 나누는 흠이 있는 듯합니다. 성은 심 속의 리고, 심은 성을 담는 그릇인데, 어찌 성에서 발현하는 것과 심에서 발현하는 것의 구별이 있겠습니까. 인심과 도심은 모두 성에서 발현하는데 기에 가려진 것은 인심, 기에 가려지지 않은 것은 도심입니다.

答成浩原

聖賢之說, 或橫或豎, 各有所指. 欲以豎準橫, 以橫合豎, 則或失其旨矣. 心一也而謂之道謂之人者, 性命形氣之別也; 情一也而或曰四或曰七者, 專言理兼言氣之不同也. 是故人心道心, 不能相兼而相爲終始焉, 四端不能兼七情, 而七情則兼四端. 道心之微, 人心之危, 朱子之說盡矣. 四端不如七情之全, 七情不如四端之粹, 是則愚見也.

人心道心, 相爲終始者, 何謂也? 今人之心, 直出於性命之正, 而或不能順而遂之, 閒之以私意, 則是始以道心, 而終以人心也. 或出於形氣, 而不咈乎正理, 則固不違於道心矣; 或咈乎正理, 而知非制伏, 不從其欲, 則是始以人心, 而終以道心也. 蓋人心道心, 兼情意而言也, 不但指情也. 七情則統言人心之動, 有此七者, 四端則就七情中擇其善一邊而言也, 固不如人心道心之相對說下矣. 且情是發出恁地, 不及計較, 則又不如人心道心之相爲終始矣, 烏可强就而相準耶? 今欲兩邊說下, 則當遵人心道心之說, 欲說善一邊, 則當遵四端之說; 欲兼善惡說, 則當遵七情之說, 不必將柄就鑿, 紛紛立論也.

四端七情, 正如本然之性氣質之性. 本然之性, 則不兼氣質而爲言也; 氣質之性, 則却兼本然之性. 故四端不能兼七情, 七情則兼四端. 朱子所謂發於理發於氣者, 只是大綱說, 豈料後人之分開太甚乎? 學者活看可也.

且退溪先生旣以善歸之四端, 而又曰: "七者之情, 亦無有不善." 若然則四端之外, 亦有善情也, 此情從何而發哉? 孟子擧其大槪, 故只言惻隱羞惡恭敬是非, 而其他善情之爲四端, 則學者當反三而知之. 人情安有不本於仁義禮智而爲善情者乎?【此一段, 當深究精思.】善情旣有四端, 而又於四端之外有善情, 則是人心有二本也, 其可乎?

大抵未發則性也, 已發則情也, 發而計較商量則意也, 心爲性情意之主. 故未發已發及其計較, 皆可謂之心也. 發者氣也, 所以發者理也. 其發直出於正理而氣不用事則道心也, 七情之善一邊也, 發之之際, 氣已用事則人心也, 七情之合善惡也. 知其氣之用事, 精察而趨乎正理, 則人心聽命於道心也, 不能精察而惟其所向, 則情勝慾熾, 而人心愈危, 道心愈微矣. 精察與否, 皆是意之所爲, 故自修莫先於誠意. 今若曰四端理發而氣隨之, 七情氣發而理乘之[83], 則是理氣二物, 或先或後, 相對爲兩岐, 各自出來矣, 人心豈非二本乎? 情雖萬般, 夫孰非發於理乎? 惟其氣或揜而用事, 或不揜而聽命於理, 故有善惡之異. 以此體認, 庶幾見之矣.

別紙之說, 大概得之. 但所謂四七發於性, 人心道心發於心者, 似有心性二岐之病. 性則心中之理也, 心則盛貯性之器也, 安有發於性發於心之別乎? 人心道心皆發於性, 而爲氣所揜者爲人心, 不爲氣所揜者爲道心.

---

83 四端理發而氣隨之 七情氣發而理乘之 : 이황李滉, 《퇴계집退溪集》권16 〈서書 답기명언答奇明彦【논사단칠정제이서論四端七情第二書】〉에는 "但四則理發而氣隨之 七則氣發而理乘之耳"로 되어 있다.

10. 호원 성혼에게 답한 편지 −5[84]

○ 성혼이 "희로애락喜怒哀樂이 아직 발현하지 않은 때에도 불선不善의 싹이 있다."라고 한 말에 대해 이이가 매우 옳지 않게 여기고 희로애락이 아직 발현하지 않은 체體에는 선과 악이 없음을 주장하였다. 직접 〈심·성· 정의 관계에 관한 그림[心性情圖]〉을 그려 선과 악이 나누어지게 되는 것을 성혼에게 자세히 설명하였다.

---

84 《율곡전서栗谷全書》권9 〈서書1 답성호원答成浩原〉

희로애락이 아직 발현하지 않은 체體에도 선과 악이 있다고 말할 수 있다는 것은 매우 잘못된 것입니다. 희노애락이 아직 발현하지 않은 것을 중中이라고 하며, 중이라는 것은 큰 근본[大本]인데, 어찌 선과 악이 있다고 말할 수 있겠습니까. 일반 사람의 마음은 혼매昏昧하지 않으면 반드시 산란散亂하여 큰 근본이 서지 못하므로 중이라고 말할 수 없습니다. 다행히 한 번 눈 깜짝할 사이에 만약 희로애락이 아직 발현하지 않은 때가 있으면 이 발현하지 않은 때는 마음의 온전한 체가 맑고 깨끗하여 성인聖人과 차이가 없을 것입니다. 그러나 별안간 다시 그 체를 잃으면 혼매함과 산란함이 뒤따르기 때문에 그 중을 얻지 못합니다. 혼매하고 또 산란하게 되는 까닭은 기질氣質에 얽매이기 때문입니다. 만약 "기질에 얽매여 그 큰 근본을 세울 수 없다."고 말하면 괜찮지만, "희로애락이 아직 발현하지 않았을 때에도 악의 싹[萌兆]이 있다."고 말하면 매우 옳지 않습니다. 대체로 마음이 혼매하기도 하고 산란하기도 한 것은 아직 발현하지 않은 것이라 할 수 없기 때문입니다.

〈심·성·정의 관계에 관한 그림[心性情圖]〉

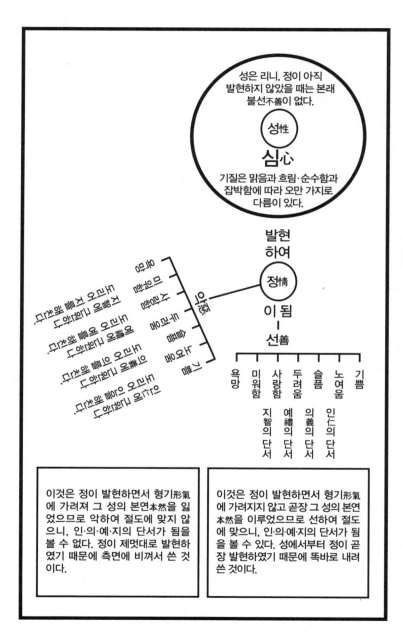

선정善情이든 악정惡情이든 정情은 외물에 감응하여 동動한 것이 아님이 없다. 다만 감응한 것에 바름[正]이 있고 바르지 않음[邪]이 있으며, 동할 때 중도中道에 맞음[中]이 있고 지나침과 못 미침[過不及]이 있으니, 여기에서 선과 악이 나누어지게 된다.

성은 리니, 정이 아직 발현하지 않았을 때는 본래 불선不善이 없다.

성性

심心

기질은 맑음과 흐림·순수함과 잡박함에 따라 오만 가지로 다름이 있다.

발현하여

정情

이 됨 -

선善

욕망	미워함	사랑함	두려움	슬픔	노여움	기쁨
		지智의 단서	예禮의 단서	의義의 단서	인仁의 단서	

이것은 정이 발현하면서 형기形氣에 가려져 그 성의 본연本然을 잃었으므로 악하여 절도에 맞지 않으니, 인·의·예·지의 단서가 됨을 볼 수 없다. 정이 제멋대로 발현하였기 때문에 측면에 비껴서 쓴 것이다.

이것은 정이 발현하면서 형기形氣에 가려지지 않고 곧장 그 성의 본연本然을 이루었으므로 선하여 절도에 맞으니, 인·의·예·지의 단서가 됨을 볼 수 있다. 성에서부터 정이 곧장 발현하였기 때문에 똑바로 내려 쓴 것이다.

정자程子(정호程顥)가 "사람이 태어나면서 받은 기질氣質[氣稟]에는 리理에 선과 악이 있게 마련이다."[85]라고 하였으니, 바로 사람을 깨우쳐 주려는 마음이 매우 간절하여 확 터놓고 숨김없이 말한 곳입니다.[86] 여기서 이른바 '리'라는 것은 그 기를 타고 유행하는 리를 가리킨 것이지 리의 본연本然을 가리킨 것이 아닙니다. 본연의 리는 본래 순수하게 선善하나 기를 타고 유행할 때에는 그 나누어짐이 만 갈래로 다르고, 받은 기질에는 선과 악이 있으므로 리도 선과 악이 있게 됩니다. 저 리의 본연은 순수하게 선할 뿐이나 기를 탔을 때는 들쭉날쭉 가지런하지 않아, 맑고 깨끗하여 지극히 귀한 물건이나 지저분하고 더러워 지극히 천한 곳이나 리가 있지 않은 데가 없습니다. 그런데 맑고 깨끗한 곳에 있으면 리도 맑고 깨끗하며, 지저분하고 더러운 곳에 있으면 리도 지저분하고 더럽습니다. 만약 지저분하고 더러운 것을 리의 본연이 아니라고 하는 것은 괜찮지만, 마침내 지저분하고 더러운 물건에는 리가 없다고 하는 것은 옳지 않습니다.

대체로 본연이라는 것은 '리는 하나(곧 리일理一)'라는 것이며, 유행이라는 것은 '나뉘어짐이 다르다(곧 분수分殊)'는 것입니다. 유행의 리를 버리고 별도로 본연의 리를 구하는 것은 참으로 옳지 않거니와 만약 리에 선과 악이 있다는 것을 리의 본연으로 여긴다면 역시 옳지 않습니다. '리일분수理一分殊' 네 글자를 가장 몸소 살펴 연구해야 하니, 한갓 리가

---

85 사람이……마련이다 : 《이정유서二程遺書》 권1 〈단백전사설端伯傳師說〉에 나온다.

86 확……곳입니다 : 원문은 '八字打開'다. 활짝 열어젖힌다는 말로, 마음을 툭 터놓고 숨김없이 말한다는 뜻이다. '八'자를 바로 앞 정호程顥의 '人生氣稟 理有善惡'을 가리키는 것으로 풀이한 것이 있는데 옳지 않다. 여기서 '八'자는 대문 양쪽을 확 밀어젖혀 여는 양쪽 두 팔의 모습을 표현한 것이다.

하나인 줄만 알고 나뉘어짐이 다름을 모른다면 석씨釋氏(불교)가 작용作用을 성性으로 여겨 제멋대로 방자하게 군 것과 같으며, 한갓 나뉘어짐이 다른 줄만 알고 리가 하나임을 모른다면 순자荀子(성악설性惡說을 주장한 전국시대의 학자)와 양웅揚雄(성선악혼효설性善惡混淆說을 주장한 전한前漢의 학자)이 성은 악하다느니 성에는 선과 악이 섞여 있다느니 한 것과 같습니다.

지난번 형의 편지에 "희로애락이 아직 발현하지 않은 때에도 불선의 싹이 있다."라고 한 것은, 다시 생각해 보니 그것이 착각으로 인해 매우 잘못된 것임을 더욱 확실하게 알았습니다. 우리 형께서 큰 근본[大本]을 알지 못한 것은 근본 원인이 바로 여기에 있습니다. '발현하지 않았다[未發]'는 것은 성의 본연이고, 태극太極의 신묘神妙함이고, 중中이고, 큰 근본[大本]인데, 여기에도 불선의 싹이 있다면 성인만 큰 근본이 있고 보통 사람은 큰 근본이 없는 것이 되며, 맹자의 성선설性善說은 터무니없이 떠벌린 말[87]이 되어 사람은 요堯·순舜 같은 성인聖人이 될 수 없을 것입니다. 자사子思는 왜 《중용》에서 "군자의 기쁨·노여움·슬픔·즐거움이 아직 발현하지 않은 것을 중이라 한다."고 말하지 않고, 그냥 범범하게 "기쁨·노여움·슬픔·즐거움이 아직 발현하지 않은 것을 중이라고 한다."라고 말하였겠습니까. 형의 견해는 어떤 경우에도 절대 옳지 않으니, 꼭 빨리 고치셔야 할 것입니다.

---

87 터무니없이 떠벌린 말 : 원문은 '駕虛之高談'이다. 가허駕虛는 착공가허鑿空駕虛 곧 빈 말을 만들고 허황되게 보탠다는 뜻으로, 사실이 아닌 것을 사실인 것처럼 터무니없는 빈 말을 꾸며 만듦을 이른다. 고담高談은 고담준론高談峻論으로서, 여기서는 아무 거리낌 없이 잘난 체하며 과장하여 떠벌리는 말을 뜻한다.

答成浩原

未發之體, 亦有善惡之可言者, 甚誤. 喜怒哀樂之未發謂之中, 中也者, 大本也, 安有善惡之可言耶? 衆人之心, 不昏昧則必散亂, 大本不立, 故不可謂之中也. 幸於一瞬之閒, 或有未發之時, 則卽此未發之時, 全體湛然, 與聖人不異矣. 惟其瞥然之際, 還失其體, 昏亂隨之, 故不得其中耳. 其所以昏且亂者, 由其拘於氣質故也. 若曰拘於氣質而不能立其大本, 則可也; 若曰未發之時, 亦有惡之萌兆, 則大不可. 蓋其或昏昧, 或散亂者, 不可謂之未發也.

心性情圖

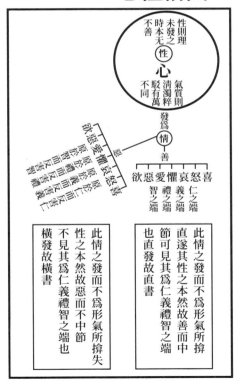

性則理
未發之
時本无
不善

性

心

氣質則
清濁粹
駁有萬
不同

發爲

情─善

喜　仁之端
怒　義之端
哀　禮之端
懼　智之端
愛
惡
欲

欲惡愛懼哀怒喜

此情之發而不爲形氣所揜
直遂其性之本然故而中
節可見其爲仁義禮智之端
也直發故直書

此情之發而不爲形氣所揜失
性之本然故惡而不中節
不見其爲仁義禮智之端也
橫發故橫書

善惡之情无非感物而動特所感有正有
邪其動有中有過不及斯有善惡之分耳

程子曰: "人生氣稟, 理有善惡." 此曉人深切, 八字打開處也. 其所謂理者, 指其乘氣流行之理, 而非指理之本然也. 本然之理固純善, 而乘氣流行, 其分萬殊, 氣稟有善惡, 故理亦有善惡也. 夫理之本然, 則純善而已, 乘氣之際, 參差不齊. 清淨至貴之物及汚穢至賤之處, 理無所不在, 而在清淨則理亦清淨, 在汚穢則理亦汚穢. 若以汚穢者爲非理之本然則可, 遂以爲汚穢之物無理則不可也.

夫本然者, 理之一也; 流行者, 分之殊也. 捨流行之理, 而別求本然之理, 固不可, 若以理之有善惡者, 爲理之本然則亦不可. 理一分殊四字, 最宜體究, 徒知理之一而不知分之殊, 則釋氏之以作用爲性而猖狂自恣是也; 徒知分之殊而不知理之一, 則荀·揚以性爲惡, 或以爲善惡混者是也.

昨書以爲未發之時, 亦有不善之萌者, 更思之, 尤見其大錯. 吾兄之不識大本, 病根正在於此. 未發者, 性之本然也, 太極之妙[88]也. 中也, 大本也. 於此亦有不善之萌, 則是聖人獨有大本, 而常人無大本也. 孟子性善之說, 爲駕虛之高談, 而人不可以爲堯·舜矣. 子思何不曰君子之喜怒哀樂之未發謂之中, 而乃泛言喜怒哀樂之未發謂之中耶? 千萬不是, 切宜速改.

---

88 玅 : 妙와 동자同字다.

11. 호원 성혼에게 답한 편지 −6[89]

○ 이 편지는 1572년(임신壬申)에 성혼에게 답한 편지다. 이 책 〈호원 성혼에게 답한 편지 −4〉에 이어진다. 이이의 답서를 받은 성혼이 여전히 인심과 도심, 사단과 칠정에 대해 견해를 달리하고, 또 '성性에도 주리主理·주기主氣를 나누어 말할 수 있다면 성이 정情으로 발함에 있어서도 어찌 주리·주기의 다름이 없을 수 있겠는가.'라는 물음에, 이이가 대답하고, 다시 인심·도심, 사단·칠정 등 심心·성性·정情에 관해 자세히 말하였다.

---

89 《율곡전서栗谷全書》 권10 〈서書2 답성호원答成浩原【임신壬申】〉

대체로 리理는 기의 주재主宰고, 기는 리가 타는 것이니, 리가 아니면 기가 뿌리를 내릴 곳이 없고, 기가 아니면 리가 의지할 곳이 없습니다. 리와 기는 두 가지도 아니고 한 가지도 아닙니다. 한 가지가 아니므로 하나이면서 둘이고, 두 가지가 아니므로 두 가지면서 하나입니다. 리와 기가 한 가지가 아님은 왜겠습니까. 리와 기가 비록 서로 떨어지지 못하나 오묘하게 합한 가운데서도 리는 리대로 기는 기대로여서, 서로 뒤섞이지 않으므로 한 가지가 아닌 것입니다. 리와 기가 두 가지가 아님은 왜겠습니까. 비록 '리는 리대로 기는 기대로'라고 하더라도 리와 기는 한 덩어리로서 틈이 없어[渾淪無間] 시간적으로 선후도 없고 공간적으로 이합離合도 없어서, 두 가지임을 볼 수 없으므로 두 가지가 아닌 것입니다. 이 때문에 동動과 정靜이 실마리가 없고 음陰과 양陽이 시작이 없으니, 리가 시작이 없기 때문에 기도 시작이 없는 것입니다.

대체로 리는 하나일 뿐이니, 본래 치우침과 바름·통함과 막힘·맑음과 탁함·순수함과 잡박함의 구분이 없습니다. 그러나 리가 타는 기는 올라갔다가 쑥 내려갔다 또 갑자기 쑥 솟구치기도 하며 그친 적이 없습니다. 이 기가 뒤섞여 들쭉날쭉하면서 천지와 만물을 낳는데, 어떤 것은 바르고 어떤 것은 치우치며, 어떤 것은 통하고 어떤 것은 막히며, 어떤 것은 맑고 어떤 것은 탁하며, 어떤 것은 순수하고 어떤 것은 잡박합니다. 리는 비록 하나지만 기에 탄 뒤에는 그 나뉨이 만 가지로 다릅니다. 그러므로 천지에 있으면 천지의 리가 되고, 만물에 있으면 만물의 리가 되고, 우리 사람에게 있으면 우리 사람의 리가 됩니다. 그렇다면 이렇게 들쭉날쭉하여 가지런하지 않은 것은 기의 소행입니다. 비록 '기의 소행'이라고 하더라도 반드시 리가 주재함이 있어야 하니, 만물이 들쭉날쭉하여 가지런하지 않은 이유는 역시 리가 곧 이렇게 한 것이지, 리가 이렇게 하지 않았는데 기가 단독으로 이렇게 한 것이 아닙니다.

천지와 사람과 만물이 비록 저마다 제 리를 갖고 있으나 천지의 리가 바로 만물의 리고, 만물의 리가 바로 우리 사람의 리니, 이것이 이른바 '통체(전체)인 한 태극[統體一太極]'이라는 것입니다. 비록 '하나의 리'라고 하나, 사람의 성性은 만물의 성이 아니며, 개의 성이 소의 성이 아니니, 이것이 이른바 '저마다 그 성을 별도로 하나씩 갖고 있다.[各一其性]'라는 것입니다.

근원을 미루어 보면 리와 기는 천지의 부모고, 천지는 또 사람과 만물의 부모입니다. 천지는 기의 지극히 바르고 지극히 통한 것을 받았으므로 정해진 성[定性]이 있어서 변함이 없고, 만물은 기의 치우치고 또 막힌 것을 받았으므로[90] 또한 정해진 성이 있어서 변함이 없습니다. 이 때문에 천지와 만물은 다시 수양하는 방법이 없고, 오직 사람만은 기의 바르고 또 통한 것을 받았지만 맑음과 탁함·순수함과 잡박함이 만 가지로 달라서 천지의 순일純一과는 같지 않습니다. 그러나 마음의 됨됨이만은 허령虛靈하고 통철洞徹하여[91] 온갖 리가 갖추어져 있으므로, 탁한 것은 변하여 맑게 될 수 있고 잡박한 것은 변하여 순수하게 될 수 있습

---

90 만물은……받았으므로 : 편벽된 것을 받은 것은 동물이 되고, 막힌 것을 받은 것은 식물이 된다.

91 허령하고 통철하여 : 허령虛靈은 인간의 정신·사유 능력과 마음의 활동 특성을 묘사한 말로, 마음의 체體가 된다. 허虛는 형상과 실체가 없음을, 령靈은 정신의 기능과 작용이 신령스럽고 신묘하여 헤아릴 수 없음을 가리킨다. 통철洞徹은 환히 이해한다는 말로, 마음의 용用이 된다. 허령함으로 인해 지각知覺이 일어남을 형용한 말이다.

니다. 그러므로 수양하는 공부는 오직 사람에게만 있으며, 수양의 극치는 천지의 운행질서를 제자리 잡고 만물을 기름에 이르니, 이런 뒤에야 우리 사람의 본령[能事]을 다하게 되는 것입니다.

사람 가운데 성인聖人은 홀로 지극히 통하고 지극히 바르며 지극히 맑고 지극히 순수한 기를 받아서 천지와 덕이 합치하므로 성인도 정해진 성이 있어서 변함이 없으니, 정해진 성이 있어서 변함이 없은 뒤에야 '타고난 성을 온전히 구현하였다.[踐形]'고 이를 수 있습니다. 그렇다면 천지는 성인이 따라야 할 표준이고 성인은 일반 사람이 따라야 할 표준이니, 앞의 이른바 '수양하는 방법'이라는 것은 성인이 이루어놓은 법도[規矩]를 따르는 것에 불과할 뿐입니다. 그러나 만물의 경우는 성이 온전한 덕德을 품부 받지 못하여 마음이 모든 리를 통하지 못합니다. 초목은 완전히 막혀버렸으니 본래 말할 것도 없습니다. 금수禽獸는 간혹 한 방면을 통하여 범과 이리는 부자간의 친함(인仁)이 있고, 벌과 개미는 군신간의 의리(의義)가 있고, 기러기가 나는 항렬에는 형제간의 차례(예禮)가 있고, 물수리는 부부간의 구별(예禮)이 있고, 둥지를 틀고 사는 새와 굴에 사는 동물은 비나 바람이 올 줄 미리 아는 지혜(지智)가 있고, 철에 따라 생기는 벌레는 때를 어기지 않는 신의(신信)가 있는데, 모두 수양한다고 해서 변하여 통할 수 없습니다. 그러니 만물이 저마다 제 성을 이룰 수 있는 것은 오직 우리 사람이 천지의 화육化育에 참여하여 돕는 일에 달려 있을 뿐입니다.

대체로 사람은 천지의 수帥(리理를 말함)를 품부 받아 성이 되고, 천지의 색塞(기氣를 말함)을 나누어 형체가 되었습니다. 그러므로 우리 마음의 용用은 곧 천지의 조화입니다. 천지의 조화에는 두 뿌리가 없으므로, 우리 마음의 발하는 데에도 두 근원이 없습니다. 사람이 태어나 정靜함(희로애구가 아직 발현하지 않은 상태)은 타고난 그대로의 성이고, 외물에 감응하여 동動함(희로애구가 발현한 상태)은 성의 욕欲입니다. 감응하여 동할 때 인仁에 있으려 하고, 의義를 실천하려 하고, 예禮로 돌아가려 하고, 리理를 궁구하려 하고(지智), 신信을 다하려 하며, 어버이에게 효도하려 하고(부자유친父子有親), 임금에게 충성하려 하고(군신유의君臣有義), 집안을 바르게 하려 하고(부부유별夫婦有別), 형을 공경하려 하고(장유유서長幼有序), 벗들에게 간절히 선을 권면하려 하는(붕우유신朋友有信) 이러한 종류를 도심道心이라고 이르니, 감응하여 동하는 것은 본래 형기形氣지만 그 발하는 것이 인의예지의 바름에서 곧장 나와 형기에 가려지지 않았기 때문에 리를 위주로 하여 도심이라고 일컬은 것입니다. 예컨대 배가 고프면 음식을 먹으려 하고, 추우면 옷을 입으려 하고, 목이 마르면 음료를 마시려 하고, 가려우면 긁으려 하며, 눈은 아름다운 빛깔을 보려 하고, 귀는 아름다운 음악을 들으려 하고, 팔다리는 편히 쉬려 하는 이러한 종류를 인심人心이라고 이르니, 그 근원은 비록 천성天性에서 나왔으나 그 발하는 것이 눈·귀·팔다리의 사욕私欲에서 나와 천리天理의 본연이 아니기 때문에 기를 위주로 하여 인심이라고 일컬은 것입니다. 도심이 발하는 것은 불이 막 타오르는 것과 샘물이 막 솟아 나오는 것 같아서 잠깐 사이에 보기 어려우므로 '도심은 은미하다'라고 한 것이고, 인심이 발하는 것은 매가 젓갓끈[92]을 풀어버린 것과 말이 굴레를 벗어버린 것 같아서 날아오르고 날뛰어도 제어하기 어려우므

---

92 젓갓끈 : 절끈이라고도 하며, 매를 묶어 놓거나 제어하기 위한 끈이다.

로 '인심은 위태롭다'라고 한 것입니다.

인심과 도심은 비록 명칭이 둘이나, 그 근원은 하나의 심心일 뿐입니다. 발하는 것이 리의理義를 위해서기도 하고 식색食色을 위해서기도 하므로 발한 것을 따라 그 명칭을 달리한 것입니다. 만약 보내주신 편지에서처럼 이른바 "리와 기가 서로 발한다.[理氣互發]"라고 한다면 리와 기두 가지가 저마다 마음 속에 뿌리를 내려 희로애락이 아직 발하지 않은때에 이미 인심과 도심의 묘맥苗脈(실마리)이 있어서, 리가 발하면 도심이 되고 기가 발하면 인심이 될 것입니다. 그렇다면 우리 마음에 두 근본이 있는 것이니, 어찌 큰 착오가 아니겠습니까.

주자는 〈중용장구서中庸章句序〉에서 "마음의 허령지각虛靈知覺[93]은 하나일 뿐이다."라고 하였는데, 우리 형께선 어디에서 '리와 기가 서로 각각 발한다.'는 이런 설을 알게 되셨습니까. 저기서 이른바 "어떤 것은 성명性命의 정심正心에서 근원하고, 어떤 것은 형기形氣의 사심私心에서 생긴다."[94]라는 것은 이미 발한 것을 보고 논의를 세운 것입니다. 이 말은그 발한 것이 리의를 위한 것일 경우 '어디에서 이 리의의 마음이 생겨

---

93 허령지각 : 허령虛靈은 인간의 정신精神·사유思惟 능력과 마음의 활동 특성에 대해 묘사한 말이다. 허虛는 형상과 실체가 없음을 가리키고, 영靈은 정신의 기능과 작용이 신령스럽고 신묘하여 헤아릴 수 없음을 가리킨다. 지각知覺은 일종의 인지형식認知形式으로 마음이 갖추고 있는 기능이다. 지知는 사물을 식별하고 사물의 표면현상에 대해 인식하며, 각覺은 지知를 기반으로 마음속에 깨닫고 사물 전체에 대해 인식한다. 그러나 마음이 허령하기 때문에 지각이 일어난다.(장립문張立文, 《주희대사전朱熹大辭典》, 전병수 외 역주, 《현토완역 대학중용집주》〈중용장구서〉 p.122 역주 6) 재인용)

94 어떤……생긴다 : 원문은 '或原或生'이다. 〈중용장구서中庸章句序〉의 "或生於形氣之私, 或原於性命之正.(어떤 것은 형기形氣의 사심私心에서 생기고 어떤 것은 성명性命의 정심正心(공심公心)에 근원한다.)"을 말한다.

나는가?' 하고 그 원인을 깊이 연구해 보면 이것은 성명이 심心 속에 있는 것에서 연유하기 때문에 이 도심이 생겨나는 것이요, 그 발한 것이 식색을 위한 것일 경우 '어디에서 이 식색의 생각이 생겨나는가?' 하고 그 원인을 깊이 연구해 보면 이것은 혈기血氣가 형체를 이룬 것에서 연유하기 때문에 이 인심이 생겨나는 것이라는 말이지, 호발설互發說처럼 리가 발하기도 하고 기가 발하기도 하여 큰 근본[大本]이 하나가 아니라는 말이 아닙니다.

대체로 발하는 것은 기고, 발하게 하는 것은 리니, 기가 아니면 발할 수 없고, 리가 아니면 발하는 것이 없어서,['발하는 것은' 이하의 말은 성인이 다시 태어나도 이 말을 바꾸지 못할 것입니다.] 리와 기는 시간적으로 선후先後도 없고 공간적으로 이합離合도 없으니, '서로 발한다[互發]'라고 이를 수 없습니다. 다만 인심과 도심은 형기形氣를 위해 발하기도 하고 도의道義를 위해 발하기도 하는데, 그 근원은 비록 하나지만 그것이 흘러나오면서는 이미 갈라졌으니, 참으로 양변으로 나누어 설명하지 않을 수 없습니다. 그러나 사단과 칠정의 경우는 그렇지 않은 점이 있습니다. 사단은 칠정의 선한 일변一邊이고 칠정은 사단의 집합체[總會]인데, 일변을 어찌 집합체와 양변으로 나누어 서로 대등하게 말할 수 있겠습니까. 주자의 '리에서 발하고 기에서 발한다.'는 말은 뜻이 반드시 있는 곳이 있는데, 지금 그 뜻을 이해하지 못하고 다만 그 말만 고수하여 리와 기로 나누어 끌어다 대니, 어찌 갈수록 진의를 잃는 데 이르지 않겠습니까. 주자의 뜻도 '사단은 전적으로 리를 말하고, 칠정은 기를 겸하여 말한 것이다.'라고 한 것에 불과할 뿐, '사단은 리가 먼저 발하고, 칠정은 기가 먼저 발한다.'라고 한 것이 아닙니다.

퇴계退溪는 여기에 의거하여 논의를 세워 "사단은 리가 발하면 기가 따르고, 칠정은 기가 발하면 리가 타고서 부린다."라고 하였으니, 이른바 기가 발하면 리가 타고서 부린다는 것은 옳습니다. 그러나 칠정만 그럴 뿐 아니라 사단도 기가 발하면 리가 타고서 부리는 것입니다. 왜냐하면 어린아이가 우물로 기어들어가려는 것을 본 뒤에야 측은지심惻隱之心을 발하는데, 이를 보고서 측은해하는 것은 기니 바로 이른바 기가 발한다는 것이요, 측은해하는 마음의 근본은 인仁이니 바로 이른바 리가 탄다는 것입니다.

사람의 마음만 그럴 뿐 아니라 천지의 조화도 기가 화化하면 리가 타지 않는 것이 없습니다. 이 때문에 음陰·양陽이 동動하거나 정靜하면 태극太極이 타는 것입니다. 여기에는 리와 기의 시간적인 선후를 말할 수 없지만, 리가 발하면 기가 따른다는 말의 경우는 분명히 시간적인 선후가 있으니, 이 말이 어찌 리를 해치는 것이 아니겠습니까. 천지의 조화는 바로 우리 마음의 발함이니, 천지의 조화에 만약 리가 화化한 것과 기가 화한 것이 있다면 우리 마음에도 리가 발한 것과 기가 발한 것이 있어야 하겠지만, 천지에 이미 리가 화함·기가 화함의 구별이 없으니, 우리 마음에 어찌 리가 발함·기가 발함이 있을 수 있겠습니까. 만약 우리 마음이 천지의 조화와 다르다고 한다면 이것은 제가 알 바가 아닙니다.【이 대목이 가장 잘 이해해야 하는 부분입니다. 여기에 견해가 딱 합치하지 않으면 하나로 귀납하는 것을 기약하지 못할 듯합니다.】

또 퇴계가 이른바 '리에서 발한다.'는 것은 '성이 발하여 정이 된다.'는 말과 같지만, 만약 '리가 발하면 기가 따른다.'고 한다면 이것은 리가 막 발하는 처음에는 기가 간섭함이 없다가 리가 이미 발한 뒤에야 기가 따

라서 발하는 것이니, 이 말이 어찌 이치에 맞겠습니까. 퇴계가 명언明彥
기대승奇大升과 사단칠정을 논의한 말이 무려 1만여 자나 되는데, 명언
의 의론議論(사리를 분석하고 설명함)은 분명하고도 간단 명확하여 어세
語勢가 대나무를 쪼개는 듯하고, 퇴계는 변설辨說이 자세하기는 하나 의
리義理가 분명하지 않아 반복하여 곱씹어 보아도 끝내 확실한 맛이 없
으니, 명언의 학식이 어찌 감히 퇴계에 미칠[冀] 수 있겠습니까마는 재주
와 슬기가 있어 우연히 여기에 이르게 된 것일 뿐입니다. 제가 나름대로
자세히 살펴보건대, 퇴계의 뜻은 '사단은 안으로부터 발하고 칠정은 외
부 사태를 감응하여 발한다.'고 여기는데 이것이 선입견으로 굳어지게
되고, 주자의 '리에서 발하고 기에서 발한다.'는 말로 자신의 견해를 내
세우면서 논지를 전개하여 많은 번잡한 말을 만들어 냈기 때문에, 퇴계
가 명언과 주고받은 편지를 읽을 때마다 못마땅하게 여기며 '이것이 퇴
계의 정견正見(생각하고 궁리하여 안 깨달음) 가운데 한 가지 흠'이라고 여
겨 탄식하지 않은 적이 없습니다.

《주역周易》에 "가만히 동하지 않다가 감응感應하면 마침내 동하여 통
한다."[95]라고 하였으니, 아무리 성인聖人의 마음이라 하더라도 감응함
이 없는데 저절로 동하는 경우는 없습니다. 반드시 감응하여 동함이 있
어야 하는데, 감응하는 것은 모두 외물外物(객관적 외부 사태나 인간관계
에서 오는 일)입니다. 무슨 근거로 이렇게 말할까요? 아비에게 감응하면
효도하는 마음이 동하고, 임금에게 감응하면 충성하는 마음이 동하고,
형에게 감응하면 공경하는 마음이 동하니, 아비·임금·형이란 것이 어

---

95 가만히……통한다 :《주역周易》〈계사전繫辭傳 상上〉에 나온다.

찌 마음 속에 있는 리겠습니까. 천하에 어찌 감응함이 없는데도 안으로부터 저절로 발하는 정情이 있겠습니까. 특히 감응하는 것에는 바른 것도 있고 바르지 않은 것도 있으며, 그 동함에는 지나침도 있고 못 미침도 있으니, 바로 여기에서 선과 악의 구분이 있게 되는 것입니다. 이제 만약 외물을 기다려 감응하지 않고 안으로부터 저절로 발하는 것을 사단이라고 하면 아비가 없는데도 효도하는 마음이 발하고, 임금이 없는데도 충성하는 마음이 발하고 형이 없는데도 공경하는 마음이 발할 것이니, 어찌 사람의 참된 정이겠습니까. 이제 측은지심의 측면에서 말하면, 어린아이가 우물로 기어들어가려는 것을 본 뒤에야 이 마음이 곧 발하니, 감응한 대상은 어린아이입니다. 어린아이는 외물이 아닙니까. 어찌 어린아이가 우물로 기어들어가려는 것을 보지 않았는데 저절로 측은지심을 발하는 경우가 있겠습니까. 설령 이런 일이 있다면 마음이 병든 것에 불과할 뿐, 사람의 정이 아닙니다.

대체로 사람의 성性에는 인仁·의義·예禮·지智·신信 다섯 가지가 있을 뿐이니, 다섯 가지 외에 다른 성은 없습니다. 정情에는 희喜·노怒·애哀·구懼·애愛·오惡·욕欲 일곱 가지가 있을 뿐이니, 일곱 가지 외에 다른 정은 없습니다. 사단은 선한 정의 별명일 뿐이기 때문에, 칠정을 말하면 사단은 그 안에 들어 있을 것이니, 인심과 도심을 상대적으로 명명한 것과는 같지 않습니다. 그런데 우리 형께서 꼭 사단과 칠정을 인심과 도심처럼 나란히 두고 견주려고 하는 것은 어째서입니까.

대체로 인심과 도심은 상대적으로 명명한 것이니, 도심이라고 하였으면 인심이 아니고, 인심이라고 하였으면 도심이 아닙니다. 그러므로 양변으로 말할 수 있지만, 칠정의 경우는 이미 사단을 그 안에 포함하고 있으니 '사단은 칠정이 아니라거나 칠정은 사단이 아니다.'라고 말할 수 없습니다. 어찌 사단과 칠정을 인심과 도심처럼 양변으로 나눌 수 있겠습니까. 칠정이 사단을 포함하는 것을 우리 형께서는 아직도 이해하지 못하셨습니까. 대체로 사람의 정은 기뻐해야 할 상황을 만나면 기뻐하고 상사喪事를 맞닥뜨리면 슬퍼하며, 친하게 지내는 사람을 보면 사랑을 베풀고 리를 보면 궁구하고자 하며, 어진 사람을 보면 그와 같아지려 하는 것【이상은 희喜·애哀·애愛·욕欲 네 가지 정입니다.】은 인仁의 단서요, 노여워해야 할 상황을 만나면 노여워하고 미워해야 할 상황을 만나면 미워하는 것【노怒·오惡 두 가지 정입니다.】은 의義의 단서요, 존귀한 사람을 보면 경외하는 것【구懼의 정입니다.】은 예禮의 단서요, 기뻐해야 할 상황·노여워해야 할 상황·슬퍼해야 할 상황·경외해야 할 상황을 아는 것【이것은 시是에 속합니다.】과, 또 기뻐해서는 안 될 상황·노여워해서는 안될 상황·슬퍼해서는 안 될 상황·경외해서는 안 될 상황을 아는 것【이것은 비非에 속합니다. 이것은 칠정을 합하여 그 시비를 아는 정입니다.】은 지智의 단서입니다. 선한 정이 발하는 것을 하나하나 들 수는 없으나, 대체로는 이와 같습니다. 만약 사단을 칠정에 준한다면 측은지심은 애愛에 속하고, 수오지심은 오惡에 속하고, 공경지심(사양지심)은 구懼에 속하고, 시비지심은 희喜해야 하는지 노怒해야 하는지의 여부를 아는 정입니다. 그러니 칠정 외에 별도로 사단이라는 것은 없습니다. 그렇다면 사단은 전적으로 도심을 말한 것이고, 칠정은 인심과 도심을 합하여 말한 것이니, 인심·도심이 본래 양변으로 나누어진 것과는 아마도 현격하게 다르지 않겠습니까.

우리 형께서 '성性에는 리를 위주로 한 것[主理]과 기를 위주로 한 것[主

氣]이 있다.'는 논설은 비록 아무런 폐해가 없는 것 같으나 병폐의 근원이 이 안에 숨어 있는 듯합니다. 본연지성本然之性은 전적으로 리를 말하고 기에 미치지 않은 것이며, 기질지성氣質之性은 기를 겸하여 말하였지만 리가 그 안에 포함되어 있는 것이니, 또한 리를 위주로 하였다는 말과 기를 위주로 하였다는 말을 가지고 범범하게 양변으로 나눠서는 안 됩니다. 본연지성과 기질지성을 양변으로 나눈다면 본연지성은 전적으로 리를 말하고 기질지성은 기를 겸하여 말하였지만 리가 그 안에 포함되어 있다는 사실을 모르는 사람은 아마도 마음 안에 두 가지 성이 있다고 여기지 않겠습니까. 또 '사단은 리를 위주로 한 것'이라고 말한 것은 괜찮지만, '칠정은 기를 위주로 한 것'이라고 말한 것은 옳지 않습니다. 칠정은 리와 기를 포함하여 말한 것이지 기를 위주로 한 것이 아닙니다.【인심과 도심에는 리를 위주로 하였다는 말과 기를 위주로 하였다는 말을 붙일 수 있으나, 사단과 칠정에는 이렇게 말할 수 없습니다. 왜냐하면 사단은 칠정 안에 들어 있고, 칠정은 리와 기를 겸하였기 때문입니다.】

자사子思는 《중용》에서 성과 정의 성질[德]을 논하여 "희로애락이 아직 발현하지 않은 것을 중中이라 하고, 발현하여 모두 절도에 맞는 것을 화和라고 한다."[96]라고 하였으니, 칠정만 들고 사단은 들지 않았습니다. 그런데 만약 형처럼 "칠정은 기를 위주로 한 것이다."라고 말한다면 자사는 큰 근본[大本]과 보편적인 도[達道]를 논하면서 도리어 리 일변을 빠뜨린 것이니, 아마도 큰 결함이 되지 않겠습니까. 도리는 드넓어 논의를 세우는 것이 가장 어려우니, 말에는 아무리 흠이 없다 하더라도 읽

---

96 희로애락이……한다 : 《중용中庸》 1장에 나온다.

는 사람이 자기 생각을 가슴 속에 가득 채우고서[橫] 다른 사람의 말을 자기 생각에 억지로 끌어다 붙이면 큰 흠결이 되지 않은 적이 없습니다. 그러므로 성현의 말씀을 빌려 후학을 그르친 경우도 있습니다.

정자程子(정호程顥)가 "기器도 도道고, 도도 기다."[97]라고 한 것은 바로 리와 기가 서로 떨어질 수 없음을 말한 것인데, 읽는 사람이 마침내 리와 기를 한 가지라고 합니다. 주자가 "리와 기는 필연적으로 두 가지다."라고 한 것은 바로 리와 기가 서로 뒤섞이지 않음을 말한 것인데, 읽는 사람이 마침내 리와 기를 시간적인 선후가 있다고 합니다. 근래에 이른바 성性이 먼저 동한다는 말과 심心이 먼저 동한다는 말은 본래 말할 가치도 없는 것입니다. 심지어 정암整菴 나흠순羅欽順(1465~1547. 명나라 유학자. 기를 떠난 리는 없다 하여 리기일체론理氣一體論을 주장함)처럼 고명高明하고 탁월한 식견을 가진 사람도 리와 기를 한 가지로 보는 흠이 조금 있고, 퇴계는 학문의 자세하고 꼼꼼함이 근래에 없는 분이지만 리가 발하면 기가 따른다는 설은 역시 리와 기를 시간적 선후가 있는 것으로 보는 흠이 조금 있습니다. 노老선생(퇴계)께서 돌아가시기 전에 제가 이 말을 듣고 마음속으로 그른 줄 알았으나, 나이가 어리고 학문이 깊지 못하여 감히 서로 논박하여 일치시키지 못하였습니다. 이것을 생각할 때마다 몹시 후회하지 않은 적이 없습니다.

---

97 기도……기다 : 《이정유서二程遺書》 권1 〈단백전사설端伯傳師說〉에 나온다.

答成浩原

夫理者, 氣之主宰也; 氣者, 理之所乘也. 非理則氣無所根柢, 非氣則理無所依著. 旣非二物, 又非一物. 非一物, 故一而二; 非二物, 故二而一也. 非一物者, 何謂也? 理氣雖相離不得, 而妙合之中, 理自理氣自氣, 不相挾雜, 故非一物也. 非二物者, 何謂也? 雖曰理自理氣自氣, 而渾淪無間, 無先後無離合, 不見其爲二物, 故非二物也. 是故動靜無端, 陰陽無始, 理無始, 故氣亦無始也.

夫理, 一而已矣, 本無偏正通塞淸濁粹駁之異, 而所乘之氣, 升降飛揚, 未嘗止息, 雜糅參差, 是生天地萬物, 而或正或偏, 或通或塞, 或淸或濁, 或粹或駁焉. 理雖一而旣乘於氣, 則其分萬殊. 故在天地而爲天地之理, 在萬物而爲萬物之理, 在吾人而爲吾人之理. 然則參差不齊者, 氣之所爲也. 雖曰氣之所爲, 而必有理爲之主宰, 則其所以參差不齊者, 亦是理當如此, 非理不如此而氣獨如此也.

天地人物, 雖各有其理, 而天地之理, 卽萬物之理, 萬物之理, 卽吾人之理也, 此所謂統體一太極也. 雖曰一理, 而人之性, 非物之性, 犬之性, 非牛之性, 此所謂各一其性者也.

推本則理氣爲天地之父母, 而天地又爲人物之父母矣. 天地, 得氣之至正至通者, 故有定性而無變焉; 萬物, 得氣之偏且塞者, 故亦有定性而無變焉. 是故天地萬物, 更無修爲之術, 惟人也得氣之正且通者, 而淸濁粹駁, 有萬不同, 非若天地之純一矣. 但心之爲物, 虛靈洞徹, 萬理具備, 濁者可變而之淸, 駁者可變而之粹. 故修爲之功, 獨在於人, 而修爲之極, 至於位天地育萬物, 然後吾人之能事畢矣.

於人之中, 有聖人者, 獨得至通至正至淸至粹之氣, 而與天地合德, 故聖人亦有定性而無變, 有定性而無變, 然後斯可謂之踐形矣. 然則天地, 聖人之準則, 而聖人, 衆人之準則也. 其所謂修爲之術, 不過按聖人已成之規矩而已. 若萬物則性不能稟全德, 心不能通衆理. 草木之全塞, 固不足道矣. 禽獸之或通一路者, 有虎狼之父子, 蜂蟻之君臣, 雁行有兄弟之序, 雎鳩有夫婦之別, 巢穴有預知之智, 候蟲有俟時之信, 而皆不可變而通之, 其得各遂其性者, 只在吾人參贊化育之功而已.

夫人也, 稟天地之帥以爲性, 分天地之塞以爲形, 故吾心之用, 卽天地之化也. 天地之化無二本, 故吾心之發無二原矣. 人生而靜, 天之性也; 感於物而動, 性之欲也. 感動之際, 欲居仁, 欲由義, 欲復禮, 欲窮理, 欲忠信, 欲孝於其親, 欲忠於其君, 欲正家, 欲敬兄, 欲切偲於朋友, 則如此之類, 謂之道心. 感動者, 固是形氣, 而其發也, 直出於仁義禮智之正, 而形氣不爲之揜蔽, 故主乎理而目之以道心也. 如或飢欲食, 寒欲衣, 渴欲飮, 癢欲搔, 目欲色, 耳欲聲, 四肢之欲安佚, 則如此之類, 謂之人心. 其原雖本乎天性, 而其發也, 由乎耳目四肢之私, 而非天理之本然, 故主乎氣而目之以人心也. 道心之發, 如火始燃, 如泉始達, 造次難見, 故曰微; 人心之發, 如鷹解鞲, 如馬脫羈, 飛騰難制, 故曰危.

人心道心雖二名, 而其原則只是一心. 其發也或爲理義, 或爲食色, 故隨其發而異其名. 若來書所謂理氣互發, 則是理氣二物, 各爲根柢於方寸之中, 未發之時, 已有人心道心之苗脈, 理發則爲道心, 氣發則爲人心矣. 然則吾心有二本矣, 豈不大錯乎?

朱子曰: "心之虛靈知覺, 一而已矣." 吾兄何從而得此理氣互發之說乎? 其所謂或原或生者, 見其旣發而立論矣. 其發也爲理義, 則推究其故, 何從而有此理義之心乎, 此由於性命在心, 故有此道心也. 其發也爲食色, 則推究其故, 何從而有此食色之念乎, 此由於血氣成形, 故有此人心也云爾, 非若互發之說或理發或氣發而大本不一也.

大抵發之者, 氣也; 所以發者, 理也. 非氣則不能發, 非理則無所發,【發之以下二十三字, 聖人復起, 不易斯言.】無先後, 無離合, 不可謂互發也. 但人心道心, 則或爲形氣, 或爲道義, 其原雖一, 而其流旣岐, 固不可不分兩邊說下矣. 若四端七情, 則有不然者. 四端是七情之善一邊也, 七情是四端之摠會者也, 一邊安可與摠會者, 分兩邊相對乎? 朱子發於理發於氣之說, 意必有在, 而今者未得其意, 只守其說, 分開拖引, 則豈不至於輾轉失眞乎? 朱子之意, 亦不過曰四端專言理, 七情兼言氣云爾耳, 非曰四端則理先發, 七情則氣先發也.

退溪因此而立論曰: "四端理發而氣隨之, 七情氣發而理乘之."[98] 所謂氣發而理乘之者可也, 非特七情爲然, 四端亦是氣發而理乘之也. 何則見孺子入井, 然後乃發惻隱之心, 見之而惻隱者氣也, 此所謂氣發也. 惻隱之本則仁也, 此所謂理乘之也.

非特人心爲然, 天地之化, 無非氣化而理乘之也. 是故陰陽動靜, 而太極乘之, 此則非有先後之可言也. 若理發氣隨之說, 則分明有先後矣, 此豈非害理乎? 天地之化, 卽吾心之發. 天地之化, 若有理化者氣化者, 則吾心亦當有理發者氣發者矣. 天地旣無理化氣化之殊, 則吾心安得有理發氣發之異乎? 若曰吾心異於天地之化, 則非愚之所知也.【此段, 最可領悟處. 於此未契, 則恐無歸一之期矣.】

且所謂發於理者, 猶曰性發爲情也, 若曰理發氣隨, 則是纔發之初, 氣無干涉, 而旣發之後, 乃隨而發也, 此豈理耶? 退溪與奇明彦論四七之說, 無慮萬餘言, 明彦之論, 則分明直截, 勢如破竹, 退溪則辨說雖詳, 而義理不明, 反覆咀嚼, 卒無的實之滋味, 明彦學識, 豈敢冀於退溪乎? 只是有箇才智, 偶於此處見得到耳. 竊詳退溪之意, 以四端爲由中而發, 七情爲感外而發, 以此爲先入之見, 而以朱子發於理發於氣之說, 主張而伸長之, 做出許多葛藤, 每讀之, 未嘗不慨嘆, 以爲正見之一累也.

《易》曰: "寂然不動, 感而遂通." 雖聖人之心, 未嘗有無感而自動者也, 必有感而動, 而所感皆外物也. 何以言之? 感於父則孝動焉, 感於君則忠動焉, 感於兄則敬動焉, 父也君也兄也者, 豈是在中之理乎? 天下安有無感

---

98 四端理發而氣隨之 七情氣發而理乘之 : 이황李滉,《퇴계집退溪集》권16〈서書 답기명언答奇明彦【논사단칠정제이서論四端七情第二書】〉에는 "但四則理發而氣隨之 七則氣發而理乘之耳"로 되어 있다.

而由中自發之情乎? 特所感有正有邪, 其動有過有不及, 斯有善惡之分耳. 今若以不待外感由中自發者爲四端, 則是無父而孝發, 無君而忠發, 無兄而敬發矣, 豈人之眞情乎? 今以惻隱言之, 見孺子入井, 然後此心乃發, 所感者孺子也, 孺子非外物乎? 安有不見孺子之入井, 而自發惻隱者乎? 就令有之, 不過爲心病耳, 非人之情也.

夫人之性, 有仁義禮智信五者而已, 五者之外, 無他性, 情有喜怒哀懼愛惡欲七者而已, 七者之外, 無他情. 四端只是善情之別名, 言七情則四端在其中矣, 非若人心道心之相對立名也. 吾兄必欲竝而比之, 何耶?

蓋人心道心, 相對立名, 旣曰道心, 則非人心; 旣曰人心, 則非道心, 故可作兩邊說下矣. 若七情則已包四端在其中, 不可謂四端非七情, 七情非四端也, 烏可分兩邊乎? 七情之包四端, 吾兄猶未見得乎? 夫人之情, 當喜而喜, 臨喪而哀, 見所親而慈愛, 見理而欲窮之, 見賢而欲齊之者,【已上喜哀愛欲四情.】仁之端也; 當怒而怒, 當惡而惡者,【怒惡二情.】義之端也; 見尊貴而畏懼者,【懼情.】禮之端也; 當喜怒哀懼之際, 知其所當喜所當怒所當哀所當懼,【此屬是.】又知其所不當喜所不當怒所不當哀所不當懼者,【此屬非. 此合七情而知其是非之情也.】智之端也. 善情之發, 不可枚擧, 大槪如此. 若以四端, 準于七情, 則惻隱屬愛, 羞惡屬惡, 恭敬屬懼, 是非屬于(智)[知]⁹⁹其當喜怒與否之情也, 七情之外, 更無四端矣. 然則四端專言道心, 七情合人心道心而言之也, 與人心道心之自分兩邊者, 豈不迥然不同乎?

吾兄性有主理主氣之說, 雖似無害, 恐是病根藏于此中也. 本然之性, 則專言理而不及乎氣矣; 氣質之性, 則兼言氣而包理在其中, 亦不可以主理主氣之說, 泛然分兩邊也. 本然之性與氣質之性分兩邊, 則不知者, 豈不以爲二性乎? 且四端謂之主理可也, 七情謂之主氣則不可也. 七情包理氣而言, 非主氣也.【人心道心, 可作主理主氣之說, 四端七情, 則不可如此說. 以四

---

99 (智)[知] : 저본에는 '智'로 되어 있으나, 앞의 屬○의 ○이 모두 愛·惡·懼로서 性이 아닌 情을 말하였으니, 智는 誤字로 보인다. 따라서 전서본全書本에 의거하여 '知'로 바로 잡았다.

端在七情中, 而七情兼理氣故也.】

子思論性情之德曰: "喜怒哀樂之未發謂之中, 發而皆中節謂之和." 只擧
七情而不擧四端. 若如兄言七情爲主氣, 則子思論大本達道, 而遺却理一
邊矣, 豈不爲大欠乎? 道理浩浩, 立論最難, 言之雖無病, 見者以私意橫在
胸中, 而驅之牽合, 則未嘗不爲大病. 故借聖賢之言, 以誤後學者亦有之矣.

程子曰: "器亦道, 道亦器." 此言理氣之不能相離, 而見者遂以理氣爲一
物. 朱子曰: "理氣決是二物."[100] 此言理氣之不相挾雜, 而見者遂以理氣
爲有先後. 近來所謂性先動心先動之說, 固不足道矣. 至如羅整菴以高明
超卓之見, 亦微有理氣一物之病, 退溪之精詳謹密, 近代所無, 而理發氣
隨之說, 亦微有理氣先後之病. 老先生未捐館舍時, 珥聞此言, 心知其非,
第以年少學淺, 未敢問難歸一. 每念及此, 未嘗不痛恨也.

---

100 理氣決是二物 :《회암선생주문공문집晦庵先生朱文公文集》권46〈서書 답유숙
문答劉叔文〉에는 "所謂理與氣, 此決是二物."로 되어 있다.

12. 호원 성혼에게 답한 편지 −7[101]

◯ 성혼에게 답한 앞의 여러 편지와 마찬가지로 리기理氣, 성정性情, 인심
人心·도심道心 등에 관해 말하고 있다. 리와 기가 서로 떨어질 수 있다고
생각하므로 인심과 도심에도 두 근원이 있다고 의심하니, 이것은 바로 리
와 기에 대해 정확하게 알지 못하기 때문이다. 리와 기가 서로 떨어질 수
없음을 분명히 알아야 인심과 도심에도 두 근원이 없음을 미루어 알 수
있을 것임을 전제로 리기, 성정, 인심·도심 등을 설명하였다. 아울러 성혼
이 퇴계 이황을 몹시 신봉한 나머지 리와 기가 서로 발한다는 리기호발설
理氣互發說을 옳지 않다고 여기면서도 이 설에 집착하여 버리지 못한 것
에 대해 이이는 이황의 병폐는 서로 발한다는 '호발互發' 두 글자에 있음
을 지적하였다.

---

101 《율곡전서栗谷全書》권10 〈서書2 답성호원答成浩原〉

리기理氣에 관한 논설과 인심人心·도심道心에 관한 논설은 모두 일관되어 있으니, 만약 인심과 도심에 대해 정확하게 알지 못하면 리와 기에 대해서도 정확하게 알지 못할 것입니다. 리와 기는 서로 떨어지지 못한다는 것을 분명히 안다면 인심과 도심에 두 근원이 없음도 이를 미루어 알 수 있을 것인데, 다만 리와 기에 대해 정확하게 알지 못하여 간혹 리와 기가 서로 떨어져 저마다 다른 곳에 있을 수 있다고 생각합니다. 그러므로 인심과 도심에 대해서도 두 근원이 있다고 의심하는 것입니다. 리와 기가 서로 떨어질 수 있다면 정자程子(정이程頤)의 이른바 "음과 양은 처음이 없다.[陰陽無始]"[102]라는 것은 빈말이 됩니다. 이 말이 어찌 제가 근거 없이 지어낸 말이겠습니까. 다만 선현先賢이 미처 자세하게 말하지 않았을 뿐입니다.

어제 장서長書(내용을 길게 적은 글)를 써서 형의 물음[需]에 대답[103]해 놓았는데, 변설辨說이 꽤 자세하고 비유도 적절하니 한 번 보면 견해가 부합할 것입니다. 이렇게 하고도 여전히 의심이 있다면 우선 이 일을 내버려 두고 성현의 글을 많이 읽어 다시 훗날 식견이 생기기를 기다리는 것이 좋을 것입니다. 제가 10년 전에 이미 이 단서를 알았고, 그 후 조금씩 조금씩 사색하고 연역해 들어가 경전經傳을 읽을 때마다 번번이 이를 서로 대조해 보니, 당초에는 부합하지 않는 때가 있기도 하였으나, 그 뒤 조금씩 부합하여 오늘날에 이르러서는 완전히 서로 들어맞아 의심스러운 점이 전혀 없으니, 거침없이 시비를 따지는 수많은 사람의 말이라

---

102 음과……없다 : 양시楊時, 《이정수언二程粹言》 권상卷上 〈논도편論道篇〉에 나온다.

103 어제……대답 : 성혼의 《우계집牛溪集》에 따르면, 어제 써놓은 성혼의 물음에 대답한 장서長書는 아래 '리는 형이상자고, 기는 형이하자입니다.' 이하의 글이다.

도 끝내 나의 견해를 바꾸진 못할 것입니다. 다만 나의 기질이 천박하고 경솔하여 힘써 실천하면서 나의 견해를 증명하지 못하여 늘 개탄하며 스스로 책망할 뿐입니다.

　리理는 형이상자形而上者(무형無形의 것으로서, 형체를 초월하여 있는 것) 고, 기氣는 형이하자形而下者(유형有形의 것으로서, 형체에 속하여 있는 것) 입니다. 이 둘은 서로 떨어질 수 없으며, 이미 서로 떨어질 수 없으면 그 것들이 발하여 작용하는[發用] 것도 하나니, '서로 각각 발하여 작용함 이 있다.[互有發用]'고 말해서는 안 됩니다. 만약 "서로 각각 발하여 작용 함이 있다."고 하면 리가 발하여 작용할 때에 기가 미치지 못하는 경우 가 있기도 하고, 기가 발하여 작용할 때에 리가 미치지 못하는 경우가 있기도 할 것입니다. 이렇다면 리와 기에는 공간적으로 이합離合이 있 고 시간적으로 선후先後가 있으며, 동정動靜에는 단서가 있으며, 음양陰 陽에는 시작이 있을 것이니, 그 착오가 작지 않을 것입니다. 다만 리는 무위無爲(작용이 없음)하고 기는 유위有爲(작용이 있음)하므로, 정情이 본 연지성本然之性에서 나와 형기形氣에 가려지지 않은 것은 리에 소속시키 고, 당초에는 본연지성에서 나왔더라도 형기가 가린 것은 기에 소속시 켰으니, 이 또한 어쩔 수 없는 논의입니다.

　사람의 성性이 본래 선한 것은 리 때문입니다. 그러나 기가 아니면 리 가 발하지 못하니, 인심이든 도심이든 어느 것인들 리에서 근원한 것이 아니겠습니까. 희로애락이 아직 발현하지 않은 때에도 인심의 묘맥苗脈 (실마리)이 리와 서로 마음속에서 마주하고 있는 것이 아닙니다. 근원은 하나지만 흘러나온 것이 둘임을 주자가 어찌 모르겠습니까. 다만 글을 지어 사람들을 깨우쳐 주려다 보니, 저마다 위주로 한 것이 있었을 뿐입니다. 정자(정호程顥)가 "선과 악은 성性 안에서 두 가지가 서로 마주하고 있다가 각각 따로 나오는 것이 아니다."[104]라고 하였으니, 대체로 선과 악은 완전히 다른 두 가지지만 오히려 서로 마주하고 있다가 각각 따로 나오는 이치가 없는 것입니다. 더구나 리와 기는 뒤섞여 떨어질 수 없는 것인데, 어찌 서로 마주하고 있다가 서로 각각 발하는 이치가 있겠습니까. 만약 주자가 참으로 '리와 기는 서로 발하여 작용함이 있어서 서로 마주하고 있다가 각각 나온다.'고 여겼다면 주자도 잘못 이해한 것이니, 어떻게 주자가 될 수 있겠습니까.

인심과 도심이라는 명칭을 세운 것은 성인이 어찌 자기 마음대로 하였겠습니까. 리의 본연本然은 본래 순수하게 선善하지만, 기를 타고 발하여 작용할 때 선과 악이 여기에서 나누어집니다. 한갓 기를 타고 발하여 작용할 때에 선과 악이 있는 것만 알고 리의 본연을 모른다면 큰 근본[大本]을 모르는 것이고, 한갓 그 리의 본연만 알고 기를 타고 발하여 작용할 때 혹시 흘러나오면서 악이 되기도 함을 모른다면 도적을 자식이라고 인식하는 것입니다. 이 때문에 성인이 이런 것을 염려하여 마침내 정情이 그 성명性命의 본연에서 곧장 나온[直遂] 것을 도심이라 일컫고서 사람에게 존양存養(마음을 보존하여 하늘에게서 품부 받은 성을 함양한다는 존심양성存心養性의 줄임말로, 성리학의 실천 명제임)하여 확충하도록 하고, 정이 형기形氣에 가려져 성명의 본연에서 곧장 나오지 못한 것을 인심이라 일컫고서 사람에게 그 지나침과 못 미침을 살펴 절제하

---

104 선과……아니다 : 《이정유서二程遺書》 권1 〈단백전사설端伯傳師說〉에 나온다.

도록 하였으니, 절제하는 것은 도심이 하는 것입니다.

대체로 형체와 용모[形色]는 타고난 성[天性]이니, 인심도 아마 선하지 않겠습니까. 그러나 인심에는 지나침과 못 미침이 있기 때문에 악으로 흐르는 것일 뿐입니다. 만약 도심을 확충하고 인심을 절제하여 형체와 용모가 저마다 제 법칙을 따르게 할 수 있다면 일상생활[動靜]과 언행言行이 성명의 본연 아님이 없을 것입니다. 이것은 예로부터 성현聖賢이 전수한 심법心法(마음을 성찰하고 수양하는 방법)의 종지宗旨입니다. 이것이 '리와 기가 서로 발한다.[理氣互發]'는 말과 무슨 관계가 있습니까. 퇴계의 병폐는 전적으로 '서로 발한다[互發]'는 한 마디 말에 있으니, 안타깝습니다. 노老선생(퇴계)의 정밀한 식견으로도 큰 근본[大本]에 대해 오히려 한 겹의 막을 걷어내지 못한 것입니다.

북계北溪 진순陳淳(1159-1223. 주희의 제자) 씨의 말은 잘 모르겠지만 이 사람도 주자의 본의가 있는 곳을 알았습니까. 아니면 참으로 퇴계의 견해처럼 리와 기가 서로 발한다고 여겼습니까. 이 점을 아직 모르겠습니다. 그러나 도리는 기필코 이와 같을 것이니, 다만 이 견해를 견지하여 힘써 실천하면서 적용[實]해야지 의심하며 결정하지 못하고서 이런저런 말로 우리 마음을 어지럽혀서는 안 됩니다. 불가佛家의 말에 "금가루가 아무리 귀하다 하나 눈에 들어가면 병이 된다."[105]라고 하였습니다. 이 말은 성현의 말씀이 아무리 귀하다 하나 잘못 보면 해가 됨을 비유한 것이니, 이 말이 매우 좋습니다. 성현의 말씀에는 본의가 간혹 따로 있는 곳이 있으니, 그 본의를 찾지 않고 한갓 말에만 얽매이면 도리어

---

105 금가루가……된다 : 보제普濟, 《오등회원五燈會元》 권11 〈황벽운선사법사黃檗
運禪師法嗣 진주임제의현선사鎭州臨濟義玄禪師〉에 나온다.

해가 되지 않겠습니까. 부자夫子(공자)가 "벼슬을 잃으면 빨리 가난해지기를 바라고, 죽으면 빨리 썩어 없어지기를 바란다."[106]라고 한 것은 비록 고제高弟인 증자曾子도 오히려 당연한 말이라고 여겼습니다. 만약 유자有子의 논변[107]이 아니었다면 후세의 벼슬을 잃은 사람은 반드시 공부자의 말을 따르기 위해 식량과 재화를 버렸을 것이고, 죽은 이를 장사 지내는 사람은 반드시 박장薄葬을 옳은 것이라 여겼을 것이니, 이것이 어찌 성인(공자)의 본의겠습니까.

주자의 '어떤 것은 성명性命의 정심正心에서 근원하고, 어떤 것은 형기形氣의 사심私心에서 생긴다.'는 말도 그 본의를 찾아 이해해야지 말에 얽매여 호발설互發說을 주장하려고 해서는 안 됩니다. 정암整菴 나흠순羅欽順(1465-1547)은 식견이 고명高明한 근래의 걸출한 학자입니다. 큰 근본[大本]에 대해 본 것이 있어서[108] 거듭 주자는 '리와 기를 두 갈래로 본 점이 있다.'고 의심하였으니, 이는 비록 주자를 이해하진 못한 것이나 도리어 큰 근본상에서는 바르게 본 점이 있습니다. 다만 인심과 도심

---

106 벼슬을……바란다 : 벼슬을 잃으면 빨리 가난해지기를 바란다는 말은 벼슬에서 물러나고도 뇌물을 써 다시 녹위祿位를 구한 노魯나라 대부 남궁경숙南宮敬叔을 두고 말한 것이며, 죽으면 빨리 썩어 없어지기를 바란다는 말은 스스로 석곽石槨을 만들면서 3년이 되어도 완성하지 못한 송宋나라 대부 환퇴桓魋를 두고 말한 것이다.《예기禮記》〈단궁檀弓 상上〉 이를 인용하여 이이가 성혼에게 글을 볼 때는 글자에 너무 얽매이지 말고 성현의 본의를 찾으려 해야 한다고 경계한 것이다.

107 유자의 논변 :《예기禮記》〈단궁檀弓 상上〉에 증자曾子가 "공자孔子께서 '벼슬을 잃으면 빨리 가난해지기를 바라고, 죽으면 빨리 썩어 없어지기를 바란다.[喪欲速貧, 死欲速朽.]'고 하셨다."라고 하니, 유자有子가 "그것은 군자의 말씀 같지 않다.[是非君子之言也.]"라고 한 것을 말한다.

108 큰……있어서 : 기氣를 떠난 리理는 없다 하여 리기일체론理氣一體論을 주장한 것을 이른다.

을 체와 용으로 삼아 그 명의名義를 잃었으니, 안타까울 뿐입니다. 비록 그렇긴 하더라도 정암의 잘못은 명목상에 있지만, 퇴계의 잘못은 성리상性理上에 있으니, 퇴계의 잘못이 비교적 더 무겁습니다. 【이 단락의 의론 같은 것을 어찌 성급하게 다른 사람에게 보일 수 있겠습니까. 저를 모르는 사람은 반드시 제가 퇴계를 비방한다고 여길 것입니다. 소재穌齋 노수신盧守愼(1515-1590)이 인심·도심에 대해서 정암의 설을 따르고자 하니, 이 또한 호발설을 옳지 않다고 여겼기 때문입니다. 그 견해가 본래 옳지만, 호발설을 빌릴 필요도 없이 인심·도심은 저마다 제 명의名義를 얻을 것인데, 어찌 이와 같이 할 필요가 있겠습니까. 만약 이 의론을 소재에게 물으면 서로 꼭 들어맞는 이치가 있을 듯한데, 적당한 때가 아니므로 감히 그렇게 하지 못합니다.】

사물[物] 가운데 그릇을 떠나지 못하고 쉼 없이 흐르는 것은 오직 물[水]뿐입니다. 그러므로 물만이 리를 비유할 수 있습니다. 물이 본래 맑은 것은 성性이 본래 선善한 것과 같고, 그릇이 깨끗한지 더러운지가 다른 것은 기질氣質이 다른 것과 같습니다. 그릇이 움직이면 물도 움직이는 것은 기가 발하면 리가 타는 것과 같고, 그릇과 물이 함께 움직여 그릇의 움직임이나 물의 움직임이나 다름이 없는 것은 리와 기가 서로 발하는 구분이 없는 것과 같습니다. 그릇이 움직이면 물도 반드시 움직이지만, 물이 스스로 움직이지 못하는 것은 리는 무위無爲(작용이 없음)하고 기는 유위有爲(작용이 있음)한 것과 같습니다.

성인聖人은 기질이 맑고 순수하기 때문에 성이 그 체를 온전히 보존하여 한 터럭만큼도 인욕의 사사로움이 없으므로, 그 발하는 것이 마음이 하고자 하는 것을 따라도 법도를 넘지 않아서 인심도 도심이 됩니다.

비유하면 깨끗한 그릇에 물을 담으면 한 점의 티끌도 없으므로, 그릇이 움직일 때 본래 맑은 물이 쏟아져 나와 흐르는 것이 모두 맑은 물인 것과 같습니다.

현자는 기질이 비록 맑고 순수하지만 약간의 탁함과 잡박함이 섞여 있음에서 벗어나지 못하므로, 반드시 덕성을 진전시키고 학문을 익히는 공부에 힘입은 뒤에야 자기의 본연지성을 회복할 수 있습니다. 그 발하는 것이 본연지성에서 곧장 나와 형기形氣에 가려지지 않은 것도 있고, 비록 성에서 발하나 형기가 일을 처리하는[用事] 것도 있는데, 형기가 비록 일을 처리하더라도 인심이 도심에게 명령을 들으므로, 식색지심食色之心(육체를 갖고 있음으로 해서 생기는 마음으로 본능을 말함)도 규범을 따릅니다. 비유하면 물을 담은 그릇이 비록 깨끗하나 약간의 티끌이 그 안에 있음에서 벗어나지 못하므로, 반드시 맑고 깨끗하게 만드는 공력을 들인 뒤에야 물이 그 본연의 맑음을 얻는 것과 같습니다. 그러므로 그릇이 움직일 때 맑은 물이 쏟아져 나와도 티끌이 움직이지 않는 경우도 있고, 맑은 물이 비록 나오더라도 티끌이 이미 움직인 경우도 있으니, 반드시 티끌을 가라앉혀 흐려지지 않게 한 뒤에야 물의 흐름이 바로 맑을 수 있을 것입니다.

못난 사람[不肖者]은 기질에 탁함이 많고 맑음이 적으며 잡박함이 많고 순수함이 적어서 성은 이미 그 본연의 모습을 잃었고, 또 덕성을 진전시키고 학문을 익히는 공부가 없어서 그 발하는 것이 형기에게 부림을 당하는 것이 많으니, 바로 인심이 주인이 된 것입니다. 간혹 도심이 인심의 사이에서 뒤섞여 나와도 그것을 살펴 지킬 줄 모르기 때문에, 형기의 사심私心에 일임하여 정이 우세하고 욕망이 확 타오름에 이르러서 도심도 인심이 됩니다. 비유하면 물을 담은 그릇이 더럽고 깨끗하지 않아 티끌과 찌꺼기가 그 안에 가득하여 물이 본연의 맑음을 잃었고, 또 맑고 깨끗하게 만드는 공력을 들임이 없어서 그릇이 움직일 때 티끌과 찌꺼기가 물을 흐리면서 나와 맑은 물을 보지 못하게 합니다. 간혹 티끌과 찌꺼기가 미처 물을 흐리게 하지 않았을 때, 느닷없이 깨끗한 물이 잠깐 나오다가도 금새 티끌과 찌꺼기가 다시 물을 흐리게 하기 때문에, 맑은 것이 도로 탁해져 흐르는 것이 모두 탁수濁水가 되는 것과 같습니다.

성性은 본래 선하지만 기질이 얽어매어 간혹 성의 본연을 잃고 방종하여[流] 악이 되니, 악을 성의 본연이 아니라고 하는 것은 괜찮지만, 성에 뿌리를 두지 않는다고 이르는 것은 옳지 않습니다. 물은 본래 맑지만 티끌과 찌꺼기가 물을 흐려 마침내 탁한 물줄기가 되니, 탁함을 물의 본연이라고 하는 것은 괜찮지만, 물의 흐름이 아니라고 하는 것은 옳지 않은 것과 같습니다. 중인中人(중간 정도의 자질을 지닌 사람)의 성은 현인과 못난 사람의 사이에 있으니, 이를 미루어 보면 알 수 있을 것입니다.

리가 기와 떨어지지 않음은 참으로 물이 그릇과 떨어지지 않음과 같습니다. 그런데 만약 '서로 발하여 작용함이 있다.'고 말하면, 그릇이 먼저 움직이면 물이 따라서 움직이기도 하고 물이 먼저 움직이면 그릇이 따라서 움직이기도 할 것이니, 천하에 어찌 이런 이치가 있겠습니까. 대저 사람이 말을 타는 것에 비유하면 사람은 성이고, 말은 기질이니, 말의 성이 온순하여 착하기도 하고 온순하지 않기도 한 것은 타고난 기질[氣稟]의 맑음과 탁함·순수함과 잡박함이 다르기 때문입니다. 문을 나설 때, 간혹 말이 사람의 뜻을 따라 나가는 경우도 있고, 간혹 사람이 말 가는 대로 맡겨두고서 나가는 경우도 있는데,【원문 '혹유인신或有人信'의 신信자는 임任자와 같은 뜻이나 약간 다릅니다. 대체로 임任자는 알면서도 일부러 맡기는 것이고, 신信자는 모르는데도 맡기는 것입니다.] 말이 사람의 뜻을 따라 나가는 것은 사람(곧 성)을 따르는 것이니 바로 도심道心이고, 사람이 말 가는 대로 맡겨두고서 나가는 것은 말(곧 기질)을 따르는 것이니 바로 인심人心입니다. 문 앞의 길은 사물이 걸어가야 하는 길입니다. 사람이 말을 탔으나 아직 문을 나서지 않았을 때는 사람이 말 가는 대로 맡겨둘지 말이 사람의 뜻을 따를지 모두 짐작할[端倪] 수 없으니, 바로 인심과 도심은 본래 서로 마주하고 있는 묘맥苗脈(실마리)이 없는 것입니다.

성인의 혈기血氣는 일반 사람과 같습니다. 배가 고프면 음식을 먹으려 하고, 목이 마르면 음료를 마시려 하고, 추우면 옷을 입으려 하고, 가려우면 긁으려 함에서 역시 벗어날 수 없기 때문에 성인에게도 인심이 없을 수는 없습니다. 비유하면 말의 성이 비록 지극히 온순하여 간혹 사람이 말 가는 대로 맡겨두고서 문을 나서는 때가 어찌 없겠습니까마는, 말이 사람의 뜻을 순히 따라서 사람이 단속[牽制]할 필요도 없이 저절로 바른길을 가니, 이는 성인(공자)의 '마음이 하고자 하는 것을 따라도 법도를 넘지 않는 것'으로서 인심도 도심인 경우와 같은 것입니다. 다른 사람은 타고난 기질이 순수하지 않아 인심이 발하여도 도심으로 주재하지 못하기 때문에 성의 본연을 잃고 방종하여 악이 됩니다. 비유하면 사람이 말 가는 대로 맡겨두고서 문을 나서기만 하고 또 단속하지 않으면 말이 제멋대로 걸어 바른길을 가지 않는 것과 같습니다. 그 가운데 가장 온순하지 않은 말은 사람이 아무리 단속하더라도 쉼 없이 날뛰어 반드시 황무지나 가시밭 사이로 내달리니, 이는 타고난 기질이 탁하고 잡박하여 인심이 근본[主]이 되고 도심이 가려진 것입니다. 말의 성이 이처럼 온순하지 않으면 항상 날뛰어 잠시도 가만히 서 있을 때가 없으니, 이는 마음 속이 흐릿하고 어지러워 큰 근본[大本]이 서지 못한 것입니다. 비록 온순하지 않은 말이라도 다행히 가만히 서 있으면 가만히 서 있을 때만큼은 온순하여 착한 말과 차이가 없으니, 이는 보통 사람의 마음이 흐릿하고 어지러워 중中의 체體(큰 근본[大本])가 서지 못하였더라도 행여 희로애락이 아직 발현하지 않을 때가 있으면 이 순간만큼은 맑고 깨끗한[湛然] 체가 성인과 다르지 않은 것입니다.

이처럼 비유하면 인심과 도심, 주리主理(도심)와 주기主氣(인심)의 설을 어찌 명백하고도 수월하게 알 수 있지 않겠습니까. 만약 호발설로 비유한다면 문을 나서기 전에는 사람과 말이 저마다 처소를 달리하다가 문을 나선 뒤에야 사람이 말을 타는데, 간혹 사람이 나가면 말이 따르는 경우도 있고, 간혹 말이 나가면 사람이 따르는 경우도 있을 것이니, 명칭과 이치를 모두 잃어 말이 되지 않습니다. 비록 이와 같더라도 사람과 말은 서로 떠날 수 있기도 하니, 그릇과 물로 비유한 것만큼 적절하지 못합니다. 물도 형체가 있긴 하나, 또 리에 형체가 없다는 측면에서 한 비유는 아닙니다. 그러니 비유는 융통성 있게 보아야지 비유에만 얽매여서는 안 됩니다.

사람이 타고난 기질지성氣質之性에는 본래 선과 악의 고정된 면이 있습니다. 그러므로 부자夫子(공자)가 "성은 서로 비슷하나, 습관이 서로 멀어지게 한다."[109]라 하고서도, 다시 "상지上智와 하우下愚는 변화하지

---

109 성은…한다 :《논어論語》〈양화陽貨〉에 나온다.

못한다."[110]라고 한 것입니다. 그러나 이는 그 성의 본연이 아니라 기질이 흐릿하고 어지러워서입니다. 그러므로 희로애락이 아직 발현하지 않은 중中이라고 말해서는 안 됩니다. 희로애락이 아직 발현하지 않은 것 [未發]이 성의 본연인데, 흐릿하고 어지럽다면 기가 이미 성을 가린 것입니다. 그러므로 성의 체라고 말해서는 안 됩니다.

지금 보내주신 편지를 받고 그 요지를 자세히 따져보니, 형의 견해가 잘못된 것이 아니라 글로 표현한 것이 잘못된 것이었습니다. 앞서 제가 보내드린 편지에 어투를 너무 거칠게 하였으니, 참으로 후회스럽고 부끄럽기 짝이 없습니다. 보내주신 편지에서 이른바 "서둘러 하나로 귀납하여야 하는데, 어찌 억지로 할 수 있겠는가. 역시 마음을 차분히 하여 깊이 생각하고 반복해 음미하여 찾아봄을 필요로 한다."라고 하신 것은 말이 지극히 옳습니다. 도리道理는 깊이 생각하여 스스로 터득해야 합니다. 예컨대 전적으로 남의 말을 믿을 경우, 오늘 만난 웅변가가 이것을 옳다고 하면 그 말을 좋아하여 따르고, 내일 다시 만난 웅변가가 저것을 옳다고 하면 역시 반드시 그 말을 좋아하여 전날의 뜻을 굽혀 영합하려 할 것이니, 언제 명확한 견해[定見]가 생기겠습니까.

"버드나무 드리운 강변의 툭 튀어나온 바윗돌[磯]에 세차게 흐르는 여울물이 부딪쳐 물이 튄다."는 논설은 사물[物]을 보고 도道를 생각해냈다고 이를 수 있겠으나, 그래도 미진한 점이 있습니다. 대체로 물이 아래로 흘러내려 가는 것은 리고, 바윗돌에 물이 부딪치면 손에 물이 튀는 것도 바로 리입니다. 물이 만약 한결같이 아래로 흘러내려 가기만 하

---

110 상지와……못한다 :《논어論語》〈양화陽貨〉에 나온다.

고 아무리 부딪쳐도 튀어 오르지 않는다면 리가 없는 것입니다. 바윗돌에 물이 부딪쳐 손에 물이 튄 것은 비록 기지만 부딪치면 손에 물이 튀게 하는 것[所以]은 리니, 어찌 기 단독으로 작용한다고 이를 수 있겠습니까. 물이 아래로 흘러내려 감은 본연의 리고, 바윗돌에 물이 부딪쳐 손에 물이 튀는 것은 기를 탄 리입니다. 기를 탄 리 밖에서 본연의 리를 찾는 것은 참으로 옳지 않거니와, 리가 기를 탔는데도 상도常道에서 벗어난 것을 본연의 리라고 이르는 경우도 옳지 않습니다. 만약 상도에서 벗어난 것을 보고 마침내 '기 단독으로 작용하고, 기는 리가 있는 곳이 아니다.'라고 한다면 역시 옳지 않습니다. 아무개[111]가 천수를 누린 것은 그야말로 상도에서 벗어난 일이지만, 나라를 다스리는 도리가 성숙하지 못하여 상벌에 법도가 없다면 악한 사람이 득세하고 선량한 사람이 위태롭게 되는 것이 참으로 그 이치입니다. 맹자가 "작은 것은 큰 것에게 부림을 받고, 약한 것은 강한 것에게 부림을 받는 법이니, 이 두 가지는 당연한 이치[天]다."[112]라고 하였으니, 대체로 덕의 크기를 따지지 않고

---

111 아무개 : 조광조趙光祖 등 신진 사류士類를 숙청한 기묘사화己卯士禍를 주모한 남곤南袞을 가리킨다.(이이,《석담일기石潭日記 상上》융경원년정묘隆慶元年丁卯; 이정형李廷馨,《동각잡기東閣雜記 하下》) 이이는《석담일기》에서 "실정에 바탕하여 죄를 결정한다면 작은 형장으로 볼기를 치는 태형笞刑·큰 형장으로 볼기를 치는 장형杖刑·중노동을 시키는 도형徒刑·귀양보내는 유형流刑·사형死刑 이 다섯 가지 형벌도 가벼운데, 목숨을 보전하고 천수를 누렸으니 죽은 뒤 삭탈관작의 벌이야 그 죄의 만분의 일에도 해당하지 못할 것이다. 어찌 다 탄식할 수 있겠는가."라고 하였다.

112 작은……이치다 :《맹자孟子》〈이루離婁 상上〉에 나온다. 주희는 집주集注에서 "천天은 이치와 형세의 당연함이다.[天者, 理勢之當然也.]"라고 하였고, 주희가 다른 곳과 달리 '勢'자를 덧붙인 것에 대해 원대元代 호병문胡炳文은 "집주에서 일찍기 천을 리지자연理之自然이라고 하였는데 여기에서 천을 리세지당연理勢之當然이라고 한 것은, 저기서는 순수하게 천리를 말하고, 여기서는 인사를 아우른 것이다.[集注嘗以天爲理之自然, 此以天爲理勢之當然者, 彼則純以天理言, 此則兼以

오직 크기와 강도強度를 승부로 삼는 것이 어찌 당연한 이치의 본래 모습이겠습니까. 다만 형세로 말한 것일 뿐입니다. 형세가 이미 이와 같다면 리도 이와 같기 때문에 '당연한 이치[天]'라고 이른 것입니다. 그렇다면 아무개가 목숨을 보전하게 된 것을 '리의 본연이 아니다.'라고 이르는 것은 괜찮지만, '기 단독으로 그렇게 하고 리는 없다.'고 이르는 것은 옳지 않습니다. 천하에 어찌 리 밖의 기가 있겠습니까.[이 단락은 가장 깊이 연구해야 합니다. 여기에서 터득함이 있으면 리와 기가 서로 떨어질 수 없는 오묘한 이치를 알 수 있을 것입니다.]

리와 기의 오묘한 이치는 알기도 어렵고 말하기도 어렵습니다. 대체로 리의 근원은 하나일 뿐이고, 기의 근원도 하나일 뿐입니다. 기가 유행하면서 들쭉날쭉 가지런하지 않기 때문에 리도 유행하면서 들쭉날쭉 가지런하지 않은 것이니, 기는 리와 떨어질 수 없고 리는 기와 떨어질 수 없습니다. 이와 같다면 리와 기는 하나인데, 어디에서 다른 점이 있음을 보셨습니까. 이른바 "리는 리대로 기는 기대로"라는 것은 어디에서 리는 리대로 기는 기대로라는 점을 볼 수 있습니까. 식견이 이른 곳을 알고 싶으니, 우리 형께서 정밀히 생각하여 한 말씀 해주시기 바랍니다.

人事者也.]"라고 하였다.《맹자통孟子通》

答成浩原

理氣之說與人心道心之說, 皆是一貫, 若人心道心未透, 則是於理氣未透也. 理氣之不相離者, 若已灼見, 則人心道心之無二原, 可以推此而知之耳. 惟於理氣有未透, 以爲或可相離, 各在一處, 故亦於人心道心, 疑其有二原耳. 理氣可以相離, 則程子所謂陰陽無始者, 爲虛語也. 此說豈珥杜撰乎? 特先賢未及詳言之耳.

昨爲長書, 待兄之需, 辨說頗詳, 譬喩亦切, 一覽可以契合矣. 如此而猶有疑, 則姑置此事, 多讀聖賢之書, 更竢後日之有見, 可也. 珥則十年前, 已窺此端, 而厥後漸漸思繹, 每讀經傳, 輒取以相準, 當初或有不合之時, 厥後漸合, 以至今日, 則融會脗合, 決然無疑, 千百雄辯之口, 終不可以回鄙見. 但恨氣質浮駁, 不能力踐而實之, 每用慨嘆自訟耳.

理, 形而上者也; 氣, 形而下者也. 二者不能相離, 旣不能相離, 則其發用一也, 不可謂互有發用也. 若曰互有發用, 則是理發用時, 氣或有所不及, 氣發用時, 理或有所不及也. 如是則理氣有離合有先後, 動靜有端, 陰陽有始矣, 其錯不小矣. 但理無爲而氣有爲, 故以情之出乎本然之性, 而不揜於形氣者, 屬之理, 當初雖出於本然, 而形氣揜之者, 屬之氣, 此亦不得已之論也.

人性之本善者, 理也. 而非氣則理不發, 人心道心, 夫孰非原於理乎? 非未發之時, 亦有人心苗脈, 與理相對于方寸中也. 源一而流二, 朱子豈不知之乎? 特立言曉人, 各有所主耳. 程子曰: "不是善與惡在性中爲兩物相對, 各自出來." 夫善惡判然二物, 而尙無相對, 各自出來之理. 況理氣之混淪不離者, 乃有相對互發之理乎? 若朱子眞以爲理氣互有發用, 相對各出, 則是朱子亦誤也, 何以爲朱子乎?

人心道心之立名, 聖人豈得已乎? 理之本然者, 固是純善, 而乘氣發用, 善惡斯分, 徒見其乘氣發用有善有惡, 而不知理之本然, 則是不識大本也, 徒見其理之本然, 而不知其乘氣發用, 或流而爲惡, 則認賊爲子矣. 是故聖人有憂焉, 乃以情之直遂其性命之本然者, 目之以道心, 使人存養而充廣之, 情之揜乎形氣而不能直遂其性命之本然者, 目之以人心, 使人審其過不及而節制之, 節制之者, 道心之所爲也.

夫形色, 天性也, 人心, 亦豈不善乎? 由其有過有不及而流於惡耳. 若能充廣道心, 節制人心, 使形色各循其則, 則動靜云爲, 莫非性命之本然矣. 此從古聖賢心法之宗旨. 此與理氣互發之說, 有何交涉? 退溪之病, 專在於互發二字, 惜哉! 以老先生之精密, 於大本上, 猶有一重膜子也.

北溪陳氏之說, 未知亦知朱子之意之所在乎? 抑眞以爲互發如退溪之見乎? 是則未可知也. 道理決是如此, 但當持守此見, 力行而實之, 不當狐疑不定, 使異同之說, 亂吾方寸也. 釋徒之言曰: "金屑雖貴, 落眼則翳." 此譬聖賢之說雖貴, 誤見則爲害也, 此言甚好. 聖賢之言, 意或有在, 不求其意, 徒泥於言, 豈不反害乎? 夫子曰: "喪欲速貧, 死欲速朽." 雖曾子尙以爲當然. 若非有子之辨, 則後世之喪家者, 必棄糧委貨, 而送死者, 必以薄葬爲是矣, 此豈聖人之意乎?

朱子或原或生之說, 亦當求其意而得之, 不當泥於言而欲主互發之說也. 羅整菴識見高明, 近代傑然之儒也. 有見於大本, 而反疑朱子有二岐之見, 此則雖不識朱子, 而却於大本上有見矣. 但以人心道心爲體用, 失其名義, 亦可惜也. 雖然, 整菴之失, 在於名目上, 退溪之失, 在於性理上, 退溪之失較重矣.【如此段議論, 豈可驟掛他眼乎? 不知者, 必以爲謗毀退溪矣. 穌齋於人心道心, 欲從整菴之說, 此亦以互發之說, 爲不然故也. 其見本是, 但不必資於互發之說, 而人心道心, 亦各得其名義矣, 何必乃爾? 今以此議論, 質于穌齋, 則似有契合之理, 但非其時, 故不敢爾.】

物之不能離器而流行不息者, 惟水也. 故惟水可以喩理, 水之本淸, 性之本善也. 器之淸淨汚穢之不同者, 氣質之殊也. 器動而水動者, 氣發而理乘也, 器水俱動, 無有器動水動之異者, 無理氣互發之殊也. 器動則水必動, 水未嘗自動者, 理無爲而氣有爲也.

聖人氣質淸粹, 性全其體, 無一毫人欲之私, 故其發也, 從心所欲, 不踰矩, 而人心亦道心也. 譬如淸淨之器儲水, 無一點塵滓, 故其動也, 水之本淸者傾瀉而出, 流行者皆淸水也.

賢者則氣質雖淸粹, 未免有少許濁駁雜之, 故必資進修之功, 然後能復其本然之性. 其發也, 有直遂其本然之性, 而不爲形氣所掩者, 有雖發於性而形氣用事者, 形氣雖用事而人心聽命於道心, 故食色之心, 亦循軌轍. 譬如儲水之器雖淸淨, 而未免有少許塵滓在裏, 必加澄淨之功, 然後水得其本然之淸. 故其動也, 或有淸水傾出, 塵滓未動者, 或有淸水雖出, 而塵滓已動者, 必止其塵滓, 使不混淆, 然後水之流行者, 乃得其淸也.

不肖者, 氣質多濁少淸, 多駁少粹, 性旣汨其本然, 而又無進修之功, 其發也, 多爲形氣所使, 是人心爲主也. 間有道心雜出於人心之間, 而不知所以察之守之, 故一任形氣之私, 至於情勝欲熾, 而道心亦爲人心也. 譬如儲水之器, 汚穢不淨, 泥滓滿中, 水失其本然之淸, 又無澄淨之功, 其動也, 泥滓汨水而出, 不見其淸水也. 間有泥滓未及汨亂之際, 忽有淸水暫出, 而瞥然之頃, 泥滓還汨, 故淸者旋濁, 流行者皆濁水也.

性本善而氣質之拘, 或流而爲惡, 以惡爲非性之本然則可, 謂之不本於性, 不可也. 水本淸而泥滓之汨, 遂成濁流, 以濁爲非水之本然則可, 謂之非水之流則不可也. 中人之性, 在賢不肖之間, 推此而可知之矣.

理不離氣, 眞如水不離器也. 今日互有發用, 則是或器先動而水隨而動, 或水先動而器隨而動, 天下寧有此理乎? 且以人乘馬喩之, 則人則性也, 馬則氣質也. 馬之性, 或馴良或不順者, 氣稟淸濁粹駁之殊也. 出門之時, 或有馬從人意而出者, 或有人信【信字與任字, 同意而微不同. 蓋任字, 知之而故任之也; 信字, 不知而任之也.】馬足而出者, 馬從人意而出者, 屬之人, 乃道心也; 人信馬足而出者, 屬之馬, 乃人心也. 門前之路, 事物當行之路也. 人乘馬而未出門之時, 人信馬足, 馬從人意, 俱無端倪, 此則人心道心, 本無相對之苗脈也.

聖人之血氣, 與人同耳. 飢欲食, 渴欲飲, 寒欲衣, 癢欲搔, 亦所不免, 故聖人不能無人心. 譬如馬性雖極馴, 豈無或有人信馬足而出門之時乎? 但馬順人意, 不待牽制, 而自由正路, 此則聖人之從心所欲, 而人心亦道心者也. 他人則氣稟不純, 人心之發而不以道心主之, 則流而爲惡矣. 譬如人信馬足出門, 而又不牽制, 則馬任意而行, 不由正路矣. 其中最不馴之馬, 人雖牽制, 而騰躍不已, 必奔走於荒榛荊棘之間, 此則氣稟濁駁, 而人心爲主, 道心爲所掩蔽者也. 馬性如是不馴, 則每每騰躍, 未嘗少有靜立之時, 此則心中昏昧雜擾, 而大本不立者也. 雖不馴之馬, 幸而靜立, 則當其靜立之時, 與馴良之馬無異, 此則衆人之心, 昏昧雜擾, 中體雖不立, 幸有未發之時, 則此刻之間, 湛然之體, 與聖人不異者也.

如此取喩, 則人心道心主理主氣之說, 豈不明白易知乎? 若以互發之說譬之, 則是未出門之時, 人馬異處, 出門之後, 人乃乘馬, 而或有人出而馬隨之者, 或有馬出而人隨之者矣. 名理俱失, 不成說話矣. 雖然, 人馬或可相離, 不如譬以器水之親切也. 水亦有形, 又非理無形之比. 譬喩可以活看, 不可泥著於譬喩也.

人生氣質之性, 固有善惡之一定者也. 故夫子曰: "性相近也, 習相遠也." 又曰: "上智與下愚不移." 但非其性之本然, 而昏昧雜擾, 故不可謂未發之中也. 未發者, 性之本然也, 昏昧雜擾, 則氣已揜性, 故不可謂性之體也.

今承來書, 詳究其旨, 則兄之所見, 非誤也. 發言乃誤也. 前呈鄙書, 太厲聲氣, 追愧追愧. 來書所謂汲汲歸一, 何可强爲, 亦待乎潛思玩索者, 此言極是. 道理, 須是潛思自得. 若專靠人言, 則今日遇雄辯之人, 以此爲是, 則悅其言而從之; 明日又遇雄辯之人, 以彼爲是, 則亦將悅其言而遷就之矣. 何時有定見乎?

柳磯激水之說, 可謂見物思道矣, 猶有所未盡也. 夫水之就下, 理也; 激之則在手者, 此亦理也. 水若一於就下, 雖激而不上, 則爲無理也. 激之而在手者雖氣, 而所以激之而在手者, 理也, 烏可謂氣獨作用乎? 水之就下, 本然之理也; 激而在手, 乘氣之理也. 求本然於乘氣之外, 固不可, 若以乘氣而反常者謂之本然, 亦不可. 若見其反常, 而遂以爲氣獨作用, 而非理所在, 亦不可也. 某也之老死牖下, 固是反常, 但治道不升, 賞罰無章, 則惡人得志, 善人困窮, 固其理也. 孟子曰: "小役大弱役强者, 天也." 夫不論德之大小, 而惟以小大强弱爲勝負者, 此豈天之本然哉? 特以勢言之耳. 勢旣如此, 則理亦如此, 故謂之天也. 然則某人之得保首領, 謂之非理之本然則可, 謂之氣獨爲之而無理則不可也. 天下安有理外之氣耶?【此段, 最可深究. 於此有得, 則可見理氣不相離之妙矣.】

理氣之妙, 難見亦難說. 夫理之源, 一而已矣; 氣之源, 亦一而已矣. 氣流行而參差不齊, 理亦流行而參差不齊, 氣不離理, 理不離氣. 夫如是則理氣一也, 何處見其有異耶? 所謂理自理氣自氣者, 何處見其理自理氣自氣耶? 望吾兄精思, 著一轉語, 欲驗識見之所至也.

13. 호원 성혼에게 답한 편지 −8[113]

○ 리와 기는 서로 떨어지지도 뒤섞이지도 않으며 그 근원은 하나임을 말하고 있다. 이를 잘 살펴보라는 당부를 〈리기영理氣詠〉이라는 시로 전달하였다. 영詠은 시체詩體 가운데 하나로 비유를 통해 그 뜻을 끌어와 자신이 말하고자 하는 것을 드러내는 문체다.

---

113 《율곡전서栗谷全書》권10 〈서書2 답성호원答成浩原〉

주자周子(주돈이周敦頤)가 "태극太極이 동動하여 양陽을 낳고, 정靜하여 음陰을 낳는다."라고 하였으니, 이 두 구절이 어찌 흠이 있는 말이겠습니까. 그러나 만약 잘못 보면 반드시 '음과 양은 본래 없는 것인데 태극이 음과 양 이전에 있다가 태극이 동한 뒤에야 양이 생기고, 태극이 정한 뒤에야 음이 생긴다.'고 할 것입니다. 이처럼 보면 본의를 아주 잃는 것이지만 글자로만 풀이하면 순조로워 막히지 않습니다. '어떤 것은 성명性命의 정심正心에서 근원하고, 어떤 것은 형기形氣의 사심私心에서 생긴다.'는 말도 이와 같습니다.

대체로 오행五行은 리기理氣에서 나오는데도 "목木은 화火를 낳고, 화火는 토土를 낳는다."고 말한 것은 그 차례의 측면에서 말한 것입니다. 만약 그 말에 구애되어 '화는 반드시 목에서 생기고 리에 뿌리는 둔 것이 아니다.'라고 한다면 옳겠습니까. 도심道心을 드러내는 것은 기氣지만 성명性命이 아니면 도심이 드러나지 못하고, 인심人心에 바탕을 둔 것은 성性이지만 형기形氣가 아니면 인심이 드러나지 못하니, 도심을 성명에 근원한다고 이르고 인심을 형기에서 생긴다고 이르는 것이 어찌 순하지 않겠습니까. 형기가 인심을 낳는 것도 '목이 화를 낳는다.'고 말하는 것과 같습니다.

〈리기영理氣詠〉을 우계牛溪 도형道兄[114]께 드립니다.

원기는 어디에서 비롯하였나	元氣何端始
무형이 유형 안에 있구나	無形在有形
근원을 찾아보면 본래 합해 있음을 알 것이요	窮源知本合[i]
갈라진 줄기를 따라 내려가면 온 정수精髓를 볼 수 있네	沿派見群精[ii]
물은 그릇을 따라 모나거나 둥글며	水逐方圓器
공간은 병을 따라 작거나 크네	空隨小大瓶[iii]
그대여, 두 갈래[115]에 미혹하지 말고	二岐君莫惑
성이 정이 됨을 묵묵히 살펴보시오	默驗性爲情

【원주原注】

i) 리와 기는 본래 결합하여 있는 것이지 처음 결합하는 때가 있는 것이 아닙니다. 리와 기를 두 가지로 보고자 하는 사람은 모두 도를 아는 사람이 아닙니다.

ii) 리와 기는 원래 하나인데, 나누어져 음양오행의 정수가 됩니다.

iii) 리가 기를 타고 유행할 때 들쭉날쭉 가지런하지 않은 것이 이와 같습니다. 공간은 병을 따른다는 말은 불교에서 나온 것인데, 그 비유가 딱 알맞으므로 인용하였습니다.

---

114 도형 : 도학道學, 곧 성리학性理學을 하는 친구나 선배를 높이는 말이다.
115 두 갈래 : 이황의 리기호발설理氣互發說을 말한다.

성性이라는 것은 리와 기가 결합하여 있는 것입니다. 대체로 리는 기 안에 있은 뒤에야 성이 되니, 만약 형질形質 안에 있지 않으면 '리'라고 해야지 '성'이라고 해서는 안 됩니다. 다만 형질 안에서 그 리만을 가리 켜 말하면 본연지성本然之性이라 하는데, 본연지성에는 기를 뒤섞을 수 없습니다. 자사子思와 맹자는 그 본연지성을 말하고 정자程子와 장자張 子(장재張載)는 그 기질지성氣質之性을 말하였으나, 그 실제는 하나의 성 이요, 주장하여 말한 것이 다를 뿐입니다. 만약 그들이 주장한 뜻을 모 르고 마침내 본연지성과 기질지성을 두 개의 성이라고 한다면 리를 안 다고 이를 수 있겠습니까. 성이 이미 하나인데, 정에 리발理發·기발氣發 의 구분이 있다고 하면 성을 안다고 이를 수 있겠습니까.

答成浩原

周子曰: "太極動而生陽, 靜而生陰." 此二句, 豈有病之言乎? 若誤見, 則必以爲陰陽本無而太極在陰陽之先, 太極動然後陽乃生, 太極靜然後陰乃生也. 如是觀之, 大失本意, 而以句語釋之, 則順而不礙. 或原或生之說, 亦如是也.

夫五行出於理氣, 而猶曰木生火火生土者, 以其序言之也. 若泥其言, 而以爲火必生於木, 而非本於理, 可乎? 發道心者氣也, 而非性命則道心不發; 原人心者性也, 而非形氣則人心不發, 以道心謂原於性命, 以人心謂生於形氣, 豈不順乎? 形氣之生人心, 亦猶木生火之謂也.

<理氣詠>呈牛溪道兄

元氣何端始? 無形在有形. 窮源知本合,【理氣本合也, 非有始合之時. 欲以理氣二之者, 皆非知道者也.】沿派見群精.【理氣原一, 而分爲二五之精.】水逐方圓器, 空隨小大瓶.【理之乘氣流行, 參差不齊者如此. 空瓶之說, 出於釋氏, 而其譬喩親切故用之.】二岐君莫惑, 默驗性爲情.

性者, 理氣之合也. 蓋理在氣中, 然後爲性, 若不在形質之中, 則當謂之理, 不當謂之性也. 但就形質中, 單指其理而言之, 則本然之性也, 本然之性, 不可雜以氣也. 子思·孟子, 言其本然之性; 程子·張子, 言其氣質之性, 其實一性, 而所主而言者不同. 今不知其所主之意, 遂以爲二性, 則可謂知理乎? 性旣一而乃以爲情有理發氣發之殊, 則可謂知性乎?

14. 호원 성혼에게 답한 편지 −9[116]

○ 리는 무형無形, 기는 유형有形이므로 리는 통하고 기는 국한한다는 리통기국설理通氣局說과 기가 발하면 리가 그 기를 타고서 작용하는 하나의 방식만 있다는 기발리승일도설氣發理乘一途說을 언급한 편지다.

리는 모든 사물에 갖춰져 있는 본연의 오묘한 이치[本然之妙]로서 본체기 때문에 어디에나 '통通'하지만 형체가 없기 때문에 스스로 발하지 못한다. 반면 기는 개개의 사물에만 국한된 것으로 형체기 때문에 개체에 '국局'하지만 스스로 발할 수 있는 것이다. 리와 기는 기본적으로 서로 뒤섞이지 않고[不相雜] 서로 떨어지지 않는[不相離] 관계다. 이황은 리와 기가 서로 뒤섞이지 않는 측면을 강조하여 리기호발理氣互發을 주장함으로써 리발理發을 인정하였으나, 이이는 리와 기가 서로 떨어지지 않는 측면을 더욱 강조하며 이황의 호발설互發說을 부정하고 기발氣發만 인정하였다.

---

116 《율곡전서栗谷全書》 권10 〈서書2 답성호원答成浩原〉

리理와 기氣는 원래 서로 떨어질 수 없어 하나인 것 같지만 그것이 다른 까닭은, 리는 무형無形이고 기는 유형有形이며, 리는 무위無爲(작용이 없음)고 기는 유위有爲(작용이 있음)기 때문입니다. 무형·무위하면서 유형·유위의 주主가 되는 것은 리고, 유형·유위하면서 무형·무위의 기器가 되는 것은 기입니다. 리는 무형이고 기는 유형이므로 리는 통하고 기는 국한하는 것[理通而氣局]이며, 리는 무위고 기는 유위이므로 기가 발하면 리가 타는 것[氣發而理乘]입니다.

리가 통한다는 것은 무엇을 이르는 것이겠습니까. 리라는 것은 본말도 없고 선후도 없습니다. 본말도 없고 선후도 없으므로, 감응하기 전이라도 먼저가 아니며 감응한 뒤라도 나중이 아닙니다.【정자程子의 말입니다.】 이 때문에 리가 기를 올라타고 유행하여 들쭉날쭉 가지런하지 않으나, 그 본연의 오묘한 이치는 있지 않은 곳이 없습니다. 기가 치우치면 리도 치우치지만 치우친 것은 리가 아니라 기며, 기가 온전하면 리도 온전하지만 온전한 것은 리가 아니라 기입니다. 맑음과 탁함, 순수함과 잡박함, 찌꺼기[糟粕]와 재[煨燼], 거름[糞壤]과 오물[汚穢] 가운데에도 리가 있지 않은 곳이 없어 저마다 제 성性이 되지만, 그 본연의 오묘한 이치는 손상되지 않고 그대로입니다. 이것을 '리가 통한다'고 하는 것입니다.

기가 국한한다는 것은 무엇을 이르는 것이겠습니까. 기는 이미 형적形迹에 관계되므로 본말도 있고 선후도 있습니다. 기의 본체(본연의 상태)는 티 없이 순일하고 맑게 텅 비어 있을 뿐인데, 어찌 찌꺼기와 재, 거름과 오물의 기가 있겠습니까마는, 기가 오르내리고 드날려 늘 쉬지 않으므로 들쭉날쭉 가지런하지 않아 온갖 변화가 생깁니다. 그래서 기가 유행할 때 그 본연을 잃지 않은 것도 있고 그 본연을 잃은 것도 있으니, 그 본연을 잃으면 기의 본연이라는 것이 이미 있는 곳이 없습니다. 치우친 것은 치우친 기지 온전한 기가 아니며, 맑은 것은 맑은 기지 탁한 기가 아니며, 찌꺼기와 재는 찌꺼기와 재의 기지 티 없이 순일하고 맑게 텅 빈 기(본연의 기)가 아닙니다. 이는 리가 만물 어디에나 본연의 오묘한 이치가 있지 않은 것이 없는 것과 같지 않으니, 이것이 이른바 '기가 국한한다'는 것입니다.

기가 발하면 리가 올라탄다는 것은 무엇을 이르는 것이겠습니까. 음이 정靜하고 양이 동動하는 것은 기틀[機][117]이 본래 그러한 것이지 시키는 것이 있는 것이 아닙니다. 양이 동하면 리가 동함에 올라타는 것이지 리가 동하는 것이 아니며, 음이 정하면 리가 정함에 올라타는 것이지 리가 정하는 것이 아닙니다. 그러므로 주자朱子가 "태극이라는 것은 본연의 오묘한 이치고, 동함과 정함이라는 것은 타는 대상(기氣)의 기틀이다."[118]라고 한 것입니다. 음이 정하면 양이 동하는 것은 그 기틀이 본래 그러한 것이고, 음이 정하면 양이 동하게 하는 것[所以]은 리입니다. 그러므로 주자周子(주돈이周敦頤)가 "태극이 동하여 양을 낳고, 정하여 음을 낳는다."[119]라고 한 것입니다.

대체로 이른바 "동하여 양을 낳고, 정하여 음을 낳는다."라는 것은 미연未然(현상으로 드러나기 전)에 바탕을 두고 말한 것이고, "동함과 정함

---

117 기틀 : 영어의 '메커니즘mechanism'과 유사한 말로 기계장치처럼 저절로 일어나는 것, 곧 작용원리나 구조를 의미한다. 기氣 곧 음양이 일동일정一動一靜하는 원리를 말한 것이다.

118 태극이라는……기틀이다 : 주희朱熹,《태극도설해太極圖說解》에 나온다.

119 태극이……낳는다 : 주돈이周敦頤,《태극도설太極圖說》에 나온다.

은 이것이 올라타는 기틀이다."라는 것은 이연已然(현상으로 드러난 후)을 보고 말한 것입니다. 동함과 정함에는 끝이 없고 음과 양에는 시작이 없습니다. 그렇다면 리와 기의 유행은 모두 이연일 뿐, 어찌 미연의 때가 있겠습니까. 이 때문에 천지의 조화와 우리 마음의 발현은 모두 기가 발하면 리가 탄 것 아님이 없습니다. 이른바 "기가 발하면 리가 탄다."는 것은 기가 리보다 앞선다는 말이 아닙니다. 기는 유위고 리는 무위니, 논리상 그 말이 그렇지 않을 수 없다는 것입니다.

　대체로 리에는 한 글자도 보탤 수 없으며, 털끝만큼의 수양修養도 보탤 수 없습니다. 리는 본래 선한데, 어찌 인위적으로 수양할 수 있겠습니까. 성현聖賢의 천 마디 만 마디 말씀은 다만 사람에게 자신의 기를 검속檢束하여 그 기의 본연을 회복하게 할 뿐입니다. 기의 본연이라는 것은 호연지기浩然之氣입니다. 호연지기가 하늘과 땅 사이에 가득 차면 본래 선한 리가 조금도 가려짐이 없으니, 바로 맹자가 '기를 기르라'는 학설이 성문聖門에 공적이 있는 이유입니다. 만약 기가 발하면 리가 타는(작용하는) 하나의 길[氣發理乘一途][120]만 있는 것이 아니라 리 또한 별도로 작용함이 있다면 '리는 무위無爲하다'라고 이를 수 없습니다. 공자

120　기가……길 : 승乘은 단순히 '오르다[陞]'라는 뜻이 아니라 '부리다'·'몰다'라는 가駕의 뜻, 곧 '작용하다'는 뜻도 함께 들어 있다. 따라서 기발리승氣發理乘은 기가 발해야만 리가 그 기를 타고서 작용한다는 말로, 리는 본체로서 최고의 존재 원리기는 하나 형체가 없어 스스로 발하지 못하며 형체가 있는 기만이 발함을 말한 것이고, 일도一途는 하나의 길, 곧 이런 하나의 방식·방향만 있음을 말한 것이다. 리와 기는 기본적으로 서로 뒤섞이지 않고[不相雜] 서로 떨어지지 않는[不相離] 관계다. 이황은 리와 기가 서로 뒤섞이지 않는 측면을 강조하여 리기호발理氣互發을 주장함으로써 리발理發을 인정하였으나, 이이는 리와 기가 서로 떨어지지 않는 측면을 더욱 강조하며 이황의 호발설互發說을 부정하고 기발氣發만 인정한 것이다.

孔子가 무엇 때문에 "사람이 도道를 넓혀 키우는 것이지 도가 사람을 넓혀 키우는 것이 아니다."[121]라고 하였겠습니까. 만약 이 말의 뜻을 간파하면, 기가 발하면 리가 타는 하나의 길이 명백하고 환하게 드러나 '어떤 것은 성명性命의 정심正心에서 근원하고, 어떤 것은 형기形氣의 사심私心에서 생긴다.'는 말과 '사람이 말 가는 대로 맡겨둘지 말이 사람의 뜻을 따를지'라는 말[122]도 두루 통하여 저마다 그 뜻을 다 알 수 있으니, 한번 세밀하게 검토하고 세심하게 생각하여 저의 식견이 천박하다 하여 매번 그 말까지 대수롭지 않다 여기지 마십시오.

'기가 발하면 리가 타는(작용하는) 하나의 길[氣發理乘一途]만 있다.'는 말은 '어떤 것은 성명의 정심에서 근원하고, 어떤 것은 형기의 사심에서 생긴다.'·'사람이 말 가는 대로 맡겨둘지 말이 사람의 뜻을 따를지'라는 말과 모두 통하여 일관할 수 있는데, 우리 형께서 여전히 이 부분을 속속들이 이해하지 못하기 때문에, 오히려 퇴계 이황의 '리와 기가 서로 각각 발하여 안에서 나오고 밖에서 감응하여 먼저 두 가지 조짐[意思]이 있다.'는 말에 대해 다 버리지 못하고 도리어 퇴계의 이 말을 원용援用하여 제 말에 억지로 맞추려 하는 것입니다. 제가 별지別紙에 쓴 의론이 꽤 자세한데, 여전히 형께선 시원하게 확 풀리지 않은 듯합니다.

대체로 '기가 발하면 리가 타는 하나의 길만 있다.'는 말은 근본을 추

---

121 사람이……아니다 :《논어論語》〈위령공衛靈公〉에 나온다. 도는 작용이 없고 사람은 작용할 수 있음을 말한 것이다.

122 어떤……말 : 성명의 정심에 근원하는 것은 도심道心, 형기의 사심에서 생기는 것은 인심人心이다. 또 사람은 도심을, 말은 인심을 비유한다.

구한 논의고, '어떤 것은 성명의 정심에서 근원하고, 어떤 것은 형기의 사심에서 생긴다.'·'사람이 말 가는 대로 맡겨둘지 말이 사람의 뜻을 따를지'라는 말은 흐름을 따른 논의입니다. 지금 형께서 "희로애락이 아직 발현하지 않은 때는 리와 기가 저마다 작용하는 묘맥苗脈(실마리)이 없다."라고 한 것은 바로 제 견해와 부합합니다. 그러나 다만 "성性과 정情 사이에 원래 리와 기 두 가지가 있어서 각자 나온다."라고 한 것은 바로 말이 잘못된 것일 뿐만 아니라 실제 소견이 잘못된 것입니다. 또 "하나의 길[一途]에 대해 그 중요한 쪽을 선택하여 말한 것이다."라고 한 것은 바로 또 제 견해와 부합합니다.

편지 한 장 안에서 어떤 것은 제 견해와 부합하고 어떤 것은 제 견해와 부합하지 않으니, 이것은 비록 당장 소견이 딱 맞아 떨어지지는 않으나 또한 믿음과 의심이 교차하면서 머지않아 반드시 깨우치는 계기[機]를 갖게 될 것입니다. 지금 만약 '기가 발하면 리가 탄다'는 말과 '사람이 말 가는 대로 맡겨둘지 말이 사람의 뜻을 따를지'라는 말을 한 가지 말로 뒤섞을 줄 안다면 모두 하나로 귀납할 것이니, 또 무엇을 의심하겠습니까.

도심은 성명에 근원하나 발하는 것은 기니, 그렇다면 '리가 발한다'고 하는 것은 옳지 않습니다. 인심이든 도심이든 모두 기가 발한 것이지만, 기에는 본연의 리를 순히 따르는 것이 있으니, 그렇다면 기 역시 본연의 기이므로 리가 그 본연의 기를 타서 도심이 되며, 기에는 본연의 리를 이리저리 속이는[變] 것이 있으니, 그렇다면 역시 본연의 기를 이리저리 속이므로 리도 이리저리 속이는 기를 타서 인심이 되어 지나치기도 하고 못 미치기도 합니다. 때로는 막 발하는 초기에 이미 도심이 인심을 재제宰制하여 지나치거나 못 미치지 않게 하기도 하고, 때로는 지나치거나 못 미침이 있은 후라도 도심이 재제하여 중中으로 나아가게 하기도 합니다.

기가 본연의 리를 순히 따르는 것은 참으로 기가 발한 것이지만 기가 리에게 명령을 들으므로 중요한 것이 리에 있어서 '리를 주로 한다[主理]'고 말하며, 기가 본연의 리를 이리저리 속이는 것은 참으로 리에 근원하나 이미 기의 본연이 아니니, 그렇다면 '리에게 명령을 듣는다'고 할 수 없으므로 중요한 것이 기에 있어서 '기를 주로 한다[主氣]'고 말합니다. 기가 명령을 듣고 안 듣고는 모두 기가 하는 것이고, 리는 무위無爲니 '리와 기가 서로 각각 발하여 작용함이 있다'고 할 수 없습니다. 다만 성인聖人은 형기形氣가 리에 명령을 듣지 않음이 없어서 인심도 도심이니 마땅히 이와는 별도로 논의해야지 한 가지 말로 뒤섞어서는 안 됩니다.

또 주자朱子가 "마음[心]의 허령지각虛靈知覺[123]은 하나일 뿐이다. 어떤 것은 성명의 정심에서 근원하고, 어떤 것은 형기의 사심에서 생긴다."[124]라고 하여, 먼저 '마음'이라는 한 글자를 맨 앞에 썼으니, 그렇다면 마음은 기입니다. 어떤 것은 성명의 정심에서 근원하고, 어떤 것은 형기의 사심에서 생기지만 마음의 발현 아님이 없으니, 어찌 기가 발한 것이 아니겠습니까. 마음 안에 있는 리가 바로 성性이고, 마음이 발현하는데 성이 발현하지 않는 이치는 없으니, 어찌 리가 타는 것이 아니겠습니까. 어떤 것은 성명의 정심에서 근원한다는 것은 그 리의 중요한 측면에서

---

123 허령지각 : 역주 93)을 참조하기 바란다.

124 마음의……생긴다 : 〈중용장구서中庸章句序〉에 나온다.

말한 것이고, 어떤 것은 형기의 사심에서 생긴다는 것은 그 기의 중요한 측면에서 말한 것이니, 애당초 리와 기의 두 묘맥苗脈(실마리)이 있는 것이 아닙니다. 글을 지어 사람들을 깨우쳐 주려다 보니 어쩔 수 없이 이렇게 말한 것이지, 배우는 사람이 잘못 보는지 제대로 보는지의 여부는 주자도 미리 짐작한 것이 아닙니다. 이렇게 본다면 '기가 발하면 리가 탄다.'는 말과 '어떤 것은 성명의 정심에서 근원하고, 어떤 것은 형기의 사심에서 생긴다.'는 말이 과연 서로 어긋납니까. 이렇게 분석하여 설명하는데도 견해가 서로 부합하지 않는다면 끝내 서로 부합하지 않을 듯합니다.

퇴계 이황의 '서로 발한다[互發]'는 한 마디의 경우는 표현의 문제가 아닌 것 같습니다. 리와 기가 서로 떨어질 수 없는 오묘한 이치를 깊이 보지 못한 듯합니다. 또 안에서 나오고 밖에서 감응하는 차이를 둔 것이 제 견해와 매우 서로 다른데, 우리 형께서 이를 원용援用하여 제 견해를 이해하려고 하시니, 이것은 제 뜻이 있는 곳을 알지 못한 것일 뿐만 아니라 퇴계의 뜻도 분명하게 알지 못한 것입니다. 대체로 퇴계는 안에서 나오는 것을 도심이라 하고 밖에서 감응하는 것을 인심이라고 하였으나, 저는 인심이든 도심이든 모두 안에서 나오는 것이고 동하는 것은 모두 밖에서 감응하는 것에서 유래한다고 생각하니, 과연 서로 부합하는 것이라 하여 이를 원용해 제 견해를 이해할 수 있겠습니까. 퇴계의 원론[125] 및 제 전후의 편지를 다시 보고 그 뜻을 찾아보는 것이

---

125 퇴계의 원론 : 이 편지 바로 앞 성혼의 편지에 인용된 《퇴계집退溪集》권16 〈답기명언答奇明彦【논사단칠정論四端七情 제이서第二書】〉의 한 단락을 가리킨다. 그 내용은 다음과 같다.

어떻겠습니까.

　성과 정은 본래 리와 기가 서로 각각 발하는 이치가 없습니다. 대체로 '성이 발하여 정이 된다.'·'단지 기가 발하면 리가 탄다.' 같은 말은 제가 근거 없이 도출導出한 것이 아니라 바로 선유先儒의 뜻입니다. 다만 선유가 자세히 말하지 않아 제가 그 요지를 부연한 것일 뿐입니다. 천지에 내세워도 천지의 도리를 거스르지 않고 후세의 성인聖人을 기다려 질정해도 후세의 성인이 의혹하지 않을 것임은 결단코 의심의 여지가 없습니다. 선유의 뜻은 어디에서 볼 수 있을까요. 주자朱子가 말하지 않

　나(이황)는 다음과 같이 생각한다. 하늘과 땅, 사람과 사물상에서 보면 리는 기 밖에 있는 것이 아닌데도 분별하여 말할 수 있다. 그렇다면 성이나 정에 있어서도 아무리 리가 기 안에 있고 성이 기질氣質 안에 있다 하더라도 어찌 분별하여 말할 수 없겠는가. 대체로 사람의 한 몸은 리와 기가 합하여 생겼으므로, 리와 기 두 가지가 서로 발하여 작용함이 있고, 그 발할 때 또 서로 필요로 하는 것이다. 서로 발하면 각각 주가 되는 것이 있음을 알 수 있고, 서로 필요로 하면 서로 그 안에 있음을 알 수 있다. 서로 그 안에 있으므로 뭉뚱그려 말하는 것도 본래 있고, 각각 주가 되는 것이 있으므로 분별하여 말해도 안 될 것이 없다.
　성을 논할 경우, 리가 기 안에 있는데도 자사와 맹자는 본연지성을 지적해 내었고, 정자程子와 장자張子(장재張載)는 기질지성을 지적해 의론하였다. 정을 논할 경우, 성이 기질 안에 있더라도 각각 발한 것에 따라 사단과 칠정의 유래(연원)를 분별할 수 없겠는가. 리와 기를 겸하고 선과 악을 갖고 있는 것은 정뿐만이 아니라 성도 그러하다. 그런데 어찌 이것을 분별할 수 없는 증거로 삼을 수 있겠는가.【리가 기 안에 있는 것을 따라 말하였기 때문에 '성도 그러하다.'라고 한 것이다.】
　滉謂就天地人物上看, 亦非理在氣外, 猶可以分別言之, 則於性於情, 雖曰理在氣中, 性在氣質, 豈不可分別言之. 蓋人之一身, 理與氣合而生, 故二者互有發用, 而其發又相須也. 互發則各有所主可知, 相須則互在其中可知. 互在其中, 故渾淪言之者固有之, 各有所主, 故分別言之, 而無不可. 論性而理在氣中, 思·孟猶指出本然之性, 程·張猶指論氣質之性. 論情而性在氣質, 獨不可各就所發而分四端七情之所從來乎. 兼理氣有善惡, 非但情爾, 性亦然矣. 然安得以是爲不可分之驗耶【從理在氣中處言, 故云性亦然矣.】

았습니까. "기질지성은 다만 이 성이 【여기의 '성'자는 본연지성本然之性입니다.】 기질 안에 떨어져 있으므로, 기질을 따라 저절로 하나의 성이 된다.【여기의 '성'자는 기질지성氣質之性입니다.】"[126]라고. 정자程子(정호程顥)는 "성이 곧 기고, 기가 곧 성이니, 태어난 이후[生]를 이른다."[127]라고 하였습니다. 이 측면에서 보면 기질지성과 본연지성은 결코 두 개의 성이 아닙니다. 다만 기질상의 측면에서 그 리를 단독으로 가리킬 경우는 '본연지성'이라 하고, 리와 기를 합하여 이름을 붙일 경우는 '기질지성'이라고 한 것입니다. 성이 이미 하나인데, 정에 어찌 두 갈래의 근원이 있겠습니까. 어쨌든[128] 두 가지 성이 있어야 비로소 두 가지 정이 있는 것입니다. 만약 퇴계의 말과 같다면 본연지성은 동쪽에 있고 기질지성은 서쪽에 있어서, 동쪽에서 나오는 것은 도심이라 하고 서쪽에서 나오는 것은 인심이라 하는 격이니, 이것이 어찌 이치겠습니까. 만약 '성이 하나'라고 한다면 또 '성에서 나오는 것은 도심이라 하고 성이 없는데도 저절로 나오는 것은 인심이다.'라고 해야 하니, 이 또한 이치겠습니까. 말이 이치에 맞지 않으면 일이 이루어지지 않는 법이니, 이 부분을 반복하여 잘 생각해 보기를 간절히 바랍니다.

---

126 기질지성은……된다 : 《회암선생주문공문집晦庵先生朱文公文集》 권58 〈서書 답서자융答徐子融〉에 나온다.

127 성이……이른다 : 《이정유서二程遺書》 권1 〈단백전사설端伯傳師說〉에 나온다.

128 어쨌든 : 원문은 '除是'다. 《어록해語錄解》에는 '除非·須是·只是와 같으니, 그러티 아니커든 말라, 일란말고, 이리마다라는 말'이라고 하였고, 《근사록집해近思錄集解》 소주小注에서 구봉龜峯은 "제비除非·제시除是는 같은 말이다. 옳든 그르든 제쳐놓고 이 일을 함을 이른다.[除非·除是, 同一語意也. 除他曰非曰是, 只爲此事之謂也.]"라고 하였으니, 제시除是는 '아무래도', '어쨌든', '여러 말 할 것 없이', '옳다 하든 그르다 하든 개의치 않고 이 일을 함'을 이른다.

지난날 〈인심도심도설人心道心圖說〉 가운데의 말은 전대 성인聖人이 드러내 밝히지 못한 것을 확충하였다고 한 것이 아닙니다. 그 그림 및 이른바 "인仁에 근원하나 도리어 인을 해친다." 같은 말은 비록 선현의 뜻이지만 이를 분명하게 말한 사람이 없으니, 식견이 얕은 사람은 반드시 선현의 학설을 위반한다고 의심할 것입니다. 그러므로 그렇게 말한 것입니다. 말로 본의本意를 해치지 않는 것이 어떻겠습니까.

答成浩原

理氣元不相離, 似是一物, 而其所以異者, 理無形也, 氣有形也; 理無爲也, 氣有爲也. 無形無爲而爲有形有爲之主者, 理也; 有形有爲而爲無形無爲之器者, 氣也. 理無形而氣有形, 故理通而氣局; 理無爲而氣有爲, 故氣發而理乘.

理通者, 何謂也? 理者, 無本末也, 無先後也. 無本末無先後, 故未應不是先, 已應不是後.【程子說.】是故乘氣流行, 參差不齊, 而其本然之妙, 無乎不在. 氣之偏則理亦偏, 而所偏非理也, 氣也; 氣之全則理亦全, 而所全非理也, 氣也. 至於淸濁粹駁, 糟粕煨燼, 糞壤汚穢之中, 理無所不在, 各爲其性, 而其本然之妙, 則不害其自若也. 此之謂理之通也.

氣局者, 何謂也? 氣已涉形迹, 故有本末也, 有先後也. 氣之本則湛一淸虛而已, 曷嘗有糟粕煨燼, 糞壤汚穢之氣哉? 惟其升降飛揚, 未嘗止息, 故參差不齊而萬變生焉. 於是氣之流行也, 有不失其本然者, 有失其本然者, 旣失其本然, 則氣之本然者, 已無所在. 偏者, 偏氣也, 非全氣; 淸者, 淸氣也, 非濁氣也; 糟粕煨燼, 糟粕煨燼之氣也, 非湛一淸虛之氣也. 非若理之於萬物, 本然之妙, 無乎不在也, 此所謂氣之局也.

氣發而理乘者, 何謂也? 陰靜陽動, 機自爾也, 非有使之者也. 陽之動則理乘於動, 非理動也; 陰之靜則理乘於靜, 非理靜也. 故朱子曰: "太極者, 本然之妙也; 動靜者, 所乘之機也." 陰靜陽動, 其機自爾, 而其所以陰靜陽動者, 理也. 故周子曰: "太極動而生陽, 靜而生陰."

夫所謂動而生陽, 靜而生陰者, 原其未然而言也; 動靜所乘之機者, 見其已然而言也. 動靜無端, 陰陽無始, 則理氣之流行, 皆已然而已, 安有未然之時乎? 是故天地之化, 吾心之發, 無非氣發而理乘之也. 所謂氣發理乘者, 非氣先於理也. 氣有爲而理無爲, 則其言不得不爾也.

夫理上, 不可加一字, 不可加一毫修爲之力. 理本善也, 何可修爲乎? 聖賢之千言萬言, 只使人檢束其氣, 使復其氣之本然而已. 氣之本然者, 浩然之氣也. 浩然之氣, 充塞天地, 則本善之理, 無少掩蔽, 此孟子養氣之論, 所以有功於聖門也. 若非氣發理乘一途, 而理亦別有作用, 則不可謂理無爲也. 孔子何以曰"人能弘道, 非道弘人"乎? 如是看破, 則氣發理乘一途, 明白坦然, 而或原或生·人信馬足馬順人意之說, 亦得旁通而各極其趣, 試細玩詳思, 勿以其人之淺淺而輒輕其言也.

氣發理乘一途之說, 與或原或生·人信馬足馬從人意之說, 皆可通貫, 吾兄尙於此處未透. 故猶於退溪理氣互發, 內出外感, 先有兩箇意思之說, 未能盡捨, 而反欲援退溪此說, 附于珥說也. 別幅議論頗詳, 猶恐兄未能渙然釋然也.

蓋氣發理乘一途之說, 推本之論也; 或原或生·人信馬足馬從人意之說, 沿流之論也. 今兄曰: "其未發也, 無理氣各用之苗脈." 此則合於鄙見矣. 但謂性情之間, 元有理氣兩物, 各自出來, 則此非但言語之失, 實是所見差誤也. 又曰: "就一途而取其重而言." 此則又合於鄙見.

一書之內, 乍合乍離, 此雖所見之不的, 亦將信將疑, 而將有覺悟之機也. 今若知氣發理乘與人信馬足·馬從人意, 滾爲一說, 則同歸于一, 又何疑哉?

道心原於性命, 而發者氣也, 則謂之理發不可也. 人心道心, 俱是氣發, 而氣有順乎本然之理者, 則氣亦是本然之氣也, 故理乘其本然之氣而爲道心焉; 氣有變乎本然之理者, 則亦變乎本然之氣也, 故理亦乘其所變之氣而爲人心, 而或過或不及焉. 或於纔發之初, 已有道心宰制, 而不使之過不及者焉, 或於有過有不及之後, 道心亦宰制而使趨於中者焉.

氣順乎本然之理者, 固是氣發, 而氣聽命於理, 故所重在理而以主理言; 氣變乎本然之理者, 固是原於理, 而已非氣之本然, 則不可謂聽命於理也, 故所重在氣而以主氣言. 氣之聽命與否, 皆氣之所爲也, 理則無爲也, 不可謂互有發用也. 但聖人形氣, 無非聽命於理, 而人心亦道心, 則當別作議論, 不可滾爲一說也.

且朱子曰: "心之虛靈知覺, 一而已矣. 或原於性命之正, 或生於形氣之私." 先下一心字在前, 則心是氣也. 或原或生而無非心之發, 則豈非氣發耶? 心中所有之理, 乃性也, 未有心發而性不發之理, 則豈非理乘乎? 或原者, 以其理之所重而言也; 或生者, 以其氣之所重而言也, 非當初有理氣二苗脈也. 立言曉人, 不得已如此, 而學者之誤見與否, 亦非朱子所預料也. 如是觀之, 則氣發理乘與或原或生之說, 果相違忤乎? 如是辨說而猶不合, 則恐其終不能相合也.

若退溪互發二字, 則似非下語之失. 恐不能深見理氣不相離之妙也. 又有內出外感之異, 與鄙見大相不同, 而吾兄欲援而就之, 此不特不知鄙意之所在也, 又不能灼見退溪之意也. 蓋退溪則以內出爲道心, 以外感爲人心, 珥則以爲人心道心皆內出, 而其動也皆由於外感也, 是果相合而可援而就之耶? 須將退溪元論及珥前後之書, 更觀而求其意何如?

性情, 本無理氣互發之理. 凡性發爲情·只是氣發而理乘等之言, 非珥杜撰得出, 乃先儒之意也. 特未詳言之, 而珥但敷衍其旨耳. 建天地而不悖, 竢後聖而不惑者, 決然無疑. 何處見得先儒之意乎? 朱子不云乎: "氣質之性, 只是此性,【此性字, 本然之性也.】墮在氣質之中, 故隨氣質而自爲一性.【此性字, 氣質之性.】" 程子曰: "性卽氣, 氣卽性, 生之謂也." 以此觀之, 氣質之性, 本然之性, 決非二性. 特就氣質上, 單指其理曰本然之性, 合理氣而命之曰氣質之性耳. 性旣一則情豈二源乎? 除是, 有二性然後方有二情耳. 若如退溪之說, 則本然之性在東, 氣質之性在西, 自東而出者謂之道心, 自西而出者謂之人心, 此豈理耶? 若曰性一, 則又將以爲自性而出者謂之道心, 無性而自出者謂之人心, 此亦理耶? 言不順則事不成, 此處切望反覆商量.

前日<圖說>中之言, 非以爲擴前聖所未發也. 其圖及所謂原於仁而反害仁等之說, 雖是先賢之意, 無明言之者, 淺見者必疑其畔先賢之說, 故云云耳. 不以辭害意何如?

15. 호원 성혼에게 답한 편지 –10[129]

○ 보편적 원리 또는 우주의 근원이라 할 수 있는 리는 하나지만 그 리가 만물에 부여되어 있다는 리일분수理一分殊와 리는 통하고 기는 국한한다는 리통기국理通氣局의 리일·리통을 다시 설명한 편지다.

---

129 《율곡전서栗谷全書》권10 〈서書2 답성호원答成浩原〉

말라 죽은 나무에는 말라 죽은 나무의 기氣가 있고, 불이 꺼진 재에는 불이 꺼진 재의 기가 있는 것이니, 천하에 어찌 형체만 있고 기가 없는 물체가 있겠습니까. 다만 이미 말라 죽은 나무나 불이 꺼진 재의 기가 되면 다시는 살아 있는 나무나 살아 있는 불의 기가 아니기 때문에 생기生氣가 이미 끊어져 유행하지 못하는 것입니다. 리理가 기를 타는 측면에서 말하면 리가 말라 죽은 나무나 불이 꺼진 재에 있는 것은 본래 기에 국한하여 저마다 한 개체의 리가 되지만, 리 본체의 측면에서 말하면 리가 아무리 말라 죽은 나무나 불이 꺼진 재에 있어도 그 본체의 혼연渾然한 것은 본래 그대로입니다. 이 때문에 말라 죽은 나무나 불이 꺼진 재의 기는 살아 있는 나무나 살아 있는 불의 기가 아니지만, 말라 죽은 나무나 불이 꺼진 재의 리는 곧 살아 있는 나무나 살아 있는 불의 리입니다.

오직 그 리가 기를 타면 한 물체(개체)에 국한하므로 주자朱子가 "리는 절대 같지 않다."[130]라고 한 것이며, 오직 그 리가 아무리 기에 국한한다 하더라도 리의 본체는 그대로기 때문에 주자가 "리는 리대로 기는 기대로여서 서로 뒤섞이지 않는다."[131]라고 한 것입니다. 물체에 국한한 것은 기가 국한한 것이고, 리는 리대로여서 기와 서로 뒤섞이지 않는 것은 리가 통한 것입니다. 지금 형께서는 다만 리가 잘게 분산한 것이 기에 국한하여 저마다 하나의 리가 된 것만 보고 혼연일체渾然一體한 리는 아무

---

130 리는…않다 : 《회암선생주문공문집晦庵先生朱文公文集》 권46 〈서書 답황상백答黃商伯〉에 나온다.

131 리는……않는다 : 《회암선생주문공문집晦庵先生朱文公文集》 권46 〈서書 답유숙문答劉叔文〉에 "기는 기대로 성은 성대로여서 또한 서로 뒤섞이지 않는다.[氣自氣性自性, 亦自不相夾雜.]"라는 말이 있다.

리 기에 있어도 통하지 않는 것이 없음을 보지 못하였으니, 일관一貫의 뜻[132]에 어찌 겹겹이 세운 관문과 겹쳐 있는 산봉우리로 막힌 것처럼 멀 뿐이겠습니까.

순자荀子(이름은 황況. 중국 전국시대 말기의 유학자)와 양자揚子(이름은 웅雄. 전한前漢 말기의 학자)는 한갓 잘게 분산한 리가 저마다 한 물체에 있는 것만 보고 리의 본체를 보지 못하였기 때문에 '성이 악하다.'·'성에 는 선과 악이 뒤섞여 있다.'는 말을 한 것이며, 맹자는 단지 리의 본체만 거론하고 미처 리가 기를 탄다는 말은 하지 못하였기 때문에 고자告子 를 설복說服시키지 못한 것입니다. 그러므로 정자程子(정호程顥)가 "성만 논하고 기를 논하지 않으면 다 갖추지 못하고, 기만 논하고 성을 논하지 않으면 분명하지 못하다. 그러나 성과 기를 둘로 나누면 옳지 않다."[133] 라고 하였는데, 지금 형의 소견은 기만 논하고 성을 논하지 않아 순자와 양웅이 저지른 오류에 빠져 있습니다. 분명하지 못한 것보다는 차라리 다 갖추지 못한 것이 낫지 않겠습니까. 도리는 보기 어렵기 때문에 일변 一邊에 집착하는 것을 가장 꺼립니다. 이 말을 보고도 견해가 부합하지 않는다면 우선 각자 이해한 것을 따르되 다시 논변하지 말고 공부를 더 한 뒤에 다시 논변하는 것이 어떻겠습니까.

---

132 일관의 뜻 : 일관은 공자가 증자에게 "나의 도는 하나의 이치로 만사의 이치를 꿰 고 있다.[吾道一以貫之.]"라고 한 말에서 기원한다.《논어論語》〈이인里仁〉) 여기서 는 이이가 주장하는 리일분수理一分殊와 리통기국理通氣局의 리일·리통을 가리 킨다.

133 성만……않다 :《이정유서二程遺書》권6에 나온다.

答成浩原

枯木有枯木之氣, 死灰有死灰之氣, 天下安有有形無氣之物乎? 只是既爲枯木死灰之氣, 則非復生木活火之氣, 生氣已斷, 不能流行爾. 以理之乘氣而言, 則理之在枯木死灰者, 固局於氣而各爲一理, 以理之本體言, 則雖在枯木死灰, 而其本體之渾然者, 固自若也. 是故枯木死灰之氣, 非生木活火之氣, 而枯木死灰之理, 卽生木活火之理也.

惟其理之乘氣而局於一物, 故朱子曰: "理絶不同." 惟其理之雖局於氣, 而本體自如, 故朱子曰: "理自理氣自氣, 不相挾雜." 局於物者, 氣之局也; 理自理, 不相挾雜者, 理之通也. 今兄只見理之零零碎碎者, 局於氣而各爲一理, 不見渾然一體之理, 雖在於氣, 而無所不通, 其於一貫之旨, 何翅隔重關複嶺哉?

荀·揚徒見零碎之理各在一物, 而不見本體, 故有性惡善惡混之說, 孟子只擧本體而不及乘氣之說, 故不能折服告子. 故曰: "論性不論氣, 不備; 論氣不論性, 不明. 二之則不是." 今兄所見, 只論氣而不論性, 陷於荀·揚矣. 與其不明, 曷若不備之爲愈乎? 道理難看, 最忌執著一邊. 見此言而猶不合, 則姑且各尊所知, 不復論辨, 以待積功後, 更辨如何耳?

16. 호원 성혼에게 답한 편지 −11[134]

○ 성현聖賢의 글을 보는 것에 세 층層이 있는데, 가장 아래는 남의 말만
듣고 따르는 것이고, 중간은 바라보기만 하는 것이고, 맨 위는 그 경지에
올라 직접 보는 것이다. 직접 성현의 경지에 올라 성현의 말씀을 몸소 실
천하여야 '참으로 안다'고 할 수 있음을, 산을 비유로 들어 설명하고 있다.
또한 학문은 함부로 스스로 터득한 자신의 설을 내세우려는 태도보다는
성현의 말씀을 그대로 따르려는 태도가 더 나음을 아울러 말하였다.

---

134 《율곡전서栗谷全書》권10 〈서書2 답성호원答成浩原〉

사람이 성현聖賢의 글을 보는 것에 세 층層이 있습니다. 성현의 글을 읽고 그 명목名目(표방하는 내용)을 이해하는 것이 한 층이요, 성현의 글을 읽고 그 명목을 이해한 뒤에 또 깊이 생각하고 정밀하게 살펴 시원하게 거듭[135] 그 명목의 이치가 분명하게 마음 안[心目之間]에 있음을 깨달아 성현의 말씀이 과연 나를 속이지 않음을 아는 것이 또 한 층입니다. 다만 이 한 층에는 층차層差가 매우 많이 있습니다. 그 한 부분만 깨달은 이도 있고, 그 전체를 깨달은 이도 있으며, 전체 가운데에도 그 깨달음이 얕은 이와 깊은 이가 있습니다. 요컨대 입으로 소리 내어 읽거나 눈으로 조용히 보는 종류가 아니라 마음에 깨달은 것이 있기 때문에 모두 하나의 층으로 합친 것입니다. 명목의 이치가 분명하게 마음 안에 있음을 깨달은 뒤에 또 참으로 힘써 실천하여 자신이 아는 것을 실증하고[實], 그 지극한 데에 미쳐서는 직접 성현의 경지에 올라 몸소 그 일을 하여 한갓 눈으로 성현의 글만 볼 뿐만이 아닐 것이니, 이와 같이 한 뒤라야 '참으로 안다'라고 할 수 있을 것입니다. 가장 아래의 한 층은 남의 말만 듣고 따르는 것이요, 중간의 한 층은 바라보기만 하는 것이요, 맨 위의 한 층은 그 경지에 올라 직접 보는 것입니다.

비유하면 여기에 높은 산 하나가 있는데 산 정상頂上의 경치가 매우 뛰어나 절묘함을 말로 다 표현할 수 없을 경우, 어떤 사람은 그 산이 있는 곳도 모르고 한갓 남의 말만 듣고 그 산의 아름다움을 믿기 때문에 남이 산 정상에 물이 있다고 말하면 이 사람도 마찬가지로 물이 있다고 하며, 남이 산 정상에 돌이 있다고 말하면 이 사람도 마찬가지로 돌이

---

135 거듭 : 원문은 '有'다. 앞에 '又'가 있기 때문에 글자를 바꿔 '有'로 표현한 것이다. 뜻은 又와 같다.

있다고 하는 것과 같습니다. 자신이 직접 보지 못하고 남의 말만 따르면 다른 사람이 또 물도 없고 돌도 없다고 하여도 그것이 참인지 거짓인지 분간할 수 없을 것입니다.

사람의 말은 하나가 아닌데 나의 소견이 정해져 있지 않으면 사람을 골라 그의 말을 따르지 않을 수 없습니다. 믿을 만한 사람이라면 그의 말도 믿을 만할 것입니다. 성현의 말씀은 반드시 믿을 만하기 때문에 이를 따르면 도리에 어긋나지 않을 것입니다. 그러나 다만 성현의 말씀을 따라도 그 본의本意가 있는 곳을 알지 못하기 때문에 어떤 사람이 간혹 믿을 만한 사람(성현)의 말씀을 잘못 전달하여도 따르지 않을 수 없을 것입니다. 지금의 학자가 도道에 대해 보는 것도 이와 같습니다. 한갓 성현의 말씀을 뒤쫓기만 하고 그 본의를 알지 못하기 때문에 그 본지本旨를 잃는 자가 있기도 하고, 기록의 오류를 알고도 오히려 억지로 끌어다 대며 따르는 자가 있기도 합니다. 자기가 직접 보지 못하였기 때문에 그 형세가 이와 같지 않을 수 없는 것입니다.

어떤 사람은 다른 사람의 지도指導를 계기로 그 산이 있는 곳을 알고 고개를 들어 바라보기 때문에 산 정상에 매우 절묘한 경치가 가리는 것 없이 눈에 가득한 것입니다. 이미 자기가 직접 바라보았는데 다른 사람이 잘못 전달한다 한들 어찌 동요될 수 있겠습니까. 그래서 그 매우 절묘한 경치를 즐거워하여 반드시 몸소 그 장소에 이르고자 산 정상에 올라가려 하는 이가 있고, 또 그 경치를 바라본 뒤에 스스로 즐겁게 여기고 다른 사람이 그 경치를 직접 바라보지 않고 남의 말에 이리저리 휩쓸리는 모습을 내려다보며 자기도 모르게 손뼉을 치며 크게 웃고는 바라보는 것만으로 만족하고 산에 올라가려 하지 않는 이가 있습니다. 산 정상을 바라보는 사람 가운데도 차이가 있습니다. 산의 동쪽에서 동쪽 방면만 본 이도 있고, 서쪽에서 서쪽 방면만 본 이도 있으며, 방위에 구애되지 않고 그 전체를 본 이도 있습니다. 비록 부분과 전체의 차이는 있으나 모두 직접 본 것입니다. 직접 보지 못하고 남의 말만 따르는 저 사람들은 비록 전체를 잘 설명한다 하더라도 자기의 말이 아니라 마치 앵무새가 사람의 말을 전달하는 것과 같습니다. 그렇다면 어찌 한쪽 방면만 바라본 이의 마음을 설복說服시킬 수 있겠습니까. 또 어떤 사람은 매우 절묘한 경치를 바라본 뒤에 한없이 즐거워하여 옷을 걷어붙이고 성큼성큼 걸어 부지런히 산을 오르지만, 짐은 무겁고 길은 먼 데다가 힘이 부쳐 그 산 정상까지 다 올라가는 사람은 드뭅니다. 산 정상까지 다 오른 뒤에는 매우 절묘한 경치가 모두 내 것이 되니, 또 멀리서 바라보는 데에 비할 것이 아닙니다. 그러나 산 정상에 이르는 것 중에도 차이가 있습니다. 산의 동쪽 방면을 바라보고 동쪽 방면으로 오른 이도 있으며, 산의 서쪽 방면을 바라보고 서쪽 방면으로 오른 이도 있으며, 산의 전체를 바라보고 구석구석 이르지 않은 곳이 없는 이도 있습니다. 한쪽 방면으로 오른 이는 비록 산 정상까지 다 올랐다 하더라도 산에 오르는 지극한 공은 되지 못합니다.

대체로 이 세 층이 있지만 그 중간 층의 곡절은 낱낱이 헤아릴 수 없으니, 먼저 그 산이 있는 곳을 알아 멀리서 바라보지는 못하였더라도 끊임없이 산을 올라 일단[136] 산 정상에 이르면 발과 눈이 함께 이르러 곧바로 자기 것이 되는 이도 있으며【증자曾子의 부류】, 또 그 산이 있는 곳

---

136 일단 : 원문은 '一朝'니, '만일'·'만일에 한번'이라는 뜻이다. '조朝'는 이성계李成桂 등극 후 개명改名한 '단旦'을 피휘避諱한 글자로 보아도 무방하다.

을 알지 못하고 우연히 산 길을 가다가 비록 산을 오를 수 있었으나 원래 산이 있는 줄 알지 못하고 또 산 정상을 바라보지 못하였기 때문에 끝내 산 정상에 이르지 못한 이도 있습니다[온국공溫國公 사마광司馬光의 부류]. 이와 같은 부류를 어찌 다 예例로 들 수 있겠습니까. 이것으로 비유하면 지금의 학자는 대체로 남의 말을 따르는 사람입니다. 비록 말에는 흠이 없으나 남의 것을 그대로 모방하는 것에 불과할 뿐입니다. 그러나 남의 것을 그대로 모방하는 가운데 말에 흠이 없는 사람도 많이 볼 수 없으니, 더욱 한탄스럽습니다.

예컨대 공자孔子 문하의 제자와 정자程子·주자朱子 문하의 제자 가운데 타고난 기질氣質과 습성習性[根機]이 온전하지 않고 깊지 않은 자는 모두 한쪽 방면만 바라본 자입니다. 증점曾點은 전체를 바라보고서 이를 즐거워하였으나 산을 오르려 하지 않았기 때문에, 진취적(뜻만 지극히 높고 행동이 따르지 못하는 것)이기만 한 데에서 끝마쳤을 뿐입니다. 증점의 학문은 인욕人欲이 다 없어진 곳에 천리天理가 유행하여, 어느 곳이든 천리가 충만하여 결점이 없음을 보았으니, 가슴 속의 즐거움이 어떠하였겠습니까. 여러 학자가 한갓 한쪽 방면만 보고 융통성 없이 일의 말단에만 얽매이는 것을 내려다보고, 아마 손뼉을 치며 크게 웃지 않았겠습니까. 아무리 그렇다 하더라도 이것을 즐거워만 할 뿐, 공손한 마음가짐으로 산을 오르는 공부가 전혀 없어서 조심스럽게 자신을 단속하는 행실이 도리어 여러 학자가 몸가짐을 삼가고 조심하는 것만 못하였으니, 본 것이 어찌 자기 것이 될 수 있겠습니까. 안자顔子·증자曾子·자사子思·맹자孟子·주자周子(주돈이周敦頤)·장자張子(장재張載)·정자程子(정호程顥·정이程頤 형제)·주자朱子 같은 이는 멀리서 바라보는 데에 그치지 않고 몸소 그 장소에 이른 자입니다. 주자는 60세 때 비로소 "나는 올해에서야 의심이 없게 되었다."[137]라고 하였으니 바로 몸소 그 경지를 보았다는 것이고, 맹자의 이른바 '스스로 터득하였다.[自得]'[138]라는 것도 이 경지를 가리킨 것입니다. 그 가운데 안자와 명도明道(정호의 호號)는 공부하기가 매우 쉬웠으니, 비유하면 사람이 사는 곳이 산 정상과 거리가 본래 멀지 않으므로 눈을 들어 바라보고 발을 옮기면 애쓰지 않아도 이르는 것과 같습니다.

성인聖人의 경우 본래 산 정상에 있는 자입니다. 비록 본래 산 정상에 있다 하더라도 산 정상의 무궁무진한 절묘한 경치는 직접 두루 살펴보지 않으면 안 되기 때문에, 비록 태어나면서 저절로 알고 편안하게 실천하는 공자로서도 예악禮樂과 명물名物·제기制器와 도수度數 같은 것은 반드시 남에게 물은 뒤에야 안 것입니다. 백이伯夷와 유하혜柳下惠(춘추시대 노魯나라의 현자) 무리의 경우 비록 그 산 정상에 다 올랐다 하더라도 저마다 한쪽 방면에만 머물러 전체를 자기 것으로 만들지 못한 자요, 이단異端의 경우 이들의 이른바 '산 정상'이라는 것은 이 산이 아니라 별도로 다른 산을 두고 그 산 정상에 경악할 만한 것을 둡니다. 가시

---

137 나는……되었다 : 《주자어류朱子語類》 권104 〈주자朱子1 자논위학공부自論爲學工夫〉에 "나는 올해에서야 의심이 없어졌음을 깨달았다.[某覺得今年方無疑.【伯羽】]"라는 말이 있다.

138 스스로 터득하였다 : 《맹자孟子》 〈이루離婁 하下〉에 "군자가 도로써 힘껏 나아감은 스스로 터득하고자 해서다. 스스로 터득하면 거처함이 편안하고, 거처함이 편안하면 이용함이 많고, 이용함이 많으면 곁에서 취함에 그 근원을 만나게 된다. 그러므로 군자는 스스로 터득하고자 하는 것이다.[君子深造之以道, 欲其自得之也. 自得之, 則居之安, 居之安, 則資之深, 資之深, 則取之左右, 逢其原, 故君子欲其自得之也.]"라는 말이 있다.

덤불이 길을 막고 있어도 이단의 말에 홀려 정신을 못 차리는 사람들이 이렇게나 따라가니, 또한 슬프지 않습니까. 사람이 이 산을 바라보지 못하고 한갓 남의 말만 믿을 경우, 만약 상대방이 다른 산을 가리켜 이 산이라고 할 때 그 사람이 평소 믿고 소중히 여기는 자라면 반드시 옷을 걷어붙이고 가시덤불을 건너 따라갈 것이니, 어찌 더욱 슬퍼할 만하지 않겠습니까. 만약 바라보는 자일 경우 어찌 이러한 걱정이 있겠습니까. 다만 한쪽 방면을 바라보는 자는 보는 것이 온전하지 않기 때문에, 아무리 본래 이단에 홀리지 않았다 하더라도 말하는 가운데 혹시라도 어긋날 경우 도리어 다른 사람을 그르칠 것이니, 가시덤불길을 건너가는 자를 부추기지 않는다고 기필할 수 없습니다. 이러한 점은 더욱 눈을 부릅뜨고 과감하게 말을 극진히 하여 분명하게 변별하지 않을 수 없습니다.

요사이 정암整菴 나흠순羅欽順·퇴계 이황·화담 서경덕 세 선생의 학설을 살펴보니, 정암이 가장 뛰어나고 퇴계가 그 다음이며 화담이 또 그 다음인데, 그 가운데 정암과 화담은 스스로 터득한 맛이 많고, 퇴계는 그대로 따른 맛이 많았습니다.【한결같이 주자의 학설을 따랐습니다.】

정암은 전체를 바라보았으나 전부 다 명확하게 알지 못한 점이 조금 있고, 게다가 주자를 굳게 믿어 그의 본의를 정확하게 보진 못하였으나 기질氣質이 남달리 뛰어나고 출중하기 때문에 말 가운데 간혹 타당하지 않은 것도 있습니다. 바로 '리와 기를 한 가지로 보는 것'에 관련한 흠인데 실제로는 리와 기를 한 가지라고 여긴 것이 아니라 소견이 전부 다 명확하지 못하므로 말이 간혹 지나쳤을 뿐입니다.

퇴계는 주자를 굳게 믿어 그의 본의를 힘껏 찾았으며 기질까지 세심하고 주도면밀하여 공부한 것도 깊었으니 주자의 본의에 부합하지 않는다고 이를 수도 없고, 전체에 대해서 본 것이 없다고 이를 수도 없습니다. 그러나 확 트여 관통한 경지에는 여전히 이르지 못한 면이 있습니다. 그러므로 견해가 명확하지 못한 점이 있고 말이 간혹 조금씩 어긋난 것입니다. 바로 '리와 기가 서로 발한다.[理氣互發]'는 말과 '리가 발하면 기가 따른다.[理發氣隨]'는 말이 도리어 두드러지게 드러나는 흠[139]입니다.

화담은 총명함이 남보다 뛰어나나 심덕心德이 두텁고 태도가 진중하지 못하여 글을 읽고 이치를 궁구할 때 글자에만 얽매이지 않고 자기의 생각을 사용한 것이 많습니다. 총명함이 남보다 뛰어나기 때문에 이치를 아는 것은 어렵지 않았으나 심덕이 두텁고 태도가 진중하지 못하기 때문에 터득한 것이 적은데도 충분하다고 여겼습니다. 리와 기가 서로 떨어질 수 없는 오묘한 곳에 대해 명백하게 직접 보아, 다른 사람이 글을 읽고 그대로 따르는 것에 비할 것이 아니었기 때문에, 곧 지극한 즐거움으로 삼아 "티 없이 순일하고 맑게 텅 빈 기(본연의 기)는 어떤 사물이든 있지 않은 데가 없다."[140]라고 하고서 "여러 성인聖人이 다 전하지 못한 묘리妙理를 터득하였다."[141]라고 자신하였습니다. 그러나 그 위에 다시 '리는 통하고 기는 국한한다.[理通氣局]'는 한 마디가 있어서 '도

---

139 두드러지게 드러나는 흠 : 원문은 '知見之累'다. 지견知見은 '눈에 띄다', '보이다', '겉으로 두드러지게 드러나다'라는 뜻이다. 이황이 핵심으로 주장한 '리기호발理氣互發', '리발기수理發氣隨'라는 말이 딱 눈에 띄는 결점 또는 흠이라는 말이다.

140 티 없이⋯⋯없다 : 서경덕徐敬德,《화담집花潭集》권2〈원리기原理氣〉에 나온다.

141 여러⋯⋯터득하였다 : 서경덕徐敬德,《화담집花潭集》권2〈귀신사생론鬼神死生論〉에 나온다.

를 발현하여 만물을 화육化育하며 각 개체가 도를 본성으로 갖추고 있는'[142] 리는 어떤 사물이든 있지 않은 데가 없고, 티 없이 순일하고 맑게 텅 빈 기는 없는 데가 많이 있음을 전혀 알지 못하였습니다. 리는 변함이 없으나 기는 변함이 있습니다. 원기元氣가 쉼 없이 생성되어, 가는 것은 지나가고 오는 것은 그 뒤를 이으므로 이미 지나간 기는 진작에 있는 곳이 없습니다. 그런데 화담은 "하나의 기가 영원히 존재하여 가는 것은 지나가지 않고 오는 것은 그 뒤를 잇지 않는다."라고 하였으니, 바로 화담이 기를 리로 인식한 흠이 있는 것입니다. 비록 이와 같더라도 흠이 있든 온전하든 간에 화담이 스스로 터득한 견해입니다.

오늘날 학자는 입만 열었다 하면 '리는 형체가 없고 기는 형체가 있으니, 리와 기는 결코 하나의 것이 아니다.'라고 말하는데, 이것은 자신이 터득하여 말하는 것이 아니라 남의 말을 전달하는 것입니다. 그러니 어찌 화담의 입과 겨뤄 화담의 마음을 설복시킬 수 있겠습니까. 오직 퇴계가 공박攻駁하여 들추어낸 말만이 그 흠을 깊이 꿰뚫어 후학이 잘못 보는 것을 구제할 수 있습니다. 대체로 퇴계는 그대로 따른 맛이 많기 때문에 그 말이 고지식하면서[拘] 엄격한 것이고, 화담은 스스로 터득한

---

142 도를……있는 : 《주역周易》〈계사전繫辭傳 상上〉의 "한 번 음하고 한 번 양함을 도道라고 하니, 도를 그대로 이어가는 것은 선善이고, 도를 갖추고 있는 것은 성性이다.[一陰一陽之謂道, 繼之者善也, 成之者性也.]"를 줄인 말이다. 주희는 《주역본의周易本義》에서 "음과 양이 번갈아 운행하는 것은 기氣고, 그 리理는 이른바 도라는 것이다. 도는 음에 갖춰져 있으면서 양에서 행해진다. 계繼는 발현함을 말하고, 선善은 화육化育의 공功을 이르니, 양의 일이다. 성成은 갖추고 있음을 말하고, 성性은 사물(개체)이 받은 것을 이르니, 사물이 생성되면 성을 얻어 저마다 이 도를 갖춤을 말한 것이니, 음의 일이다.[陰陽迭運者氣也, 其理則所謂道. 道具於陰而行乎陽. 繼, 言其發也. 善, 謂化育之功, 陽之事也. 成, 言其具也. 性, 謂物之所受, 言物生則有性而各具是道也, 陰之事也.]"라고 하였다.

맛이 많기 때문에 그 말이 딱딱하면서[143] 호방한 것입니다. 엄격하면 잘못이 적고 호방하면 잘못이 많은 법이니, 차라리 퇴계의 그대로 따르는 태도를 취할지언정 오로지 화담의 스스로 터득하는 태도를 본받아서는 안 됩니다.

---

143 딱딱하면서 : 원문은 '樂'이다. '낙落'과 통용하니, '딱딱하다', '엄격하다', '대범하다'는 뜻이다.

答成浩原

人之所見有三層, 有讀聖賢之書, 曉其名目者, 是一層也; 有旣讀聖賢之書, 曉其名目, 而又能潛思精察, 豁然有悟其名目之理瞭然在心目之間, 知其聖賢之言, 果不我欺者, 是又一層也. 但此一層, 煞有層級, 有悟其一端者, 有悟其全體者, 全體之中, 其悟亦有淺深. 要非口讀目覽之比, 而心有所悟, 故俱歸一層也. 有旣悟名目之理瞭然在心目之間, 而又能眞踐力行, 實其所知, 及其至也, 則親履其境, 身親其事, 不徒目見而已也, 如此然後, 方可謂之眞知也. 最下一層, 聞人言而從之者也, 中一層, 望見者也, 上一層, 履其地而親見者也.

譬如有一高山於此, 山頂之景勝, 妙不可言, 一人則未嘗識其山之所在, 徒聞人言而信之, 故人言山頂有水, 則亦以爲有水; 人言山頂有石, 則亦以爲有石. 旣不能自見, 而惟人言是從, 則他人或以爲無水無石, 亦不能識其虛實也. 人言不一, 而我見無定, 則不可不擇其人而從其言也. 人若可信者, 則其言亦可信也. 聖賢之言, 必可信, 故依之而不違也. 但旣從其言, 而不能知其意之所在, 故有人或誤傳可信者之言, 亦不得不從也. 今之學者於道, 所見亦如此. 徒逐聖賢之言, 而不知其意, 故或有失其本旨者, 或有見其記錄之誤, 而猶牽合從之者. 旣不能自見, 則其勢不得不然也.

一人則因他人之指導, 識其山之所在, 擧頭望見, 則山上勝妙之景, 渙然滿眼. 旣自望見矣, 他人之誤傳者, 豈足以動之哉? 於是有樂其勝妙之景, 必欲親履其境而求上山頂者, 又有旣見其景, 自以爲樂, 俯視他人逐逐於言語, 不覺撫掌大笑, 以是爲足而不求上山者. 於望見之中, 亦有異焉, 有自東而見其東面者, 有自西而見其西面者, 有不拘於東西而見其全體者, 雖有偏全之異, 而皆是自見也. 彼不能自見而從人言者, 雖能說出全體, 非其自言也, 如鸚鵡之傳人言也. 則安足以折服望見一面者之心哉? 又有一人, 則旣望見勝妙之景, 樂之不已, 褰衣闊步, 勉勉上山, 而任重道遠, 力量有限, 鮮有窮其山頂者矣. 旣窮其山頂, 則勝妙之景, 皆爲我物, 又非望見之比矣. 然而到山頂之中, 亦有異焉. 有望見其東面而上于東面者, 亦有望其西面而上于西面者, 有望其全體而無所不到者. 上于一面者, 雖極其至, 而不得爲上山之極功也.

大槪有是三層, 而其中曲折, 不可枚數, 有先識其山之所在, 雖不能望見, 而上山不已, 一朝到于山頂, 則足目俱到, 便爲己物者;【曾子之類.】又有不識其山之所在, 而偶行山路, 雖得上山, 而元不識山, 又不望見山頂, 故終不能到山頂者.【司馬溫公之類.】如是之類, 何可悉擧乎? 以此取喩, 則今之學者, 大槪從人言者也. 縱能說出無病, 不過依樣摸畫耳. 依樣摸畫之中, 說出無病者, 亦不可多見, 尤可嘆也.

若孔門弟子及程·朱門下之根機不全不深者, 皆望見一面者也. 曾點則望見全體而以是爲樂, 不求上山, 故終於狂者而已也. 曾點之學, 有以見夫人欲盡處, 天理流行, 隨處充滿, 無所欠缺, 其胸中之樂, 爲如何哉? 俯視諸子, 徒見一面, 規規於事爲之末, 豈不撫掌大笑乎? 雖然, 樂於此而已, 曾無俛首上山之功, 其檢束之行, 反不若諸子之謹飭矣, 所見之物, 安得爲己物乎? 若顏·曾·思·孟·周·張·程·朱, 則不止於望見而親履其境者也. 朱子六十之年, 始曰: "吾今年方無疑." 此親見之者也; 孟子之所謂自得者, 亦指此境也. 就中顏子·明道, 用功甚易, 譬如人之所處, 去山頂本不遠, 故擧目移足, 不勞而至也.

若聖人則本在山頂者也. 雖本在山頂, 而山頂無窮勝妙之景, 不可不待周覽, 故雖以孔子之生知安行, 若禮樂名物制器度數, 則必問於人而後知之也. 若伯夷·柳下惠之徒, 則雖極其山頂, 而各處一面, 不能以全體爲己物者也. 若異端則所謂山頂者, 非此山也. 更有他山, 山頂有可驚可愕之物, 荊榛塞途, 而惑者乃從之, 不亦悲哉? 人之不能望見此山而徒信人言者, 若彼[144]人指異山爲此山, 而其人素所信重者, 則必將褰衣涉榛而從之矣, 豈不尤可悲哉? 若望見者, 則寧有此患哉? 但望見一面者, 所見不全, 故雖自不惑於異端, 而發言之或差者, 反誤他人, 未必不爲涉榛途者之助也.

---

144 彼 : 전서본全書本에는 '被'로 되어 있다.

此等處, 尤不可不明目張膽, 極言而明辨之.

近觀整菴·退溪·花潭三先生之說, 整菴最高, 退溪次之, 花潭又次之, 就中整菴花潭, 多自得之味, 退溪多依樣之味.【一從朱子之說.】

整菴則望見全體, 而微有未盡瑩者, 且不能深信朱子, 的見其意, 而氣質英邁超卓, 故言或有過當者. 微涉於理氣一物之病, 而實非以理氣爲一物也, 所見未盡瑩, 故言或過差耳.

退溪則深信朱子, 深求其意, 而氣質精詳愼密, 用功亦深, 其於朱子之意, 不可謂不契, 其於全體, 不可謂無見, 而若豁然貫通處, 則猶有所未(知)[至][145], 故見有未瑩, 言或微差. 理氣互發, 理發氣隨之說, 反爲知見之累耳.

花潭則聰明過人, 而厚重不足, 其讀書窮理, 不拘文字, 而多用意思. 聰明過人, 故見之不難, 厚重不足, 故得少爲足. 其於理氣不相離之妙處, 瞭然目見, 非他人讀書依樣之比, 故便爲至樂, 以爲湛一淸虛之氣, 無物不在, 自以爲得千聖不盡傳之妙, 而殊不知向上更有理通氣局一節, 繼善成性之理, 則無物不在, 而湛一淸虛之氣, 則多有不在者也. 理無變而氣有變, 元氣生生不息, 往者過來者續, 而已往之氣, 已無所在, 而花潭則以爲一氣長存, 往者不過, 來者不續, 此花潭所以有認氣爲理之病也. 雖然, 偏全間, 花潭是自得之見也.

今之學者, 開口便說理無形而氣有形, 理氣決非一物, 此非自言也, 傳人之言也. 何足以敵花潭之口而服花潭之心哉? 惟退溪攻破之說, 深中其病, 可以救後學之誤見也. 蓋退溪多依樣之味, 故其言拘而謹; 花潭多自得之味, 故其言樂而放. 謹故[146]少失, 放故多失, 寧爲退溪之依樣, 不必效花潭之自得也.

---

145 (知)[至] : 저본에는 '知'로 되어 있으나, 전서본全書本에 의거하여 '至'로 바로잡았다.

146 故 : 則의 뜻이니, 아래도 같다.

17. 호원 성혼에게 보낸 편지[147]

○ 리理와 기氣, 음陰과 양陽은 시간적 선후를 말할 수 없고, 시원始元의 유
무有無를 캐는 일은 매우 어리석은 일이다. 리통기국理通氣局 역시 본체상
本體上에서 말해야지 본체를 떠나 따로 유행하는 현상에서 이해하려고 해
서는 안 됨을 말하고 있다.

---

147 《율곡전서栗谷全書》권10 〈서書2 여성호원與成浩原〉

리理와 기氣는 처음이 없으니, 실로 시간적 선후先後를 말할 수 없습니다. 다만 그와 같은 까닭을 깊이 캐보면 리는 중심[樞紐]이자 뿌리[根柢]이므로 논리상 리가 먼저라고 하지 않을 수 없습니다. 성현聖賢의 말씀이 비록 헤아릴 수 없이 쌓여 있으나 대체의 요지要旨는 이와 같음에 불과할 뿐입니다. 예컨대 사물상에서 보면 분명히 리가 먼저 있은 뒤에 기가 있습니다. 대체로 천지가 생기기 전이라도 천지의 리가 없다고 이를 수 없으니, 미루어 보건대 모든 사물[物物]이 다 이와 같습니다. 그런데 지금 우리 형께서는 도리어 "본원本源을 궁구할 경우는 선후가 있고, 사물상에서 헤아려 볼 경우는 선후가 없다."라고 하시니, 모순되어 딱 들어맞지 않음이 이 지경에 이르러서 감히 하나로 귀납하기를 바라지 못하겠습니다.

정자程子(정이程頤)의 말에 "음陰과 양陽은 처음이 없다."[148]라고 하였으니, 어떻게 생각하든지 간에 한번 여쭤보겠습니다. 이 말은 근거 없이 지어내 일러준 말입니까? 명백하게 사실대로 말한 것입니까? 이 말이 만약 근거 없이 지어내 일러준 말이라면 우리 형의 말이 옳겠지만, 그렇지 않다면 어찌 '음과 양은 처음이 있다.'고 이를 수 있겠습니까. 우리 형의 말은 복잡하게 얽혀 앞뒤가 같지 않은데, 대체로 '태일太一의 처음이 있다.'고 이른 것이 바로 형 소견의 근본입니다. 이 말에 흠이 없다면 제말이 옳지 않을 것입니다. 리와 기는 본래 혼합되어 있으니, 모두 본래 있는 것이지 처음 생겨나는 때가 있는 것이 아닙니다. 그러므로 선유先儒(소옹邵雍)가 미루어 밝힌 것은 '일원一元의 시초'를 처음이라고 하거나

---

148 음과……없다 : 《이정수언二程粹言》 권상卷上 〈논도편論道篇〉과 《이천경설伊川經說》 권1 〈역설易說 계사繫辭〉에 나온다.

'일세一歲의 시초'를 처음이라고 한 것에 불과하지, '본원을 궁구해보면 반드시 태일의 처음이 있다.'라고 우리 형처럼 말한 것은 들어보지 못하였습니다.

또 우리 형께서 선후가 있다는 것을 실제 그렇다고 여겨 제 견해를 비웃으니, 모르겠습니다만 우리 형께서도 선후가 없다는 것을 근거 없이 지어낸 말이라고 여기십니까? 옛날 노자老子의 말에 "유有는 무無에서 생긴다."[149]라 하고, 장자莊子의 말에 "유有라는 것이 있으며, 무無라는 것이 있으며, 처음에 '무無라는 것'이 아직 있지 않은 것이 있으며, 처음에 저 '처음에 무無가 아직 있지 않았다'라는 것이 아직 있지 않은 것이 있다."[150]라고 하였으니, 이런 것이 모두 태일의 처음에 대한 말입니다. 대체로 모든 사물[物]에 처음이 있으면 반드시 끝이 있으니, 천지가 지극히 크나 오직 처음이 있기 때문에 변화와 사라짐에서 벗어나지 못하는 것입니다. 만약 이 기의 근원이 실로 시작점이 있다고 한다면 반드시 변화하고 사라져 기가 없어지는 때가 있을 것이니, 그 형상이 어떻겠습니까. 오직 처음이 없기 때문에 또 끝이 없고 시작이 없는 것이며, 끝이 없기 때문에 다함이 없고 바깥이 없는 것입니다. 예전에 우리 형과 "태극太極이 동動하여 양陽을 낳는다."[151]는 것을 논의하다가 내가 "이것은 중심[樞紐]이자 뿌리[根柢]라는 말이지 음과 양이 무無에서 생겨남을 이르

---

149 유는……생긴다 : 《노자老子》40장에 나온다.

150 유라는……있다 : 《장자莊子》〈제물론齊物論〉에 나온다. 유有 → 무無 → 무무無無 → 무무무無無無로서 계속해서 부정의 부정이 이어지며 소급될 수 있으므로 자칫 궤변으로 빠질 수 있으니, 시始의 유무有無를 캐는 일의 어리석음을 말한 것이다.

151 태극이……낳는다 : 주돈이周敦頤,《태극도설太極圖說》에 나온다.

는 것이 아니다."라고 하였을 때, 형께서도 곧바로 옳다고 하기에 제가 마음으로 다행이라고 하였습니다. 뜻밖에 지금 우리 형께서 '태일의 처음'이라는 말을 지어내 "음과 양은 무無에서 생긴다."라고 하여 노자와 장자의 설에서 벗어나지 못하니, 사람을 몹시 놀라게 하여 생활이 편치 못합니다. 도리道理는 쉽게 말할 수 없으니, 오랫동안 반복하여 음미하고 연구해 보시기를 간절히 바랍니다.

'리는 통하고 기는 국한한다.[理通氣局]'는 것은 요컨대 본체상本體上에서 말해야지 본체를 떠나 따로 유행하는 데(현상)에서 찾아서는 안 됩니다. 사람의 성性이 사물[物]의 성이 아닌 것은 기의 국한[氣局]이고, 사람의 리가 곧 사물의 리인 것은 리의 통함[理通]입니다. 모난 그릇과 둥근 그릇은 같지 않으나 그릇 안의 물은 한 가지고, 큰 병과 작은 병은 같지 않으나 병 안의 빈 공간은 한 가지입니다. 기가 한 가지에 뿌리를 두는 것은 리의 통함 때문이고, 리가 만 가지로 나누어지는 것은 기의 국한 때문입니다. 본체 가운데 유행이 갖춰지고 유행 가운데 본체가 들어 있으니, 이것으로 미루어 보면 리는 통하고 기는 국한한다는 말이 과연 일변一邊을 빠뜨렸습니까[152]? 애愛는 인仁이라 하고 의宜는 의義라고 정의하는 따위는 하나가 아니고 많은데, 선유先儒가 어찌 한 글자로 리를 논하지 않은 적이 있겠습니까. 이것은 깊이 생각하고 자세하게 연구해야지 또한 억지로 합하려고 해서는 안 됩니다.

---

152 빠뜨렸습니까 : 원문은 '落'이다. 유루遺漏의 뜻으로 '리 한쪽을 빠뜨리다'라는 말이다. 이 책 〈11. 호원 성혼에게 답한 편지 −6〉에 '도리어 리 일변을 빠뜨린 것이다.[遺却理一邊矣]'라는 말이 나온다.

지난번 보내드린 편지의 제 말이 몹시[傷] 윽박지르는 투라고 하신 것은 보내주신 편지의 말씀이 참으로 지당하니, 깊은 사과의 말씀을 드립니다. 다만 '기는 끊기고 리는 통한다.'·'형체는 있고 기는 없다.'·'인심人心은 본연의 기를 잃은 것이다.' 같은 말은 모두 제 말이 아니니, 한번 지난번 편지를 가져다 다시 보는 것이 어떻겠습니까. 만약 그 말을 바꿔 도리어 꾸짖는다면 스스로 원고와 피고를 설정하여 그 송사를 이기려고 하는 것이니, 마음을 공평하게 갖지 못한 허물이 아니겠습니까. 하하하.

　'치우치친 것(동물)과 막힌 것(식물)을 그 본연의 기를 잃은 것이다.'라고 한 것은 비록 타당하지 않은 듯하나, 맹자孟子의 '그 본심을 잃었다.'라고 한 말로 그 이치를 찾아보면 이치에 어긋나지 않을 듯합니다. 본심은 잃을 수 없는데도 맹자가 '잃었다'라고 하였는데, 하물며 티 없이 순일한 기(본연지기本然之氣)가 변하여 더럽혀진 경우 '티 없이 순일한 기를 잃었다'고 이를 수 없겠습니까. 다시 생각해 보는 것이 어떻겠습니까. 심지어 면재勉齋 황간黃幹(1152~1221. 송나라 성리학자. 주희의 제자이자 사위)의 말을 끌어들여 '자네가 강적(황간)을 만났다.'고 한 것은 더욱 희롱하는 말에 가깝습니다. 만약 도리를 가지고 서로 변론한다면 꼴 베고 나무하는 사람에게도 물어볼 수 있고 허튼소리[狂言]도 선택할 수 있으니, 저도 입이나마 놀릴 수 있었습니다. 그런데 만약 도리로 구하지 않고 강약强弱으로만 본다면 한 명의 퇴계가 열 명의 이이를 이길 수 있을 것입니다. 더구나 면재가 퇴계를 도와준다면야 더 말할 것이 있겠습니까. 범 여러 마리가 양 한 마리를 잡는 격입니다. 나머지는 다 말할 수 없으니, 직접 만나서 이야기하겠습니다.

與成浩原

理氣無始, 實無先後之可言. 但推本其所以然, 則理是樞紐根柢, 故不得不以理爲先. 聖賢之言, 雖積千萬, 大要不過如此而已. 若於物上觀, 則分明先有理而後有氣. 蓋天地未生之前, 不可謂無天地之理也, 推之物物皆然. 今吾兄反以極本窮源者, 爲有先後, 而以物上看者, 爲無先後, 矛盾柄鑿, 至於此極, 不敢望其歸一也.

但程子之言曰: "陰陽無始." 且道此言是假託曉譬耶? 是明白直說耶? 此言若是假託曉譬, 則吾兄之說是矣, 不然則安可謂之陰陽有始乎? 吾兄之說, 曲折不同, 大槪謂有太一之初者, 此是所見之根本也. 此言無病, 則珥說非矣. 理氣本自混合, 皆本有也, 非有始生之時. 故先儒推求, 不過以一元之初爲始, 或以一歲之初爲始, 未聞極本窮源而必有太一之初, 如吾兄之說者也.

且吾兄以有先後者爲實然, 而嘲珥妄見, 未知吾兄亦以無先後者, 爲假託乎? 昔者, 老子之言曰: "有生於無." 莊子之言曰: "有有也者, 有無也者, 有未始有無也者, 有未始有夫未始有無也者." 此等皆是太一之初之說也. 大抵凡物有始, 則必有終, 天地至大, 而惟其有始, 故不免變滅. 若使此氣之源, 實有所始, 則其必變滅而有無氣之時矣, 其形狀何如耶? 惟其無始也, 故又無終無始, 無終故無窮無外也. 曾與吾兄論太極動而生陽, 余曰: "此是樞紐根柢之說, 非謂陰陽自無而生也." 兄亦卽可, 余心自幸矣. 不意今者, 吾兄做出太一之初之說, 以爲陰陽自無而生, 不免老·莊之說, 極令人駭嘆, 寢食不安也. 道理不可容易言之, 深願積久玩索也.

理通氣局, 要自本體上說出, 亦不可離了本體, 別求流行也. 人之性非物之性者, 氣之局也; 人之理卽物之理者, 理之通也. 方圓之器不同, 而器中之水一也; 大小之瓶不同, 而瓶中之空一也. 氣之一本者, 理之通故也; 理之萬殊者, 氣之局故也. 本體之中, 流行具焉, 流行之中, 本體存焉. 由是推之, 理通氣局之說, 果落一邊乎? 愛曰仁宜曰義之類, 不一而足, 先儒何嘗不以一字論理耶? 此在深思細究, 亦不可强合也.

前書珥說, 頗傷陵厲, 來示果當, 深謝深謝. 但氣斷理通·有形無氣·人心失本然之氣等說, 皆非珥語, 試取前書而更觀之, 何如? 若變其語而反訶之, 則是自作元隻而求克其訟也, 無乃不能平心之過耶? 呵呵.

以偏塞爲失其本然之氣者, 雖似不當, 但以孟子失其本心之語求之, 則恐不悖理. 本心不可失, 而猶謂之失, 則況湛一之變爲汚穢者, 不可謂之失乎? 更思之何如? 至如以勉齋之說, 爲得强敵者, 尤近於戲語. 若以道理相辨, 則刍蕘可詢, 狂言可擇, 珥亦可以容喙矣. 今若不求之道理, 而惟强弱是觀, 則一退溪足以勝十李珥矣, 況將勉齋助之乎? 是群虎搏一羊也. 餘不能言, 只在面陳.

18. 응휴 안천서에게 답한 편지 −1[153]

○ "리에도 동함이 있고 작용함이 있다." 곧 리의 자발성自發性을 주장한
안천서에게 발하는 것은 리가 아닌 기임을 설명하고 있다. 이를 바탕으로
심心·성性·정情에 대하여 논하였다.

---

153 《율곡전서栗谷全書》권12 〈서書4 답안응휴答安應休【천서天瑞】〉

리理에 체體와 용用이 있음은 당연한데, 하나의 근원으로서의 리는 리의 체고, 만 갈래로 나누어진 리는 리의 용이다. 리에 어떻게 만 갈래가 있는가? 기가 가지런하지 않으므로 리가 기를 타고 유행하는데, 바로 여기에서 만 갈래가 생기는 것이다. 리는 어떻게 유행하는가? 기가 유행할 때 리가 그 기틀[機]을 타기 때문이다. 그러므로 주자朱子가 "태극太極이라는 것은 본연의 오묘한 이치고, 동動함과 정靜함이라는 것은 타는 대상(기氣)의 기틀이다."[154]라고 한 것이다.

리는 본래 무위無爲(작용이 없음)하나 기를 타고 유행하여 변화가 헤아릴 수 없이 많게 되는데, 아무리 유행하여 변화하더라도 그 무위한 체體는 늘 그대로니, 이러한 것을 엉성하게 이해해서는 안 된다. 그대[155]가 이 리가 기를 타고 유행하여 변화가 많은 것을 보고 곧 "리에도 동動함이 있고 작용함이 있다."라고 하니, 이는 리기를 모르는 것이다. 주자의 이른바 "천도天道가 유행한다."라는 것은 리가 기를 탐을 가리킨 것이니, 또 무엇을 의심하겠는가. 그러므로 장자張子(장재張載)가 "기氣의 변화로 말미암아 도道라는 이름이 있게 된다."[156]라고 하였으니, 기의 변화가 도가 아니라 리가 기의 변화를 탄 것을 도라고 하므로 도라는 이름이 있게 된 것이다. 하늘이 명한 성[天命之性]은 리가 사람에게 있는 것이니, 사람은 기 아닌가. 성을 따른 도[率性之道]는 리가 사물에 있는 것이니, 사물은 기 아닌가. 보편적인 도인 화[達道之和]는 리가 정情에 있는 것이니, 정은 기 아닌가. 이러므로 정이 화和가 아니라 정의 덕德(성질)이

---

154 태극이라는……기틀이다 : 주희朱熹,《태극도설해太極圖說解》에 나온다.

155 그대 : 원문은 '吾友'니, 상대방을 '나의 벗'이라고 친근하게 부른 말이다.

156 기의……된다 : 장재張載,《정몽正蒙》〈태화편太和篇〉에 나온다.

바로 화니, 정의 덕은 곧 리가 정에 있는 것이다. 만약 정을 화라고 한다면 정욕情欲을 거리낌 없이 풀어놔 못하는 짓이 없을 것이니, 어찌 옳겠는가. 사람의 희로애락喜怒哀樂은 자연[天]의 춘하추동春夏秋冬과 같으니, 춘하추동은 바로 기가 유행하는 것인데 이 기를 유행하게 하는 것이 바로 리요, 희로애락도 기가 발동發動하는 것인데 이 기의 기틀을 탄 것이 바로 리다.

대체로 유형有形하고 유위有爲(작용이 있음)하여 동動함이 있고 정靜함이 있는 것은 기요, 무형無形하고 무위無爲하여 동함에도 있고 정함에도 있는 것은 리다. 리는 비록 무형하고 무위하나 기는 리가 아니면 뿌리를 둘 곳이 없다. 그러므로 "무형하고 무위하면서 유형하고 유위한 것의 주재가 되는 것은 리고, 유형하고 유위하면서 무형하고 무위한 것의 그릇[器]이 되는 것은 기다."라고 하는 것이다. 이러므로 성性은 리요, 마음[心]은 기요, 정情은 심이 동한 것이다. 선현先賢 중에 마음과 성을 합하여 말한 경우가 있으니 맹자가 "인仁은 사람의 마음이다."[157]라고 한 것이 이 경우고, 마음과 성을 나누어 말한 경우가 있으니 주자가 "성은 마음의 리다."[158]라고 한 것이 이 경우다. 나누어 그 명의名義를 알고 합하여 그 본지本旨를 안 뒤에야 리와 기를 알 것이다.

정情자는 글자를 만든 뜻이 성性자와 육肉자를 따른 것이니, 혈기血氣가 리를 실천한다는 글자다. 지금 선유先儒의 말로 증명하자면, 주자는

---

157 인은……마음이다 : 《맹자孟子》〈고자告子 상上〉에 나온다.

158 성은……리다 : 《회암선생주문공문집晦庵先生朱文公文集》 권67 〈잡저雜著 원형이정설元亨利貞說〉과 《주자어류朱子語類》 권5 〈성리性理2 성정심의등명의性情心意等名義〉 등에 나온다.

"사랑함[愛]은 정情이요, 사랑함의 리는 인仁이다."[159]라고 하였는데, 지금 그대가 '정을 리'라고 하였으니 사랑함을 리라고 한 것이다. 사랑함이 만약 리라면 또 어찌 리의 리가 있겠는가[160]. 이것이 그대의 말이 옳지 않은 첫 번째 이유다. 주자가 늘 인정人情과 천리天理를 함께 말한 것이 하나가 아닌데, 지금 그대가 '정을 리'라고 하였으니 주자가 두 리를 함께 말한 것이 된다. 이것이 그대의 말이 옳지 않은 두 번째 이유다. 정자程子(정이程頤)는 "정이 불길처럼 세차게 일어나 더욱 방탕해지면 그 성性이 손상을 입는다."[161]라고 하였는데, 지금 그대가 '정을 리'라고 하였으니 리도 불길처럼 세차게 일어나 성을 해치는 경우가 있는가. 이것이 그대의 말이 옳지 않은 세 번째 이유다. 또 그대가 "정에 선과 악이 있다."고 말하고도 오히려 '정을 리'라고 말하였으니, 리에도 선리善理와 악리惡理가 있는가. 이것이 그대의 말이 옳지 않은 네 번째 이유다.

선현이 정의 측면에서 천리天理를 논하여 정의 선한 것을 천리의 유행이라고 한 것이 많다. 그런데 그대가 이것을 보고 일방적으로 고집을 부리기 때문에 시비是非를 따지지 않고 선입견만을 주장하는데, 이는 정을 천리로 삼은 것이 아니라 천리가 정에서 유행함을 말한 것인 줄 전혀 모른 것이다. 대체로 리는 반드시 기에 얹혀 있고 기는 반드시 리를 싣

---

159 사랑함은……인이다 : 《주자어류朱子語類》 권20 〈논어論語2 학이편學而篇 상上〉 유자왈기위인야효제장有子曰其爲人也孝弟章에 "사랑함은 비록 정이지만 사랑함의 리는 인이다.[愛雖是情, 愛之理是仁也.]"라는 말이 있다.

160 어찌……있겠는가 : '사랑함의 리는 인仁이다.'라고 한 것을 두고, 사랑함이 리라면 인仁은 리의 리가 되니, 이치에 맞지 않는다는 말이다.

161 정이……입는다 : 《이정문집二程文集》 권9 〈이천문집伊川文集 잡저雜著 안자소호하학론顏子所好何學論〉에 나온다.

고 있으니, 희로애락이 아직 발현하지 않은 때에는 리가 마음 안에 있고 그 이름을 성性이라 하며, 희로애락이 발현한 뒤에는 리가 정에 있고 그 이름을 도道라고 한다. 정이 리를 따르지 않는 것에 이르러서는 사사로이 탐욕을 부려 보편적인 도[達道]를 어긴 것이다. 이처럼 말을 하면 아무리 공박攻駁해도 반박당하지 않을 수 있을 것이다.

答安應休【天瑞】

理有體用, 固也, 一本之理, 理之體也; 萬殊之理, 理之用也. 理何以有萬殊乎? 氣之不齊, 故乘氣流行, 乃有萬殊也. 理何以流行乎? 氣之流行也, 理乘其機故也. 故朱子曰: "太極者, 本然之妙也; 動靜者, 所乘之機也."

理本無爲, 而乘氣流行, 變化萬端, 雖流行變化, 而其無爲之體, 則固自若也. 此等處, 不可草草理會也. 吾友見此理之乘氣流行, 變化不一, 而乃以理爲有動有爲, 此所以不知理氣也. 朱子所謂天道流行者, 指理之乘氣者也, 又何疑哉? 故張子曰: "由氣化, 有道之名." 氣化, 非道也, 理之乘氣化者謂之道, 故有道之名也. 天命之性, 理之在人者也, 人非氣耶? 率性之道, 理之在事物者也, 事物非氣耶? 達道之(達)[和]¹⁶², 理之在情者也, 情非氣耶? 是故情非和也, 情之德, 乃和也, 情之德, 乃理之在情者也. 若以情爲和, 則將放情縱欲, 無所不至矣, 其可乎? 人之喜怒哀樂, 猶天之春夏秋冬也, 春夏秋冬, 乃氣之流行也, 所以行是氣者, 乃理也; 喜怒哀樂, 亦氣之發動也, 所以乘是氣機者, 乃理也.

大抵有形有爲而有動有靜者, 氣也; 無形無爲而在動在靜者, 理也. 理雖無形無爲, 而氣非理則無所本. 故曰: "無形無爲而爲有形有爲之主者, 理也; 有形有爲而爲無形無爲之器者, 氣也." 是故性, 理也; 心, 氣也; 情, 是心之動也. 先賢於心性, 有合而言之者, 孟子曰: "仁, 人心." 是也; 有分而言之者, 朱子曰: "性者, 心之理." 是也. 析之得其義, 合之得其旨, 然後知理氣矣.

情字命名之意, 從性從肉, 是血氣行理之名也. 今以先儒之說證之, 朱子

---

162 (達)[和] : 저본에는 '達'로 되어 있고, 전서본全書本에는 '道'로 되어 있다. 그러나 이 말은《중용》"喜怒哀樂之未發謂之中 發而皆中節謂之和 中也者 天下之大本也 和也者 天下之達道也"의 '和也者 天下之達道也'를 가리키니, '達'과 '道' 모두 옳지 않다. 앞의 '天命之性'·'率性之道'와 뒤의 '情非和也'에 의거하면 '和'가 되어야 한다. 따라서 '和'로 바로잡았다.

曰: "愛是情, 愛之理是仁." 今君以情爲理, 則是以愛爲理也. 愛若是理, 則又豈有理之理乎? 其不可一也. 朱子常以人情天理竝言者非一, 今君以情爲理, 則是朱子以兩理竝言也. 其不可二也. 程子曰: "情旣熾而益蕩, 其性鑿矣." 今君以情爲理, 則理亦有熾而害性者乎? 其不可三也. 且君旣云情有善惡矣, 而猶以爲理, 則理亦有善理惡理乎? 其不可四也.

先賢多就情上論天理, 以情之善者, 爲天理之流行. 君有見乎此而偏執之, 故不問是非, 而惟先入爲主, 殊不知此非以情爲天理也, 謂天理流行於情上耳. 夫理必寓氣, 氣必載理, 未發也, 理在於心, 而其名爲性; 已發也, 理在於情, 而其名爲道. 若夫情之不循理者, 只是私欲而違達道者也. 如此立言, 則可以顚撲不破矣.

19. 응휴 안천서에게 답한 편지 −2[163]

○ 인심人心과 도심道心, 사단四端과 칠정七情, 성性과 정情을 자세하게
논하였다. 그 바탕에는 리는 독립적으로 발하지 못하고 반드시 기에 얹혀
있어야 한다는, 곧 기가 발하면 리가 그 기를 타고서 작용한다는 기발리승
氣發理乘이 깔려 있다.

---

163 《율곡전서栗谷全書》 권12 〈서書4 답안응휴答安應休〉

정情은 마음[心]이 동동動한 것이다. 기의 기틀[氣機]이 동하여 정情이 되는데, 그 기틀을 탄 것이 바로 리理다. 이러므로 리는 정 안에 있는 것이지 정이 바로 리인 것은 아니다. "성性이 발현하여 정이 될 때, 그 처음에는 불선不善이 없다."라고 한 것은 다만 선한 정 일변을 말한 것일 뿐 선정善情과 악정惡情을 통틀어 논한 것이 아니다. 사단四端은 바로 명덕明德이 발현한 것이니, 명목名目이 어찌 다르겠는가. 마음[心]과 성성性을 합하여 총괄한 명칭은 '명덕'이고, 그 정이 발현한 것을 가리켜 '사단'이라고 한 것일 뿐이다. 선정善情은 천리를 따른 것이니, 정의 측면에서 천리가 유행하는 것을 보는 것이지 정이 바로 천리라는 것은 아니다. 정자程子가 "마음은 곡식의 종자와 같으니, 생성하는[生. 형태를 갖추어 세상에 나오려는 것] 성性은 바로 인仁이며, 양기陽氣가 발현하는 곳은 바로 정情이다."[164]라고 하였다. 양기가 발현하는 곳은 싹인데, 지금 그대의 논의는 복숭아씨의 알맹이[桃仁][165]를 인仁이라 하고 싹을 인의 발현이라 하여 생성하는 리[生理]의 신묘함이 싹에 있으나 싹이 생성하는 리는 아님을 모르니, 리와 기의 구분에 어두운 것이다. 주자의 이른바 "온溫·화和·자慈·애愛한 도리[溫和慈愛底道理]"라는 것이 바로 이른바 '사랑의 리[愛之理]'라는 것이다. 이 말에서 '~한[底]'과 '~의[之]'는 같은 뜻인데, 어

---

164 마음은……정이다 : 《이정유서二程遺書》 권18 〈이천선생어伊川先生語4 유원승수편劉元承手編〉에 "양기가 발현하는 곳은 결국 정이다. 마음은 비유하면 곡식의 종자와 같으니, 생성하는 성은 바로 인이다.[陽氣發處, 却是情也. 心譬如穀種, 生之性便是仁也.]"라는 말이 있다.

165 복숭아씨의 알맹이 : 과일의 씨에서 씨의 거죽을 싸고 있는 맨 바깥쪽의 딱딱한 껍질을 포함한 씨를 '핵核'이라 하고, 이 핵을 쪼개면 그 안에 들어 있는 부드럽고 말랑말랑한 알맹이를 '인仁'이라 한다.

디에 다른 점이 있는가.

대체로 성이 곧 리니, 리는 불선이 없다. 그러나 리는 독립하지 못하고 반드시 기에 얹혀 있은 뒤에야 성이 된다. 기에는 맑음과 탁함·순수함과 잡박함의 고르지 않음이 있다. 이러므로 그 본연本然으로 말할 경우 성이 선하면 정도 선하며, 그 기를 겸하여 말할 경우 성도 선과 악이 있는데, 정인들 어찌 선과 악이 없겠는가. 만약 '정에는 불선이 없다.'고 한다면 이는 성인聖人을 가리켜 말한 것이지 천하 사람의 정을 통틀어 논한 것이 아니다. 성은 비록 선과 악이 있으나 아직 발현하지 않은 때에는 기미幾微가 동하지 않고 인仁·의義·예禮·지智 사덕四德이 한 덩어리로 섞여 있어 기가 작용[用事]하지 않는다. 그러므로 《중용中庸》에서 이것을 '중中'이라고 하였으니, 중이라는 것은 큰 근본[大本]이다. 이미 동한 뒤에 그 기가 청명淸明하여 리 대로만 따르면 곧 절도에 맞는 정으로서 보편적인 도[達道]가 되는데, 어찌 털끝만큼이라도 흠이 있겠는가. 그 기질氣質이 가지런하지 않으므로 동할 때 기가 만약 맑지 않아 리를 따르지 못하면 발현하는 것이 절도에 맞지 않아 점차 악에 다다르게 되는 것이니, 애초에 동할 때부터 이미 그런 것이지 그 처음에는 선하다가 그 끝에 가서 곧 악해진 것이 아니다. 그러므로 주자周子(주돈이周敦頤)가 "성誠은 작위함이 없고, 기幾는 선과 악이 있다."[166]라고 하였으니, '성은 작위함이 없다'는 것은 아직 발현하지 않은 것이고, '기미'라는 것은 동함이 미세한 것이다. 동함이 미세하더라도 이미 선과 악이 있으니, 기미가 바로 정이다.

---

166 성은……있다 : 주돈이周敦頤, 《통서通書》 권1 〈성誠 하下〉에 나온다.

의意는 정으로 말미암아 견주어 살펴볼 수 있는 것이다. 정은 자유롭지 못하고 갑자기 발동하며, 의는 이 정으로 말미암아 헤아려 운용運用하기 때문에, 주자가 "의는 곧 이 정이 있은 뒤에 작용한다."[167]라고 한 것이다. 근세의 유자儒者로서 "정에는 불선이 없고, 의에는 선과 악이 있다."라고 말하는 이가 많은데, 이는 한갓 본연의 성정性情이 있음만 알고 기를 겸한 성정이 있음을 모른 것이며, 한갓 의의 이름만 알고 의의 실제를 모른 것이다. 내가 그러므로 "마음이 처음 동한 것은 정이 되고, 이 정으로 말미암아 헤아리는 것은 의가 된다."라고 한 것이니, 성인聖人이 다시 태어나도 이 말을 바꾸지 못할 것이다.

인심人心과 도심道心은 정과 의에 관련하여 말한 것이다. 사람은 성을 갖고 있지 않은 이가 아무도 없고, 또한 형체를 갖고 있지 않은 이가 아무도 없으니, 바로 마음의 지각知覺이 형체의 추움·따뜻함·굶주림·배부름·수고로움·편안함·좋아함·싫어함을 곁에서 비껴 나와 발현하면 '인심'이라 한다. 애초에는 불선이 아닌데 인욕으로 흐르기 쉽기 때문에 '위태롭다'라고 한 것이다. 성의 인의예지에서 곧장 나와 발현하면 '도심'이라고 한다. 이것은 불선이 전혀 없으니 긴요한 일은 확충하여 넓히는 데에 있다. 그러나 다만 정미精微하여 알기 어렵기 때문에 '은미하다'라고 한 것이다. 무엇을 위하여 발현하는지에 따라 두 가지 이름이 있으나, 그 지각知覺은 하나기 때문에 '인심과 도심은 두 가지 마음이 아니다. 인심과 도심이 이미 두 가지 마음이 아니라면 사단四端과 칠정七情도 두 가지 정이 아니다.'라고 한 것이다. 정의 총괄한 명칭은 '칠정'이고,

---

167 의는……작용한다 :《주자어류朱子語類》권5〈성리性理2 성정심의등명의性情心意等名義〉에 나온다.

그 선정善情을 선택하여 '사단'이라고 한 것이다. 주자가 "리에서 발현하고 기에서 발현한다."라고 한 것은, 다만 사단은 리를 위주로 하고 칠정은 기를 겸하여 말한 것임을 가리킨 것일 뿐이다. 옮겨 쓰는 과정에서 오류가 전혀 없다고 할 순 없지만, 만약 반드시 칠정과 사단을 상대적인 두 가지[二邊]로 나눈다면 사람의 본연지성本然之性과 기질지성氣質之性도 나뉘어 두 가지 성이 될 것이니, 어찌 이런 이치가 있겠는가.

천리天理는 무위無爲(작용이 없음)하다. 반드시 기의 기틀[氣機]을 타야 동動하니, 기가 동하지 않는데 리가 동한다는 것은 결코 있을 수 없다. 성이 기를 타고서 동하여야 정이 되니, 기를 떠나 정을 찾는 것이 어찌 잘못된 것이 아니겠는가. 그렇다면 정을 리라고 하는 것은 그릇된 것임을 알 수 있을 것이다. 만약 '리가 정에 있다.'고 말하면 괜찮을 것이다. 온溫·화和·자慈·애愛는 정이고, 온·화·자·애하게 하는 것은 리니, 이것이 바로 인仁이다. 만약 곧바로 온·화·자·애를 리라고 하면 도道와 기器의 구분을 모르는 것이다. 리가 아직 발현하지 않은 때에 한 덩어리로 섞여 온전히 갖추어져 있는 것은 인仁의 체體고, 리가 발현한 뒤에는 이 마음이 온·화·자·애하며 리도 여기에 얹혀 있는 것이다. 리가 온·화·자·애 안에 있는 것은 바로 리의 용用이지 온·화·자·애가 곧바로 리인 것은 아니다.

리가 혼연渾然하여 묘사할 수 없는 것은 그렇게 되게 하는 것[所以然者]이기 때문이고, 리가 발용發用하여 온·화·자·애 안에 있는 것은 당연히 그렇게 되어야 하는 것[所當然者]이기 때문이다. 하늘의 원元·형亨·이利·정貞은 사람의 인仁·의義·예禮·지智고, 춘春·하夏·추秋·동冬의 온溫(원의 발용)·난暖(형의 발용)·양凉(이의 발용)·냉冷(정의 발용)은 사람의

자애慈愛(인의 발용)·공경恭敬(예의 발용)·단제斷制(판단, 결단함. 의의 발
용)·분별分別(지의 발용)과 같다. 만약 온·난·양·냉을 원·형·이·정이라
하면 도道를 아는 사람이 아니다. 어찌 자애·공경·단제·분별을 곧장
리라고 할 수 있겠는가. 이것은 지극히 정미精微하니, 아마 엉성하게 생
각해서는 곧바로 깨우치기 어려울 것이다.

答安應休

情, 是心之動也, 氣機動而爲情, 乘其機者, 乃理也. 是故理在於情, 非情便是理也. 性發爲情, 其初無有不善云者, 是單擧善情一邊耳, 非通論善惡之情也. 四端, 卽明德之發, 名目豈異哉? 合心性而摠名曰明德, 指其情之發處曰四端耳. 善情, 是循天理者也, 於情上見天理之流行, 非謂情是天理也. 程子曰: "心如穀種, 其生之性, 乃仁也. 陽氣發處, 乃情也." 陽氣發處, 是芽也, 今高論以桃仁爲仁, 以芽爲仁之發, 而不知生理之妙在芽, 而非芽爲生理, 則是昧乎理氣之分也. 朱子所謂溫和慈愛底道理者, 卽所謂愛之理也. 底字·之字, 同一語意, 何有不同乎?

大抵性卽理也, 理無不善. 但理不能獨立, 必寓於氣, 然後爲性. 氣有淸濁粹駁之不齊. 是故以其本然而言, 則性善而情亦善, 以其兼氣而言, 則性且有善惡, 情豈無善惡乎? 若曰情無不善, 則是指聖人而言也, 非通論天下之情也. 性雖有善惡, 而當其未發之際, 幾微不動, 四德渾然, 氣未用事. 故《中庸》謂之中, 中者, 大本也. 及其旣動, 其氣淸明, 惟理是從, 則乃中節之情而是達道也, 豈有纖毫之疵累乎? 惟其氣質不齊, 其動也, 氣或不淸, 不能循理, 則其發也不中, 而馴至於惡, 自其初動而已然, 非厥初必善而厥流乃惡也. 故周子曰: "誠無爲, 幾善惡." 誠無爲者, 未發也, 幾者, 動之微者也. 動之微也, 已有善惡, 幾乃情也.

意者, 緣情計較者也. 情則不得自由, 驀地發動, 意則緣是情而商量運用, 故朱子曰: "意緣有是情而後用."[168] 近世儒者多曰: "情無不善, 而意有善惡." 此徒知有本然之性情, 而不知有兼氣之性情也, 徒知意之名, 而不知意之實也. 余故曰: "心之初動者爲情, 緣是情而商量者爲意." 聖人復起, 不易斯言矣.

---

168 意緣有是情而後用 :《주자어류朱子語類》권5 〈성리性理2 성정심의등명의性情心意等名義〉에는 '緣'이 '因'으로 되어 있다.

人心道心, 通情意而言者也. 人莫不有性, 亦莫不有形, 此心之知覺, 旁由形之寒煖飢飽勞佚好惡而發, 則謂之人心. 初非不善, 而易流於人欲, 故曰危. 直由性之仁義禮智而發, 則謂之道心. 此則旣無不善, 務在擴而大之也. 只是精微難見, 故曰微. 所爲而發者有二名, 而其知覺則一也, 故曰'人心道心, 非二心也. 人心道心, 旣非二心, 則四端七情, 亦非二情也.' 情之總名曰七情, 而揀擇其善情曰四端也. 朱子發於理發於氣云者, 只是指四端之主理, 七情之兼言氣耳. 傳錄未必無誤, 若必以七情四端分二邊, 則人性之本然與氣質, 亦分爲二性矣, 安有是理矣?

天理者, 無爲也. 必乘氣機而乃動, 氣不動而理動者, 萬無其理. 性之乘氣而動者乃爲情, 則離氣求情, 豈不謬乎? 然則以情爲理者, 可見其非矣. 若曰理在於情, 則可也. 溫和慈愛者, 情也; 所以溫和慈愛者, 理也, 是乃仁也. 若便以溫和慈愛爲理, 則是不知道器之分也. 理之未發也, 渾然全具, 則仁之體也. 理之旣發也, 此心溫和慈愛, 而理亦寓焉. 理之在溫和慈愛者, 乃理之用也, 非溫和慈愛, 便是理也.

理之渾然而不可名狀者, 則所以然者也, 理之發用而在於溫和慈愛者, 則所當然者也. 天之元亨利貞, 是人之仁義禮智也. 春夏秋冬之溫暖涼冷者, 猶人之慈愛恭敬斷制分別者也. 今若以溫暖涼冷爲元亨利貞, 則非知道者也, 豈可以慈愛恭敬斷制分別, 直謂之理乎? 此處極精微, 恐難草草思繹而便曉也.

20. 인심과 도심에 관한 그림과 설

【임오년壬午年(1582) ○분부를 받들어 지어 올리다.】[169]

○ 이 도설은 임금의 교지敎旨를 받들어 지어 올린 것으로 1582년(선조 15) 임오壬午 7월 작자 47세 때에 지은 것이다. 이이의 철학 사상을 간명하게 요약한 내용으로 그의 리기론을 대표하는 저술 중 하나로 꼽을 수 있다.

---

169 《율곡전서栗谷全書》 권14 〈설說 인심도심도설人心道心圖說【임오壬午○봉교제진 奉教製進】〉

신臣이 살펴보건대, 천리天理가 사람에게 품부稟賦된 것을 '성性'이라
하고, 성과 기氣를 합하여 한 몸에서 주재主宰가 된 것을 '심心'이라 하
고, 심이 사물에 감응하여 밖에 발현한 것을 '정情'이라 합니다. 성은 심
의 체體요, 정은 심의 용用이요, 심은 발현하기 전[未發. 곧 성]과 발현한
후[已發. 곧 정]를 총괄하는 명칭이므로 '심은 성과 정을 통괄統括한다.'고
한 것입니다.

성의 조목에는 다섯 가지가 있으니 인仁·의義·예禮·지智·신信이요, 정의
조목에는 일곱 가지가 있으니 희喜·노怒·애哀·구懼·애愛·오惡·욕欲입니다.

정이 발현할 때는 도의道義를 위하여 발현하는 경우가 있으니, 예를
들어 어버이에게 효도하고자 하는 것, 임금에게 충성하고자 하는 것,
어린 아이가 우물에 빠지려는 것을 보고 측은하게 여기는 것, 의義가 아
닌 것을 보고서 불선不善함을 부끄러워하는 것, 종묘宗廟를 지나가면서
공경의 마음가짐을 가지는 따위가 이것입니다. 이것을 '도심'이라고 합
니다. 또 정이 발현할 때는 구체口體(몸)를 위하여 발현하는 경우가 있
으니, 예를 들어 배고프면 음식을 먹고자 하는 것, 추우면 옷을 입고자
하는 것, 지치면 쉬고자 하는 것, 정력이 왕성하면 아내를 생각하는 것
따위가 이것입니다. 이것을 '인심'이라고 합니다.

리理와 기氣는 한 덩어리로서 원래 서로 떨어지지 않는 것입니다. 심이
동하여 정이 될 때, 발하는 것은 기고, 발하게 하는 것은 리입니다. 기
가 아니면 발할 수 없고, 리가 아니면 발하게 하는 인자因子가 없으니,
어찌 리가 발하고 기가 발하는 다름이 있겠습니까.[170] 다만 도심은 비록

---

170 어찌……있겠습니까 : 사단四端은 리가 발한 것이고, 칠정七情은 기가 발한 것이
라고 한 이황의 리기호발설理氣互發說을 부정하는 말이다.

기에서 떨어지지 못하나 발현할 때는 도의를 위한 것이므로 성명性命에 붙여 놓고, 인심도 비록 리에 뿌리를 두나 발현할 때는 구체를 위한 것이므로 형기形氣에 붙여 놓은 것입니다. 마음[方寸] 안에는 애초부터 두 가지 심이 없고 단지 발현하는 곳에 이 도의를 위하고 구체를 위하는 두 가지 단서가 있을 뿐입니다. 그러므로 도심을 발현하는 것은 기지만 성명이 아니면 도심이 생겨나지 않고, 인심에 본바탕을 둔 것은 리지만 형기가 아니면 인심이 생겨나지 않으니, 바로 '어떤 것은 성명性命의 정심正心에서 근원하고, 어떤 것은 형기形氣의 사심私心에서 생겨'[171] 공심과 사심으로 달라지는 이유입니다.

도심은 순수한 천리天理이므로 선만 있고 악은 없으며, 인심은 천리도 있고 인욕도 있으므로 선도 있고 악도 있습니다. 예를 들면 밥을 먹어야 하면 밥을 먹고 옷을 입어야 하면 옷을 입는 것은 성현聖賢도 벗어날 수 없으니 바로 천리고, 식욕과 성욕[色]이 머리 속에 있음으로 인해 흘러 악이 되는 것은 바로 인욕입니다. 도심은 단지 지키기만 하면 될 뿐이지만, 인심은 인욕으로 흐르기 쉽기 때문에 아무리 선하더라도 위태로운 것입니다. 심을 다스리는 자는 한 생각이 발할 때 그것이 도심인 줄 알면 미루어 넓혀 충실하게 하고, 그것이 인심인 줄 알면 정밀하게 살펴 반드시 도심으로 절제하여야 합니다. 만약[而] 인심이 늘 도심에게 명령을 듣는다면 인심도 도심이 될 수 있을 것이니, 무슨 리인들 보존하지 못하겠으며, 무슨 욕망인들 막지 못하겠습니까.

서산西山 진덕수眞德秀(1178-1235. 송나라 유학자)가 천리와 인욕을 논

---

171 어떤……생겨 : 〈중용장구서中庸章句序〉에 나오는 말이다.

의한 것이 지극히 분명하여 배우는 이의 공부에 매우 유익합니다. 그러나 인심을 오로지 인욕으로만 돌려 잘 이겨낼 것에만 전심한 것은 미진한 점이 있습니다. 주자朱子가 "비록 상등上等의 지혜를 가진 사람이라도 인심이 없을 수 없다."[172]라고 하였으니, 성인聖人도 인심이 있는 것인데 어찌 다 인욕이라고 말할 수 있겠습니까.

이것으로 보면 칠정七情은 곧 인심·도심·선악을 총괄한 명칭입니다. 맹자는 단지[就] 칠정 가운데 선善 일변을 발라내어 '사단四端'이라 일컬었으니, 사단은 바로 도심과 인심의 선한 부분입니다. 사단에서 신信을 말하지 않은 것에 대해 정자程子가 "성실한 마음을 두어 사단을 실천하면 신信이 그 안에 있기 때문이다."[173]라고 하였습니다. 대체로 오성五性(인仁·의義·예禮·지智·신信)의 신信은 오행五行(수水·화火·목木·금金·토土)의 토土가 일정한 방위도 없고 전담하는 기도 없어서 사계절에 깃들어 왕성한 것과 같습니다.[174] 그런데 논의하는 사람 가운데 간혹 '사단은 도심이고, 칠정은 인심이다.'라고 하니, 사단은 참으로 도심이라고 이를 수 있지만, 칠정을 어찌 인심이라고만 이를 수 있겠습니까. 칠정 이외에 다른 정은 없는데, 만약 칠정이 인심만 가리킨 것이라면 그 반(인심)만 들고 그 반(도심)은 빠뜨린 것입니다.

---

172 비록……없다 : 〈중용장구서中庸章句序〉에 나온다.

173 성실한……때문이다 :《이정유서二程遺書》권24 〈이천선생어伊川先生語10 추덕구본鄒德久本〉에 나온다.

174 대체로……같습니다 : 목木은 동방으로 봄을 전담하며, 화火는 남방으로 여름을 전담하며, 금金은 서방으로 가을을 전담하며, 수水는 북방으로 겨울을 전담한다. 그러나 토土는 중앙에 자리하여 정해진 방위가 없고, 또 사계절의 계월季月(음력 3·6·9·12월)마다 18일씩 토의 자리로 삼아 왕성하게 되니 전담하는 기는 없지만 사계절 안에 있지 않음이 없다. 오성五性의 신信도 그 이치가 이와 같다.

자사자子思子(공자의 손자 공급孔伋의 자字. 끝의 자子는 존칭)가 '칠정이 아직 발현하지 않은 것을 중中이라 하고, 이미 발현한 것을 화和라 한 다.'고 하여, 성의 온전한 바탕(중中)과 정의 온전한 바탕(화和)을 논의하면서 칠정만을 들었으니, 그렇다면 어찌 인심만 든 것일 리가 있겠습니까. 이것(칠정은 인심과 도심을 총괄한 명칭이라는 것)은 명백하여 의심할 만한 것이 없습니다.

성은 심에 갖추어져 있고 성이 발하여 정이 되니, 성이 본래 선하다면 정도 불선不善함이 없어야 합니다. 그런데 정에 간혹 불선함이 있는 것은 어째서겠습니까. 리는 본래 순수한 선인데, 기에 맑음과 탁함이 있기 때문입니다. 기는 리를 담는 그릇입니다. 리가 아직 발하지 않은 때는 기가 활동하지 않으므로 중체中體가 순수한 선이지만, 기가 발함에 미쳐서는 선과 악이 비로소 나누어집니다. 선은 맑은 기가 발한 것이고 악은 탁한 기가 발한 것이지만, 그 뿌리는 천리天理일 뿐입니다. 정이 선한 것은 청명淸明한 기를 타고 천리를 따라 곧장 나와 그 중체를 잃지 않아서 인·의·예·지의 단서가 됨을 볼 수 있으므로 사단이라 일컬은 것입니다. 정이 불선한 것도 비록 리에 근본하지만 이미 더럽고 탁한 기에 가려져 그 본체本體를 잃고 제멋대로 생겨나 지나치기도 하고 못 미치기도 하여, 인仁에 근본하나 도리어 인을 해치고, 의義에 근본하나 도리어 의를 해치고, 예禮에 근본하나 도리어 예를 해치고, 지智에 근본하나 도리어 지를 해치므로 사단이라 이를 수 없는 것입니다. 주자周子(주돈이周敦頤)는 "오성五性이 감동하여 선과 악이 나누어진다."[175]라 하고, 정자程子

---

175 오성이……나누어진다 : 주돈이周敦頤, 《태극도설太極圖說》에 나온다.

는 "선과 악이 모두 천리다."[176]라 하고, 주자朱子(주희朱熹)는 "천리로 말미암아 인욕이 있다."[177]라고 하였으니, 모두 이 뜻입니다.

　오늘날의 학자는 선과 악이 기의 맑음과 탁함에서 유래하는 줄을 알지 못하여 그 내용을 찾으면서도 이해하지 못하였기 때문에, '리가 발한 것은 선이 되고, 기가 발한 것은 악이 된다.'고 하여 리와 기가 서로 떨어지는 잘못이 있게 하였으니, 이는 어리석은 논설입니다. 신은 어리석고 참람함을 헤아리지 않고 삼가 다음과 같이 그림을 그렸습니다.

---

176 선과……천리다 : 《이정수언二程粹言》〈제第1 논도편論道篇〉과 〈제第7 성현편聖賢篇〉에 나온다.

177 천리로……있다 : 《회암선생주문공문집晦庵先生朱文公文集》 권40 〈서書 답하숙경答何叔京〉에 나온다.

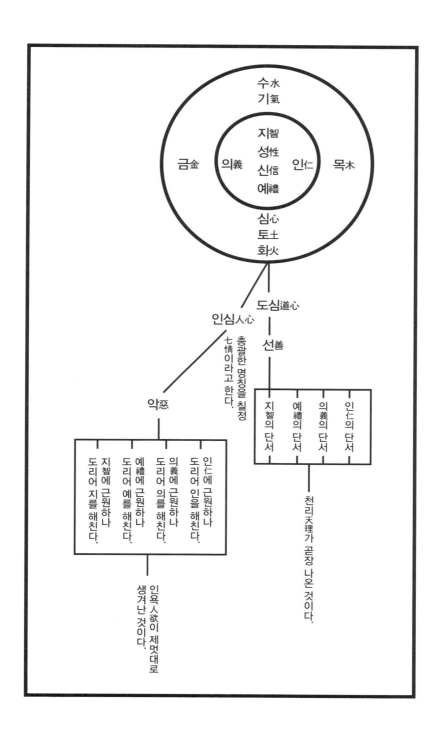

人心道心圖說【壬午○奉教製進】

臣按天理之賦於人者謂之性, 合性與氣而爲主宰於一身者謂之心, 心應事物而發於外者謂之情. 性是心之體, 情是心之用, 心是未發已發之摠名, 故曰心統性情. 性之目有五, 曰仁義禮智信, 情之目有七, 曰喜怒哀懼愛惡欲.

情之發也, 有爲道義而發者, 如欲孝其親, 欲忠其君, 見孺子入井而惻隱, 見非義而羞惡, 過宗廟而恭敬之類是也. 此則謂之道心. 有爲口體而發者, 如飢欲食, 寒欲衣, 勞欲休, 精盛思室之類是也. 此則謂之人心.

理氣渾融, 元不相離. 心動爲情也, 發之者氣也, 所以發者理也. 非氣則不能發, 非理則無所發, 安有理發氣發之殊乎? 但道心雖不離乎氣, 而其發也爲道義, 故屬之性命; 人心雖亦本乎理, 而其發也爲口體, 故屬之形氣. 方寸之中, 初無二心, 只於發處, 有此二端. 故發道心者, 氣也, 而非性命則道心不生; 原人心者, 理也, 而非形氣則人心不生, 此所以或原或生, 公私之異者也.

道心, 純是天理, 故有善而無惡; 人心, 也有天理, 也有人欲, 故有善有惡. 如當食而食, 當衣而衣, 聖賢所不免, 此則天理也; 因食色之念而流而爲惡者, 此則人欲也. 道心, 只可守之而已, 人心, 易流於人欲, 故雖善亦危. 治心者, 於一念之發, 知其爲道心, 則擴而充之, 知其爲人心, 則精而察之, 必以道心節制, 而人心常聽命於道心, 則人心亦爲道心矣, 何理之不存, 何欲之不遏乎?

眞西山論天理人欲, 極分曉, 於學者功夫, 甚有益. 但以人心專歸之人欲, 一意克治, 則有未盡者. 朱子旣曰: "雖上智, 不能無人心." 則聖人亦有人心矣, 豈可盡謂之人欲乎?

以此觀之. 則七情卽人心道心善惡之摠名也. 孟子就七情中, 剔出善一邊, 目之以四端, 四端卽道心及人心之善者也. 四端不言信者, 程子曰: "旣有誠心爲四端, 則信在其中矣." 蓋五性之信, 如五行之土, 無定位, 無專氣, 而寄旺於四時. 論者或以四端爲道心, 七情爲人心, 四端固可謂之道心矣, 七情豈可只謂之人心乎? 七情之外, 無他情, 若偏指人心, 則是擧其半而遺其半矣.

子思子以七情之未發者謂之中, 已發者謂之和, 論性情之全德, 而只擧七情, 則寧有偏擧人心之理乎? 此則較然無可疑者矣.

性具於心而發爲情, 性旣本善, 則情亦宜無不善, 而情或有不善者, 何耶? 理本純善, 而氣有淸濁, 氣者, 盛理之器也. 當其未發, 氣未用事, 故中體純善, 及其發也, 善惡始分. 善者, 淸氣之發也; 惡者, 濁氣之發也, 其本則只天理而已. 情之善者, 乘淸明之氣, 循天理而直出, 不失其中, 可見其爲仁義禮智之端, 故目之以四端. 情之不善者, 雖亦本乎理, 而旣爲汚濁之氣所掩, 失其本體而橫生, 或過或不及, 本於仁而反害仁, 本於義而反害義, 本於禮而反害禮, 本於智而反害智, 故不可謂之四端耳. 周子曰: "五性感動而善惡分." 程子曰: "善惡皆天理." 朱子曰: "因天理而有人欲." 皆此意也.

今之學者, 不知善惡由於氣之淸濁, 求其說而不得, 故乃以理發者爲善, 氣發者爲惡, 使理氣有相離之失, 此是未瑩之論也. 臣不揆愚僣, 謹作圖如左.

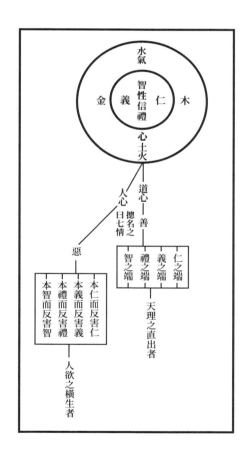

21. 극기복례에 관한 설

【임오년壬午년(1582) 겨울 ○ 조사詔使 황홍헌黃洪憲을 위해 지었다.】[178]

○ 이 글은 1582년 조선에 조사詔使[179]로 온 한림원편수翰林院編修 황홍
헌黃洪憲(1541-1600)에게 원접사遠接使를 맡은 이이가 지어준 것이다. 조
사가 서울에 들어와 문묘文廟를 배알할 때 명륜당明倫堂 벽에 걸린 정이
程頤의 〈사물잠四勿箴〉을 보고 이이에게 그 뜻을 강해講解해 달라고 하
자, 이이가 이 설을 지어주었다. 이이가 처음 조사를 접견하고 길을 오면서
예禮에 대한 논의와 시를 주고받은 것이 계기가 된 듯하다.

　'극기복례'는 《논어論語》〈안연顔淵〉의 "자신의 사욕을 이기고 예를 회
복하는 것이 인을 실천하는 것이다.[克己復禮爲仁]"라고 한 말을 가리킨다.
예禮는 성인이 천리天理를 알맞게 조절하여 등급을 지어 놓은 것으로서
바로 하늘의 법칙[天則]이니, 이것으로 몸과 마음을 검속하면 자연히 의
義·지智가 그 안에 있게 되고 인仁을 이룰 수 있다.

---

178 《율곡전서栗谷全書》권14 〈설說 극기복례설克己復禮說【임오동壬午冬○위조사황홍
　　　헌작爲詔使黃洪憲作】〉

179 조사 : 천자가 외국에 보내는 사신을 이른다. '조서사詔書使'라고도 하는데, 천자
　　　의 조서詔書를 가지고 온다는 뜻으로 붙인 명칭이다.

내 나름대로 생각해 보면, 인仁은 본심本心의 전덕全德[180]이고, 예禮는 천리天理의 절문節文[181]이고, 기己는 한 몸의 사욕私欲입니다. 사람은 이 본심을 갖추지 않은 이가 아무도 없으나, 인仁하지 못한 까닭은 사욕이 가로막고 있기 때문입니다. 사욕을 제거하려면 몸과 마음을 단정하게 가다듬어 한결같이 예를 따른 뒤에야 사욕[己]을 이길 수 있고 예를 회복할 수 있을 것입니다.

의義·예禮·지智도 다 천리인데 예만 거론한 것은, 예는 몸과 마음을 검속하는 것이니 봄[視]·들음[聽]·말함[言]·행동함[動]이 모두 하늘의 법칙[天則]을 따라서 모든 행동거지[182]가 다 예[節文]에 맞으면 심덕心德이 온전하게 되어 의·지가 그 안에 있게 되기 때문입니다.

안자顔子(안연顔淵. 공자의 제자)는 성인聖人(공자孔子)의 가르침을 한 번 듣고 이를 받들어 과감하게 정진하여 곧 천성天性을 회복하였으니, 바로 유독 '배움을 좋아한다[好學]'고 칭찬을 받은 이유입니다.[183]

---

180 전덕 : 덕德이라고만 해도 되는데 전덕全德이라고 한 것은 심心에 인·의·예·지가 전부 갖춰져 있음을 강조한 것이다.

181 절문 : 알맞게 조절하여 등급을 지은 것을 절문節文이라고 한다. 주희가 "천리天理는 인·의·예·지를 총괄한 명칭이다."라고 하였으니(《회암선생주문공문집晦庵先生朱文公文集》 권41 〈답하숙경答何叔京〉), 예禮는 마음속에 갖추어진 성性, 곧 인·의·예·지를 알맞게 조절하여 등급을 지어 놓은 것으로서 인사人事의 법칙이다.

182 모든 행동거지 : 원문은 '動容周旋'이다. 동용動容은 동작과 용모, 주선周旋은 읍양진퇴揖讓進退하는 동작이다.

183 배움을……이유입니다 : 《논어論語》 〈옹야雍也〉에 "애공이 '제자 중에 누가 배움을 좋아합니까?'라고 묻자, 공자가 대답하였다. '안자라는 이가 배움을 좋아하여 노여움을 옮기지 않고 허물을 거듭 저지르지 않았는데, 불행하게도 명이 짧아 죽었습니다. 지금은 없으니, 배움을 좋아한다는 이를 듣지 못하였습니다.'[哀公問, '弟子孰爲好學?' 孔子對曰: '有顔回者好學, 不遷怒, 不貳過, 不幸短命死矣. 今也則亡, 未聞好學者也.']"라고 한 말을 가리킨다.

우리나라 사람은 견문이 넓지 못하여 단지 정자程子와 주자朱子의 학설만 지킬 뿐이라서 다시 다른 도리로 부연할 만한 것이 없습니다. 비록 기존의 격식(정자와 주자의 학설)[184]을 고집하지 않으려 하나 되지 않습니다.

---

184 기존의 격식 : 원문은 '窠臼'다. 송준하宋準夏의 《(율곡전서栗谷全書)문자석의文字釋疑》에 "'現成格式(이미 이루어진 격식)'이라는 말과 같으니, '科臼'라고도 쓴다.[猶言現成格式, 亦作科臼.]"라고 하였으니, 기존에 굳어진 격식 또는 상투적인 것 등을 말한다.

정이程頤의 〈사물잠四勿箴〉[185]

시잠視箴

마음은 본래 텅 비어 있으니, 사물을 응접함에 흔적이 없다. 마음을 잡는 데는 요점이 있으니, 눈으로 보는 것이 법칙이 된다. 물욕物欲의 가리움이 눈 앞에서 교차하면 그 마음이 곧 옮겨가는 법이다. 그러니 밖에서 제재하여 그 안(마음)을 편안하게 하라. 자신의 사욕을 이기고 예禮로 돌아가면 오랜 뒤에는 마음이 진실해질[誠] 것이다.

心兮本虛, 應物無迹. 操之有要, 視爲之則. 蔽交於前, 其中則遷, 制之於外, 以安其內. 克己復禮, 久而誠矣.

청잠聽箴

사람이 지닌 변함없는 본성(상성常性)은 타고난 성性에 뿌리를 두고 있지만, 지각知覺이 외물의 꼬임에 넘어가고 물욕物欲이 마음을 변화시켜 마침내 그 바름(상성)을 잃는다. 뛰어난 저 선각자先覺者는 그쳐야 할 곳 (자신의 상성)을 알아 정함이 있었다. 바르지 않은 생각을 막고 진실한 마음[誠]을 보존하여 예禮가 아니면 듣지 말라.

人有秉彝, 本乎天性, 知誘物化, 遂亡其正. 卓彼先覺, 知止有定. 閑邪存誠, 非禮勿聽.

---

185 〈사물잠〉의 번역은 졸역, 《관선정에서 들리는 공부를 권하는 노래》(도서출판 수류화개, 2020) P.105-106에 부록한 것을 전재하였다.

언잠言箴

인심人心의 움직임은 말에서 드러나는 법이니, 말을 할 때는 조급하고 경망함을 금지하여야 마음이 고요하고 전일專—해진다. 더구나 이 말[樞機]은 전쟁을 일으키기도 하고 우호友好를 내기도 하니, 길흉吉凶과 영욕榮辱은 오직 말이 불러들이는 것이다. 말을 너무[傷] 쉽게 하면 미덥지 못하고 너무 번거롭게 하면 갈피를 잡을 수 없으며, 자기가 말을 함부로 하면 상대방이 언짢아하고 가는 말이 도리에 어긋나면 오는 말도 도리에 어긋나는 법이다. 그러니 예법禮法이 아니면 말하지 말아 〈공자께서〉 훈계하신 말씀을 공손히 받들라.

> 人心之動, 因言以宣, 發禁躁妄, 內斯靜專. 矧是樞機*, 興戎出好, 吉凶榮辱, 惟其所召. 傷易則誕, 傷煩則支, 己肆物忤, 出悖來違, 非法不道, 欽哉訓辭.

* 樞機: 추기는 문의 지도리로, 매우 중요한 부분을 말한다. 《주역周易》〈계사전繫辭傳 상上〉의 "언행은 군자의 추기다.[言行, 君子之樞機.]"라고 한 데서 유래하여, 말·언어를 지칭하기도 한다.

동잠動箴

철인哲人(어질고 사리에 밝은 사람)은 〈마음이 나누어지는〉 기미幾微를 알기 때문에 생각에서부터 진실하고자 하고, 지사志士는 행실을 힘쓰기 때문에 행위에서부터 〈의義를〉 지키고자 한다. 도리를 따르면 넉넉하고 욕망을 따르면 위태로우니, 급박한 순간에도 잘 유념하여 매우 조심하고 경계하여 자신을 지키도록 하라. 습관이 천성天性처럼 변하면 성현聖賢과 동일한 경지로 돌아갈 것이다.

> 哲人知幾, 誠之於思. 志士勵行, 守之於爲. 順理則裕, 從欲惟危, 造次克念, 戰兢自持. 習與性成, 聖賢同歸.

克己復禮說【壬午冬○爲詔使黃洪憲作】

竊謂仁者, 本心之全德; 禮者, 天理之節文; 己者, 一身之私欲也. 人莫不具此本心, 而其所以未仁者, 由有私欲間之也. 欲去私欲, 須是整理身心, 一遵乎禮, 然後己可克而禮可復矣.

義禮智, 均是天理, 而獨擧禮者, 禮是檢束身心底物事, 視聽言動, 悉循天則, 動容周旋, 皆中節文, 則心德斯全, 而義智在其中矣.

顏子一聞聖訓, 擔當勇詣, 便復天性[186], 此所以獨稱好學也.

小邦之人, 所見孤陋, 只守程朱之說, 更無他道理可以敷衍, 雖欲不拘窠臼, 不可得也.

---

186 性 : 전서본全書本에는 "성性은 어떤 본에 리理로 되어 있다.[性, 一作理.]"라는 두주頭注가 있다.

22. 심·성·정을 논하다[187]

○ 운곡雲谷 송한필宋翰弼에게 한 말을 간단히 기록해 놓은 글이다. 심·성·정을 간략하게 논하고 있으며, 기질지성氣質之性이 인성人性 중에 별개의 성性으로 존재하는 것이 아니라 본연지성本然之性과 함께 동일한 성이라고 하는 것이 특징이다.

내가 계응季鷹[188]에게 다음과 같이 말하였다.

대체로 기질지성氣質之性은 본연지성本然之性과 별개의 성性이 아니다. 기질氣質이 성을 포함하여 생명을 부여받을 때부터 함께 생기므로 기질도 '성'이라고 한 것이다. 기질은 그릇과 같고, 성은 물과 같다. 깨끗한 그릇 안에 물을 담은 것은 성인聖人이요, 그릇 안에 모래와 진흙이 있는 것은 중인中人이요, 완전히 진흙이 그릇 안에 있는 것은 가장 아래 등급의 사람이다. 금수禽獸 같은 것에 이르러서는 비록 막히기는 하였으나 물이 없는 것은 없다. 비유하면 물에 개어 놓은 진흙 덩어리와 같아서 끝내 맑게 할 수 없는 것이다. 바로 물기가 있는 성이 이미 말라버려 맑게 할 수 있는 방법이 없고, 또 물이 있는지 보이지 않지만 그렇다고 물이 아예 없다고 할 수도 없는 것이다.

성인은 정情이 절도에 맞지 않음이 없으며, 군자는 정이 간혹 절도에 맞진 않지만 의意는 절도에 맞지 않음이 없으며, 일반 사람은 간혹 정이 절도에 맞지만 의는 절도에 맞지 않기도 하고 간혹 정이 절도에 맞지 않지만 의가 절도에 맞기도 한다. 만약 정을 불선不善함이 없다고 여겨 정 내키는 대로 행동한다면 언제나 일을 망치지 않겠는가. 주자朱子가 "정은 성의 용用이고, 성은 정의 체體며, 심心은 성과 정의 주재主宰다."라고 하였으니, 이 말도 기질을 포함하여 말한 것으로 살피지 않으면 안 된다.

---

188 계응 : 송한필宋翰弼(?-?)의 자字다. 호號는 운곡雲谷이며, 구봉龜峯 송익필宋翼弼(1534-1599)의 아우다.

論心性情

余謂季鷹曰: 大抵氣質之性, 非別性也. 氣質包性, 與生俱生, 故謂之性也. 氣質如器, 性如水. 清淨器中儲水者, 聖人也; 器中有沙泥者, 中人也; 全然泥土中有水者, 下等人也. 至如禽獸雖塞, 莫不有水. 譬如和水泥塊子也, 終不可澄清. 蓋濕性已乾, 無計可澄, 且不見其有水, 而亦不可謂之無水也.

聖人情無不中, 君子情或不中, 而意無不中, 常人或情中而意不中, 或情不中而意中. 若以情爲無不善, 任情而行, 則何嘗不敗事? 朱子曰: "情者, 性之用; 性者, 情之體; 心爲性情之主." 斯言亦包氣質而言, 不可不省.

발문跋文

이상 《이자성리서》는 바로 이자李子(이이李珥)의 문인 묵재默齋 이공李公(이귀李貴)의 후손 신재공新齋公[189]이 편집한 책이다.

이자李子는 자양紫陽(주희朱熹의 별칭) 이후의 한 사람으로, 그의 덕업德業·사공事功(공적)·문장文章·경술經術은 《율곡전서栗谷全書》에 갖춰져 있는데, 이미 해와 달처럼 중천을 밝히고 황하와 바다처럼 대지를 적셔주었다. 그 가운데 심성心性·리기理氣에 관한 설은 천고千古의 심오한 이치를 드러내 밝히고 백세百世의 어리석은 사람들을 일깨워주었으니, 선비된 자는 하루도 이것이 없어서는 안 된다.

대체로 《율곡전서》는 분량이 매우 많아 연구하기 어렵지만 이 책은 간약簡約하여 알기 쉬우니, 바로 주자朱子의 편지글이 이미 《주자대전朱

---

189 신재공 : 이 《이자성리서》를 편집한 이도중李度中을 말한다. 신재新齋는 이도중의 호號다.

子大全》에 있지만 다시 《주자서절요朱子書節要》를 둔 것과 같다. 이것이 우리 선생께서 이 책을 편집한 본래의 의도다.

소자小子가 작년 겨울 호상湖上으로 와서 선생[函丈]을 모시고 가르침을 받은 뒤에 함께 말하다가 이 일을 언급하였다. 그래서 개인적으로 참람됨과 외람됨을 스스로 헤아리지 않고 집으로 돌아와 군종群從(사촌형제 및 조카뻘 되는 사람) 및 벗들[190]과 판각하였으니, 한편으로는 선생께서 이자李子를 높이 받든 뜻을 이루고, 한편으로는 소자가 사모하는 정성을 부쳤으니, 또한 훗날 《율곡전서》를 계속해서 간행하는 실마리(계기)가 되기를 바란다.

병자년丙子年(1816) 상원上元(음력 정월 보름)에
신재新齋의 문인 응천凝川의 박기직朴基稷[191]이 삼가 발문을 쓰다

---

190 벗들 : 원문은 '諸益'이니, '제우諸友'라는 말과 같다.

191 응천의 박기직 : 응천은 경상도 밀양의 다른 이름이다. 박기직의 관향이 밀양, 곧 밀양 박씨임을 드러낸 것이다.

跋

右《李子性理書》, 卽李子門人默齋李公後孫新齋公之所編也. 夫李子, 紫陽後一人也. 其德業事功文章經術, 備在《全書》, 業已昭日月於中天, 涵河海於大地矣. 而就中心性理氣之說, 發千古之秘奧, 牖百世之群蒙, 爲士者不可一日無此也.

蓋《全書》浩汗而難窮, 此編簡約而易知, 政猶朱書之旣有《大全》, 又有《節要》. 此吾先生纂輯之本意也.

小子去年冬, 來侍函丈於湖上, 承敎之餘, 語及是事. 竊不自揆其僭猥, 歸與群從及諸益 付諸剞劂, 一以遂函丈尊尙之志, 一以寓小子景仰之誠, 亦庶爲他日嗣刻《全書》之端兆云爾.

丙子上元, 新齋門人 凝川 朴基稷 謹跋.

부록

천도에 대한 책문

문문問

  천도天道(자연의 질서)는 알기 어렵고 말하기도 어렵다. 해와 달이 하늘에 걸려 있으면서 번갈아 운행하여 한 번은 낮이 되고 한 번은 밤이 되는데, 더디기도 하고 빠르기도 한 것은 누가 시켜서 그런 것인가?

  간혹 해와 달이 나란히 뜨기도 하고 때로는 일식이나 월식이 일어나 해와 달이 서로 그 빛을 가리는 것은 어째서인가?

  수성·금성·화성·목성·토성, 이 다섯 개의 별을 행성行星[緯]이라 하고 나머지 뭇별(28수宿)을 항성恒星[經]이라고 하는 것도 그 자세한 내용을 말해줄 수 있는가?

  상서롭다는 경성景星은 언제 나타나며, 상서롭지 못하다는 혜성彗星

이 나타나는 것은 또한 어느 시대에 있는가?

어떤 사람이 "만물의 정기精氣가 위로 올라가 밤하늘의 별[列星]이 된다."라고 하는데, 이 말도 어디에 근거한 것인가?

바람이 일 때는 어디에서 시작하여 어디로 부는가?

바람이 불어도 나뭇가지가 소리를 내지 않기도 하고, 바람이 나무를 부러뜨리고 집을 무너뜨리기도 하며, 산들바람[少女]도 되고 돌개바람[飇母]도 되는 것은 어째서인가?

구름은 어디에서 일어나는가? 구름이 흩어져 오색五色이 되는 것은 무엇에 감응한 것인가? 간혹 연기 같기도 하고 아닌 것 같기도 한 것이 뭉게뭉게 짙게 피어오르는 것은 어째서인가?

안개는 무슨 기운이 발한 것인가? 그리고 그것이 불그스름하기도 하고 푸르스름하기도 한 것은 또 무슨 징조인가? 누르스름한 안개가 끼어 사방을 가득 덮기도 하고, 매우 짙은 안개가 끼어 낮인데도 어두컴컴한 것은 또한 어째서인가?

우레와 벼락은 누가 주재하는가? 그리고 그 섬광이 번쩍이고 그 소리가 우르르 쾅쾅 치는 것은 어째서인가? 사람에게 벼락이 떨어지거나 사물에 벼락이 떨어지는 것은 또한 무슨 이치인가?

서리는 풀을 죽이고 이슬은 식물을 윤택하게 하는데, 서리가 되거나 이슬이 되는 이유를 들려줄 수 있는가?

남월南越은 따뜻한 곳인데 6월에 서리가 내리는 것은 몹시 심한 변고다. 당시의 일을 자세히 말해줄 수 있는가?

비는 구름을 따라 내리는데, 간혹 짙게 구름만 끼고 비가 내리지 않는 것은 무엇 때문인가?

신농씨神農氏 때에는 비가 오길 원하면 비가 내리는 태평한 세상이었다. 1년에 36번 비가 내렸으니[1], 천도天道도 편애하여 후하게 대함이 있는가? 군사를 일으킬 때 비가 내리기도 하고 옥사獄事를 판결할 때 비가 내리기도 하는 것은 또 어째서인가?

초목의 꽃은 다섯 잎으로 된 것이 대다수인데, 눈송이[雪花]는 유독 여섯 잎(육각 구조)인 것은 어째서인가?

한漢나라의 원안袁安이 많은 눈이 내렸을 때 남에게 폐를 끼치지 않기 위해 집안에 가만히 누워있던 일[臥雪], 송宋나라의 양시楊時와 유작游酢이 스승 정이程頤를 찾아뵐 때 정이가 명상에 잠겨 있어서 눈이 한 자나 쌓이도록 서 있던 일[立雪], 당唐나라의 왕원보王元寶가 많은 눈이 내릴 때마다 종에게 대문 앞부터 골목길까지 눈을 쓸게 하고서 직접 골목길 앞에 서서 손님을 맞이하여 함께 모임을 갖고 술을 마시던 일[迎賓], 진晉나라의 왕휘지王徽之가 산음현山陰縣에 살 때 많은 눈이 내린 겨울밤 잠에서 깨어 시를 읊조리며 흥에 겨운 나머지 문득 대규戴逵라는 친구가 생각나 밤새 배를 타고 찾아갔으나 그의 집 앞에 도착하자 흥이 다하여 대규를 만나지 않고 그냥 집에 돌아간 일[訪友]도 하나하나 다 말해줄 수 있는가?

우박은 서리도 아니고 눈도 아닌데, 무슨 기운이 모인 것인가? 어떤 것은 크기가 말 머리통 만하고 어떤 것은 크기가 계란 만하여 사람이나 새, 들짐승을 죽이는 것도 어느 시대에나 있었는가?

---

1 1년에……내렸으니 : 《태평어람太平御覽》 권10 〈천부天部 10 우雨 상上〉에 "태평한 시절에는 10일에 1번 비가 내리니, 대체로 한 해에 36번 비가 내린다.[太平之時, 十日一雨, 凡歲, 三十六雨.]"라는 말이 보인다.

천지가 온갖 사물에 각각 그 기운을 두어 이루었는가? 아니면 하나의 기운이 유행하여 흩어져서 갖가지 사물이 되었는가?

만약 상도常道에서 벗어나 어긋나면 하늘의 기운이 어그러지며, 사람의 일이 잘못되는가?

어떻게 하면 해와 달은 일식이나 월식이 일어나지 않으며, 별들은 제 운행궤도를 벗어나지 않으며, 우레는 울려도 벼락은 치지 않으며, 서리는 여름에 내리지 않으며, 눈은 너무 많이 내리지 않으며, 우박은 재해를 입히지 않으며, 매우 세찬 바람과 아주 지나치게 내리는 비가 없이 저마다 그 질서에 순응하여 마침내 천지의 운행질서를 제자리에 안착시키고 만물을 제 생리生理대로 자라게 함에 이를 수 있는가? 그러한 도리는 어디에서 유래하는가?

유생들은 경전經典과 사서史書에 널리 정통하니, 반드시 이런 것에 독특한 견해가 있는 사람이 있을 것이다. 저마다 마음을 다하여 대답하라.

대對

하늘의 일은 소리도 없고 냄새도 없지만, 그 리理(이치)는 지극히 은미하고 그 상象(현상)은 지극히 드러나 있습니다. 이 말의 뜻을 아는 사람이라야 함께 천도天道를 논할 수 있습니다. 지금 집사執事[2] 선생께서 지

---

2 집사 : 여기서는 책문策問을 내린 임금, 곧 명종明宗을 가리킨다. 임금을 직접 지칭하는 것이 불경스럽기 때문에 그 밑에서 일을 주관하는 사람을 가리킴으로써 임금을 높인 것이다.

극히 은미하고 지극히 드러나 있는 도道를 시험의 제목으로 제시하여 격물궁리格物窮理의 설을 듣고자 하시니, 참으로 학문이 천天·인人에 통달한 사람이 아니라면 어찌 이를 논의하는 데 참여할 수 있겠습니까? 저는 평소 선각자들에게 들은 것을 가지고 밝으신 물음에 만분의 일이나마 대답하고자 합니다.

삼가 아룁니다. 온갖 조화의 뿌리는 하나의 음양陰陽일 뿐입니다. 이 '기氣'가 동動하면 양이 되고 정靜하면 음이 됩니다. 그러니 한 번 동하고 한 번 정하는 것은 기고, 동하게 하고 정하게 하는 것은 리입니다. 대체로 천지의 사이에 형상을 가지고 있는 것은 오행五行의 바른 기[正氣]를 모으거나, 천지의 어그러진 기[乖氣]를 받거나, 음양이 서로 부딪치는 데서 생기거나, 음양 두 기가 발산하는 데서 생기거나 한 것입니다. 그러므로 해·달·별들이 하늘에 걸려 있고, 비·눈·서리·이슬이 땅에 내리며, 바람·구름이 일어나고, 우레·번개가 치는 것은 이 기가 아닌 것이 없습니다. 해·달·별들이 하늘에 걸려 있게 하고, 비·눈·서리·이슬이 땅에 내리게 하며, 바람·구름이 일어나게 하고, 우레·번개가 일어나게 하는 것은 이 리가 아닌 것이 없습니다. 음양 두 기가 진실로 조화를 이루면 저 하늘에 걸려 있는 것들은 그 천체天體 운행의 도수度數를 잃지 않고, 땅에 내리는 것들은 반드시 제 때에 맞으며, 바람·구름·우레·번개는 모두 조화로운 기 속에서 운행할 것이니, 이것은 리가 정상적으로 발현한 것입니다. 그러나 음양 두 기가 조화를 이루지 않으면 해·달·별들은 그 운행이 제 도수를 잃고, 비·눈·서리·이슬은 그 발생함이 제 때를 잃으며, 바람·구름·우레·번개는 모두 어그러진 기에서 나올 것이니, 이것은 리가 비정상적[變]으로 발현한 것입니다. 그러나 사람은 천지의 마음이니, 사람의 마음이 바르면 천지의 마음도 바르고, 사람의 기가 순하면 천지의 기도 순할 것입니다. 그렇다면 리의 정상적으로 발현하는 것과 리의 비정상적으로 발현하는 것을 어찌 한결같이 천도에만 맡길 수 있겠습니까? 저는 이점에 대해 아뢰고자 합니다.

천지가 개벽한 이래로 해와 달이 번갈아 밝혔으니, 해는 태양의 정기요 달은 태음의 정기입니다. 양의 정기는 빠르게 운행하므로 하룻낮에 하늘을 한 바퀴 돌며, 음의 정기는 더디게 운행하므로 하룻밤에 하늘을 다 돌지 못합니다. 양이 빠르고 음이 더딘 것은 기 때문이요, 음이 더디고 양이 빠른 이유는 리 때문입니다. 저는 누가 그것을 그렇게 하는지 모르겠지만, 기껏해야 '자연스럽게 그러한 것'이라고 말할 수 있을 뿐입니다.

해는 군주의 표상이요, 달은 신하의 표상입니다. 그것(해와 달)이 운행할 때는 궤도를 같이 하고 그것이 만날 때는 도수度數를 같이 하기 때문에, 달이 해를 가리면 일식이 되고 해가 달을 가리면 월식이 되는 것입니다. 저 달이 희미한 것은 그래도 변고가 되지 않지만, 이 해가 희미한 것은 음기가 성하고 양기가 미약한 것이니, 아랫사람이 윗사람을 능멸하고 신하가 군주를 거역하는 형상입니다. 그런데 하물며 두 해가 함께 뜨거나 두 달이 함께 뜨는 것은 정상적이지 않은 변고니, 어그러진 기가 그렇게 하는 것 아님이 없습니다. 제가 옛일을 찾아보니, 재이災異가 일어나는 것은 인정仁政을 편 치세[修德之治世]에는 출현하지 않았고, 일식이나 월식의 변고[薄蝕之變]는 다 말세의 어지러운 세상[叔季之衰政]에 출현하였습니다. 그렇다면 하늘과 사람이 서로 통할 즈음에 이를 알 수 있을 것입니다.

대체로 하늘의 푸르름은 기가 쌓인 것이지 정색正色이 아닙니다. 진실로 별들을 분명하게 기록할 수 있는 이가 아니면 천기天機(천체의 구조)의 운행을 거의 구명究明할 수 없을 것입니다.

저 반짝반짝하고 가물가물한 별들은 저마다 천체 궤도상의 제자리를 갖고 있는데, 어느 것인들 원기元氣가 운행한 것이 아니겠습니까. 뭇별은 천체의 운행을 따라 운행하고 스스로 운행하지 못하기 때문에 '항성[經]'이라 하고, 수성·금성·화성·목성·토성 이 다섯 개의 별은 때를 따라 각각 나타나서 천체의 운행을 따르지 않기 때문에 '행성[緯]'이라고 합니다. 하나는 일정한 천체 궤도상의 제자리가 있고, 다른 하나는 일정한 도수가 없습니다. 그 일반적인 것을 말하면, 천체는 움직이지 않는 바탕[經]이 되고 수성·금성·화성·목성·토성 이 다섯 개의 별은 운행하는 별[緯]이 됩니다. 그 자세한 내용을 말하고자 하면 작은 종이 쪼가리로는 다 기록할 수 없을 것입니다.

상서로운 별은 항상 나타나지 않고, 변괴變怪로운 별도 항상 나타나지 않습니다. 그러므로 상서롭다는 경성景星은 반드시 태평성대한 세상[昭代]에 나타났고, 상서롭지 못하다는 혜성彗星은 반드시 쇠퇴한 세상에 나타났습니다. 우순虞舜의 시대는 문치文治로 교화가 이루어진 태평성대한 시대[文明]였기 때문에 경성이 나타났고, 춘추시대는 혼란한 시대였기 때문에 혜성이 나타났습니다. 우순처럼 다스려진 시대가 한 번이 아니고, 춘추시대처럼 혼란한 시대도 한 번이 아닌데, 어찌 하나하나 짚어가며 말씀을 올릴 수 있겠습니까?

"만물의 정기精氣가 위로 올라가 밤하늘의 별[列星]이 된다."라고 한 경우는, 저는 믿지 못하겠습니다. 별들이 하늘에 있는 것은 오행五行의 정수精髓이자 자연의 기氣기 때문입니다. 저는 어떤 것의 정기가 어떤 별이 되었다고 인식하지 않습니다. 팔준八駿[3]이 방성房星[4]의 정기가 되고 은殷나라 부열傅說이 죽은 뒤에 하늘로 올라가 밤하늘의 별이 되었다[5]는 것이 이런 부류인데, 이른바 '산하대지山河大地가 그림자를 푸른 하늘로 올려보냈다.'라는 설과 무엇이 다르겠습니까. 이것은 유학자가 믿을 것이 못 됩니다. 별의 기는 단단하지 않은 기[虛]가 응결된 것입니다. 음기가 응결되지 않아 떨어져 돌이 되기도 하고 떨어져 언덕이 되기도 한다는 것은 제가 소자邵子(소옹邵雍)에게 들었으나, 사물의 정기가 별이 된다는 말은 들어보지 못하였습니다.

또 천지 사이를 가득 채우고 있는 것은 기 아님이 없습니다. 음기가 엉기고 모였는데도 밖에 있는 양기가 들어오지 못하면 빙빙 돌아 바람이 됩니다. 만물의 기가 아무리 "간방艮方(동북의 사이)에서 나와 곤방坤方(서남의 사이)으로 들어간다."라고는 하나, 음기가 모이는 것이 정해진 곳이 없다면 양기가 흩어지는 것도 일정한 방소方所가 없을 것입니다. 큰 땅덩이가 내뱉는 기(바람)가 어찌 한 방향에 구애되겠습니까? 동쪽

---

3 팔준 : 주周나라 목왕穆王이 사랑한 여덟 마리의 준마다. 절지絶地·번우翻羽·분소奔霄·초영超影·유휘踰輝·초광超光·등무騰霧·협익挾翼 또는 적기赤驥·도려盜驪·백의白義·유륜踰輪·산자山子·거황渠黃·화류華騮·녹이綠耳라고 한다.

4 방성 : 28수 중 하나로, 창룡칠수蒼龍七數 가운데 넷째별이다. 네 개의 별로 구성되어 있으며 거마車馬를 맡았다고 한다.

5 은나라……되었다 : 《장자莊子》〈대종사大宗師〉에 부열이 죽은 뒤 하늘로 올라가 부열성傅說星이 되었다는 말이 나온다.

에서 일어나는 것을 길러주는 바람이라고 하지만 어찌 동쪽에서 시작한다고 할 수 있겠으며, 서쪽에서 일어나는 것을 죽이는 바람이라고 하지만 어찌 서쪽에서 시작한다고 할 수 있겠습니까? 탱자나무에 새가 와서 둥지를 틀었는데, 둥지의 빈 구멍에 바람이 들어온다고 하여 어찌 둥지의 빈 구멍에서 바람이 처음 불기 시작한다고 할 수 있겠습니까? 정자程子의 말에 "올해의 우레는 일어나는 곳에서 일어난다."라고 하였으니, 저도 바람에 나뭇가지가 살랑살랑 흔들리는 것은 기가 부딪히면 일어나고 기가 멈추면 그치니, 애당초 들고나는 것은 없다고 생각합니다.

성대하게 다스려지는 세상에서는 음양의 기가 잘 펴져 뭉쳐있지 않으므로 그 흩어짐이 반드시 온화하여 바람이 불어도 나뭇가지가 소리를 내지 않으며, 세상의 도가 쇠미한 때에는 음양의 기가 답답하게 막혀 펴지지 않으므로 그 흩어짐이 반드시 격렬하여 나무를 부러뜨리고 집을 무너뜨리니, 산들바람[少女]은 온화하게 흩어지는 것이고 돌개바람[飄母]은 격렬하게 흩어지는 것입니다. 주周나라의 성왕成王이 한 번 생각을 잘못하자 큰 바람이 곡식을 쓰러뜨렸으며, 주공周公이 수년간 교화를 펴자 바다에 거친 파도가 일지 않았으니, 그 기가 그렇게 되도록 한 것은 역시 인사人事에서 연유한 것입니다.

만약 산천山川의 기운이 위로 올라가 구름이 되는 것이라면 경사慶事와 재앙의 징조를 이것을 통해 알 수 있습니다. 선왕先王이 영대靈臺[6]를 설치하여 구름의 빛깔[雲物, 기상]을 관찰한 것은 길흉의 조짐을 살펴보기 위한 것입니다. 대체로 경사와 재앙이 일어남은 선한 일이나 나쁜 일

---

6 영대 : 주周나라 문왕文王이 축조한 천문대 같은 것이다.

을 한 그 날에 갑자기 경사나 재앙이 일어나는 것이 아니라 반드시 연유하는 조짐이 있습니다. 그러므로 구름의 빛깔이 희면 반드시 유랑하고 흩어지는 백성이 있고, 구름의 빛깔이 푸르면 반드시 곡식을 해치는 벌레가 있습니다. 검은 구름은 어찌 수재水災의 조짐이 아니겠으며, 붉은 구름은 어찌 전쟁의 징조가 아니겠습니까. 누런 구름은 한 해의 곡식이 잘 여물 조짐이니, 바로 기운이 먼저 나타난 것입니다.

연기도 아니고 안개도 아니면서 뭉게뭉게 짙게 피어올랐다가 흩어져 아지랑이처럼 일렁이는 것이 유독 지극히 조화로운 기를 얻어 성왕聖王의 상서로움이 되는 것은 아마도 오색구름[慶雲]뿐일 것입니다. 진실로 백성의 재물을 풍족하게 하고 근심을 풀어주는 덕이 없다면 이 오색구름을 부르기 어려울 것입니다. 어찌 수水와 토土의 맑고 가벼운 기(구름)가 한갓 흰옷처럼 보이다가 갑자기 푸른 개처럼 보이는 데[7] 비하겠습니까?

안개는 음기가 발산하지 못하고 엉겨서 피어오른 것입니다. 사물 가운데 음기를 모으는 것도 안개를 낼 수 있으니, 바로 산천山川의 요사스럽고 독한 기운입니다. 그것이 붉으면 전쟁의 조짐이 되고 푸르면 재앙의 조짐이 되는 것은 아닌 게 아니라 음기가 성하여 초래하는 것입니다. 역적 왕망王莽이 참람하게 황제의 지위를 차지하자 누런 안개가 사방에 가득 끼었고, 당唐 현종玄宗 천보天寶 연간(742~756)에 안녹산安祿山이 국정을 어지럽히자 짙은 안개로 낮인데도 어두컴컴하였고, 한漢 고조高

---

7 수와⋯⋯보이는 데 : 당唐나라 시인 두보杜甫의 〈가탄可歎〉 "하늘 위에 뜬 구름 흰옷 같더니, 잠깐 사이 푸른 개처럼 변하였네.[天上浮雲如白衣, 斯須改變如蒼狗.]"에서 유래한 말이다. 세상사의 변화무상함을 비유한다.

祖 유방劉邦이 백등산白登山에서 포위되었을 때[8]와 송宋나라 말기의 충
신 문산文山 문천상文天祥이 시시柴市에서 죽을 때[9] 모두 하늘이 흐리고
어두웠으니, 신하가 군주를 배반하거나 오랑캐가 중국을 침범하거나 하
면 이와 같았다는 것을 모두 유추할 수 있습니다.

　양기가 발산한 뒤에 음기가 양기를 감싸 양기가 나오지 못한 경우에
는 분발격동하여 우레와 번개가 됩니다. 그러므로 우레와 번개는 반드
시 봄과 여름에 일어나니, 이것은 천지의 노한 기운입니다. 섬광이 번쩍
임은 양기가 발산하여 번개가 된 것이요, 소리가 우르르 쾅쾅 침은 두
기가 서로 부딪쳐 우레가 된 것입니다. 선유先儒가 "우레와 번개는 음양
의 바른 기[正氣]니, 동면하는 벌레를 깨우기도 하고 사악한 것에 치기도
한다."라고 하였습니다. 진실로 바르지 않은 기[邪氣]가 모여 이루어진
사람도 있고 바르지 않은 기가 서려 이루어진 물건도 있으니, 바른 기가
바르지 않은 기에 벼락을 치는 것도 그 이치입니다. 공자孔子께서 세찬
우레가 치면 반드시 얼굴빛을 바꾸신 것[10]은 참으로 이 때문입니다. 그
런데 더구나 우레가 쳐야 할 곳에 우레가 친 것이겠습니까. 상商나라 무

---

8 한 고조……포위되었을 때 : 백등白登은 산서성山西省 대동시大同市 북동쪽에 있는 산이
　다. 한 고조가 직접 군사를 거느리고 흉노를 치러 갔다가 평성平城 백등산에서 묵특선우
　[冒頓單于]에게 7일 동안 포위를 당하였다.《사기史記》권110〈흉노열전匈奴列傳〉

9 송나라……죽을 때 : 시시柴市는 문천상이 순사殉死한 곳으로, 북경 선무문宣武
　門 밖 채시구菜市口로서 채시菜市는 시시柴市의 음이 변한 것이라 하기도 하고, 일
　설에는 채시구의 서쪽 옛 시탄시柴炭市라고도 한다. 송나라의 수도 임안臨安이 함
　락되자, 문천상이 단종端宗을 받들고 근왕군勤王軍을 편성하여 원元나라에 대항
　하였으나, 실패하고 포로가 되어 대도大都(북경)의 토굴에 감금당한 뒤 참수되었
　다.《송사宋史》권418〈문천상열전文天祥列傳〉

10 공자께서……바꾸신 것 :《논어論語》〈향당鄕黨〉에 이와 같은 기록이 있다.

을武乙이 벼락을 맞아 죽고[11] 노魯나라 백이伯夷의 사당에 벼락이 친 경우[12]는 이런 이치가 없다고 이를 수 없습니다. 만약 "반드시 어떤 물건의 자루를 잡고 우레를 치는 일을 주관하는 자가 있다."고 한다면 천착하는 것에 가깝습니다.

또 양기가 펴질 때 이슬로 만물을 적셔주는 것은 구름이 물기를 머금고 있기 때문이요, 음기가 스산할 때 서리로 초목을 죽이는 것은 이슬이 얼어붙기 때문입니다. 《시경》에 이르지 않았습니까? "갈대 아직 푸르른데, 이슬이 하얀 서리 되었네."[13]라는 것이 이것을 이르는 것입니다. 더러 음기가 지극히 왕성하면 제때에 서리가 내리지 않기도 합니다. 위주僞周가 황제가 되어 국정을 다스리자 음양의 자리가 바뀌어, 남월南越 지역은 지극히 따뜻한 곳인데 6월에 서리가 내렸으니, 필시 온 천지가 다 음의 요사스럽고 독한 기 속에 갇혔기 때문이라고 생각합니다.[14]

---

11 상나라……죽고 : 무을武乙은 상나라 25대 임금이다. 허수아비를 만들어 천신天神이라 하고 사람을 시켜 허수아비 노릇하게 하고는 자신과 장기를 두어 허수아비가 지면 온갖 모욕을 주었으며, 가죽주머니에 피를 담아 공중에 매달아 놓고 활을 쏘고는 하늘을 쏘았다고 하는 등 매우 무도한 짓을 일삼았다. 나중에 하수河水와 위수渭水 사이에서 사냥하다가 벼락을 맞아 죽었다고 한다.(《사기史記》권3〈은본기殷本紀〉)

12 노나라……경우 : 여기의 백이伯夷는 노나라 대부 전씨展氏의 조부祖父로, 이夷는 시호諡號, 백伯은 자字다. 희공僖公 15년 경문經文 9월조에 "그믐인 기묘일에 백이의 사당에 벼락이 쳤다.[己卯晦, 震夷伯之廟.]"는 기록이 있다.(《춘추좌씨전春秋左氏傳》)

13 갈대가……되었네 : 《시경詩經》〈진풍秦風 겸가兼葭〉에 나온다.

14 위주가……생각합니다 : 위주僞周는 당唐나라 고종高宗의 황후 무측천武則(또는 측천무후則天武后)을 가리킨다. 고종 사후 중종中宗과 예종睿宗을 폐위하고, 690년 무측천 자신이 스스로 황제가 되어 국호를 '주周'로 고쳤는데, 후대에 이를 인정하지 않아 '위僞'자를 붙여 '위주僞周'라고 한 것이다. 따뜻한 남월 지역, 게다가 따뜻한 계절인 6월에 서리가 내린 것은 양陽, 곧 남자황제가 없기 때문이다.(《신당서新唐

무씨武氏의 일은 더 말할 순 있지만 말이 길어지니, 이쯤에서 그만두겠습니다.

비와 이슬은 모두 구름에서 나오지만 머금은 물기가 매우 많은 것은 비가 되고 머금은 물기가 아주 적은 것은 이슬이 됩니다. 음양이 서로 어우러지면 비가 내리는데, 간혹 짙은 구름이 꼈는데도 비가 내리지 않는 것은 위와 아래가 어우러지지 않기 때문입니다. 《홍범오행전洪範五行傳》에 "황제가 지극하지 않으면 그 벌은 항상 날이 흐리다[陰]."라고 한 것은 아마도 이것을 이르는 듯합니다.

또 양이 더할 수 없이 왕성하면 가물고 음이 더할 수 없이 왕성하면 홍수가 나니, 반드시 음양이 조화를 이룬 뒤에야 비가 내리거나 맑거나 하는 날씨가 때에 알맞게 됩니다. 저 신농씨神農氏 같은 성인이 순박하고 밝은 세상을 다스리며 "날씨가 맑아라!"라고 하면 날씨가 맑고, "비가 내려라!"라고 하면 비가 내린 것은 진실로 당연한 이치입니다. 성왕聖王이 백성을 다스리면 천지가 서로 통하여 5일에 한 번 바람이 불고 10일에 한 번 비가 내리는 것도 당연한 이치입니다. 이와 같은 덕이 있으면 반드시 이와 같은 호응이 있을 것이니, 천도가 어찌 편애하여 후하게 대함이 있겠습니까?

대체로 원기寃氣(원한이 서린 기)는 가뭄을 불러오는 원인입니다. 이 때문에 여인 한 명이 원한을 품어도 가뭄이 들어 수확할 곡식 하나 없을 정도로 황폐하게 만듭니다. 주周나라 무왕武王이 은殷나라를 쳐서 이긴 것이 천하의 원기를 없애기 충분하였으며, 안진경顏眞卿이 옥사를 판결

書》권4 〈본기本紀 측천황후則天皇后〉; 권36 〈지지 오행五行3 수水 상霜〉)

한 것[15]이 한 지방의 원기를 없애기 충분하였으니, 단비가 때맞춰 내린 것을 괴이하게 여길 것이 없습니다. 원기를 없애도 이러하였는데, 하물며 보통 사람들조차도 그 은택을 입지 않은 이가 없는 태평한 시대겠습니까?

한창 추운 겨울에 천지가 아무리 막혀 있더라도 음양 두 기는 어우러지지 않을 수 없습니다. 그러므로 추운 겨울에는 비의 물기가 얼어붙어 눈송이[雪花]가 되니, 바로 음기가 그렇게 하는 것입니다. 초목의 꽃은 양기를 받기 때문에 다섯 개의 꽃잎이 나오는 것이 많으니 5는 양의 수數며, 눈송이는 음기를 받기 때문에 유독 여섯 개의 잎이 나오는 것이니 6은 음의 수입니다. 이 또한 억지로 시키는 것이 없는데도 자연히 그렇게 되는 것입니다.

한漢나라의 원안袁安이 많은 눈이 내렸을 때 남에게 폐를 끼치지 않기 위해 집안의 문을 닫고 가만히 누워있던 일, 송宋나라의 양시楊時가 스승 정이程頤를 찾아뵐 때 정이가 명상에 잠겨 있어서 눈이 한 자나 쌓이도록 서 있던 일, 당唐나라의 왕원보王元寶가 많은 눈이 내릴 때마다 종에게 대문 앞부터 골목길까지 눈을 쓸게 하고서 직접 골목길 앞에 서서 손님을 맞이하여 함께 모임을 갖고 술을 마시던 일, 진晉나라의 왕휘지王徽之가 산음현山陰縣에 살 때 많은 눈이 내린 겨울밤 잠에서 깨어 시를 읊조리며 흥에 겨운 나머지 문득 대규戴逵라는 친구가 생각나

---

15 안진경이……판결한 것 : 당唐나라 때, 오원군五原郡에 오랫동안 판결하지 못한 억울한 옥사獄事가 있었는데, 안진경이 와서 옥사를 해결하자 비가 내려 가뭄이 해소되었고, 오원군 사람들이 이를 '어사우御史雨'라고 불렀다고 한다.(《구당서舊唐書》 권128 〈안진경열전顏眞卿列傳〉)

밤새 배를 타고 찾아갔으나 그의 집 앞에 도착하자 흥이 다하여 대규를 만나지 않고 그냥 집에 돌아간 일 같은 경우는 고요함을 지키는 즐거움이 있기도 하고 도道가 있는 사람을 찾는 성의가 있기도 하며, 호방한 기색이 넘치는 데서 나오기도 하고 거리낌이 없이 활달한 데서 나오기도 한 것이니, 모두 천도에 관계되지 않습니다. 그렇다면 어찌 지금 말할 거리가 되겠습니까?

또 우박은 천지의 도리에 어긋난 기[沴氣]가 내보내는 것입니다. 양기가 발하는 것을 음기가 극도로 방해하기 때문에 우박이 생기는데, 우박이 떨어지면 만물을 해칩니다. 옛일을 상고해 보면, 크게는 말 대가리만 하고 작게는 달걀만 하여 사람을 해치고 짐승을 죽인 것이 무력武力을 남용한 시대에 나오기도 하고 재앙의 빌미를 만든 군주를 경계하기 위해 나오기도 하였으니, 우박이 여러 조대朝代의 경계가 되기 충분한 것은 자세히 말할 필요도 없이 이것을 미루면 알 수 있을 것입니다.

아아! 하나의 기가 운행하면서 변화하여 흩어져 갖가지 사물이 되니, 나누어 말하면 천지와 온갖 사물이 저마다 하나의 기요, 합하여 말하면 천지와 온갖 사물이 모두 하나의 기입니다. 오행의 바른 기[正氣]가 모인 것은 해·달·별들이 되고 천지의 도리에 어긋난 기[沴氣]를 받은 것은 흐림·흙비·안개·우박이 되며, 우레·번개·벼락은 음양 두 기가 서로 부딪치는 데서 나오고 바람·구름·비·이슬은 음양 두 기가 서로 어우러진 데서 나오는 것이니, 그 나뉨은 비록 다르나 그 이치는 같습니다.

집사께서 책문策問하신 글 말미에 또 "천지의 운행질서를 제자리에 안착시키고 만물을 제 생리生理 대로 자라게 하는 것은, 그 도리가 어디에서 유래하는가?"라고 물으셨는데, 저는 이 말씀에 깊이 감동한 것이 있습니다. 저는 '인군人君이 자신의 마음을 바로 하여 조정을 바르게 하고, 조정을 바로 하여 사방을 바르게 하여야 하니, 사방이 바르게 되면 천지의 기도 바르게 될 것이다.'라고 들었고, 또 '마음이 화순和順하면 형체도 화순하고, 형체가 화순하면 기도 화순하고, 기가 화순하면 천지의 화순한 기가 호응할 것이다.'라고 들었습니다. 천지의 기가 바르다면 해와 달이 어찌 서로 침범하여 일식이나 월식이 일어나 그 빛을 가림이 있겠으며, 별들이 어찌 제 운행궤도를 벗어남이 있겠습니까? 천지의 기가 이미 화순하다면 우레·번개·벼락이 어찌 그 위력을 부리겠으며, 바람·구름·서리·눈이 어찌 제 때를 잃겠으며, 흐림·흙비·천지의 도리에 어긋난 기가 어찌 재앙을 만듦이 있겠습니까? 하늘은 비·햇볕·따사함·추위·바람으로 만물을 생성하고, 인군은 공경함·다스림·슬기·도모함·성스러움으로 위로 천도와 호응하는 법입니다. 하늘이 때에 맞게 비를 내림은 공경함과 같고, 하늘이 때에 맞게 햇볕을 주는 것은 다스림과 같습니다. 때에 맞게 따사로운 것은 슬기에 감응한 것이며, 때에 맞게 추운 것은 도모함에 감응한 것이며, 때에 맞게 바람이 부는 것은 성스러움에 감응한 것입니다. 이것으로 보면, 천지의 운행질서가 제자리에 안착하고 만물이 제 생리生理대로 자라는 것이 어찌 한 사람(임금)이 덕을 닦는 데에 관계된 것이 아니겠습니까?

자사자子思子는 "오직 천하의 지극히 성실한 사람만이 상대를 자기도 모르게 저절로 바뀌게 할 수 있다."[16]라 하고, 또 "성인聖人의 도가 천하

---

16 오직……있다 :《중용中庸》23장에 나온다.

에 가득 차 만물을 자라게 하여 높고 큼이 하늘에 이르렀다."[17]라고 하였으며, 정자程子는 "천덕天德과 왕도王道는 그 요체가 신독愼獨(자기만 아는 마음의 자리를 삼감)에 달려있다."라고 하였습니다.

아! 지금 우리 동방의 동식물이 모두 도가 행해지는 세상[18]에서 고무되는 것이 어찌 성주聖主의 신독에 관계된 것이 아니겠습니까? 집사께서 보잘것없는 제 글을 천총天聰(임금)께 전달하신다면 미천한 서생書生[19]인 저는 옴팡간[20]에 살아도 여한이 없을 것입니다. 삼가 책문策問에 대책對策을 올립니다.

---

17 성인의……이르렀다 : 《중용中庸》 27장에 나온다.

18 도가……세상 : 원문은 '鳶魚之天'이다. '연어鳶魚'는 '연비어약鳶飛魚躍'의 줄임말로, 《시경詩經》〈대아大雅 한록旱麓〉의 "鳶飛戾天, 魚躍于淵.(솔개는 날아 하늘에 이르는데, 물고기는 연못에서 뛰어논다.)"에 유래한다. 임금의 덕화德化로 도道가 행해져 만물이 저마다 제자리를 얻음을 이른다.

19 미천한 서생 : 원문은 '韋布'니, '위대포의韋帶布衣'의 줄임말이다. 누추한 옷차림이란 뜻으로, 벼슬하기 전의 처지를 비유적으로 이르는 말이다. 서생書生은 유학儒學을 공부하는 사람이란 뜻으로, 선비·유생儒生이라는 말과 같다.

20 옴팡간 : 원문은 '篳門圭竇'니, '篳門閨竇'로 쓰기도 한다. 싸리나 대로 엮어 만든 사립문과 벽을 뚫어서 낸 작은 출입문이란 뜻으로, 가난한 사람의 집을 이르는 말이다.

天道策

問

天道難知, 亦難言也. 日月麗乎天, 一晝一夜, 有遲有速者, 孰使之然歟? 其或日月竝出, 有時薄蝕者, 何歟? 五星爲緯, 衆星爲經者, 亦可得言其詳歟? 景星見於何時, 彗孛之生, 亦在何代歟? 或云: "萬物之精, 上爲列星." 此說亦何據歟? 風之起也, 始於何處而入於何所歟? 或吹不鳴條, 或折木拔屋, 爲少女爲颶母者, 何歟? 雲者, 何自而起? 散爲五色者, 何應歟? 其或似煙非煙, 郁郁紛紛者, 何歟? 霧者, 何氣所發? 而其爲赤爲靑者, 有何徵歟? 或黃霧四塞, 或大霧晝昏者, 亦何歟? 雷霆霹靂, 孰主張是? 而其光燁燁, 其聲虩虩者, 何歟? 或震於人, 或震於物者, 亦何理歟? 霜以殺草, 露以潤物, 其爲霜爲露之由, 可得聞歟? 南越地暖, 六月降霜, 爲變酷矣. 當時之事, 可得詳言之歟? 雨者, 從雲而下, 或有密雲不雨者, 何歟? 神農之時, 欲雨而雨, 太平之世, 三十六雨, 天道亦有私厚歟? 或師興而雨, 或決獄而雨者, 抑何歟? 草木之花, 五數居多, 而雪花獨六者, 何歟? 臥雪·立雪·迎賓·訪友之事, 亦可歷言之歟? 雹者, 非霜非雪, 何氣之所鍾歟? 或如馬頭, 或如鷄卵, 殺人鳥獸, 亦在於何代歟? 天地之於萬象, 各有其氣而致之歟? 抑一氣流行而散爲萬殊歟? 如或反常, 則天氣之乖歟? 人事之失歟? 何以則日月無薄蝕, 星辰不失躔, 雷不出震, 霜不夏隕, 雪不爲沴, 雹不爲災, 無烈風, 無淫雨, 各順其序, 終至於位天地育萬物? 其道何由? 諸生博通經史, 必有能言是者, 其各悉心以對.

對

上天之載, 無聲無臭, 其理至微, 其象至顯, 知此說者, 可與論天道也. 今執事先生, 以至微至顯之道發爲問目, 欲聞窮格之說, 苟非學究天人者, 烏能與議於此歟? 愚請以平日所聞於先覺者, 以復明問之萬一.

竊謂萬化之本, 一陰陽而已: 是氣動則爲陽, 靜則爲陰, 一動一靜者氣也, 動之靜之者理也. 凡有象於兩間者, 或鍾五行之正氣焉, 或受天地之乖氣焉, 或生於陰陽之相激, 或生於二氣之發散. 是故日月星辰之麗乎天, 雨雪霜露之降于地, 風雲之起·雷電之作, 莫非是氣也; 其所以麗乎天·其所以降于地·風雲所以起·雷電所以作, 莫非是理也. 二氣苟調, 則彼麗乎天者, 不失其度, 降于地者, 必順其時, 風雲雷電, 皆圍於和氣矣, 此則理之常也; 二氣不調, 則其行也失其度, 其發也失其時, 風雲雷電, 皆出於乖氣矣, 此則理之變也. 然而人者, 天地之心也: 人之心正, 則天地之心亦正, 人之氣順, 則天地之氣亦順矣. 然則理之常·理之變者, 其可一委於天道乎?

愚請因是而白之曰: 自鴻濛初判, 而兩曜代明, 日爲大陽之精, 月爲大陰之精. 陽精疾運, 故一日而周天; 陰精遲運, 故一夜而不周. 陽速陰遲者氣也, 陰之所以遲·陽之所以速者, 則理也. 愚未知其孰使之然也, 不過曰"自然而然爾." 日君象也, 月臣象也. 其行也同道, 其會也同度, 故月掩日而日爲之蝕, 日掩月而月爲之蝕. 彼月而微, 則猶不爲變, 此日而微, 則陰盛陽微, 下陵上替, 臣逆君之象也. 而況兩日竝出, 兩月俱見, 則其爲非常之變, 莫非乖氣之使然也. 愚嘗求諸古昔, 災異之作, 不見於修德之治世, 而薄蝕之變, 咸出於叔季之衰政, 則天人交與之際, 斯可知矣.

今夫天之蒼蒼, 氣之積也, 非正色也. 苟非星辰之粲然可紀, 天機之運, 殆不可究矣. 彼昭昭耿耿, 各有躔次者, 何莫非元氣之所運也? 衆星隨天行而不能自運, 故謂之經; 五星隨時各現而不隨天行, 故謂之緯. 一則有常次, 一則無常度, 言其大概, 則天爲之經而五星爲緯矣, 欲言其詳, 則非盈尺之紙所能盡矣. 星之爲瑞者, 旣不常現; 星之爲變者, 亦不常出. 故景星必現於昭代, 妖彗必孛於衰世. 虞舜文明, 景星斯現; 春秋昏亂, 彗孛斯作. 治若虞舜者非一代, 亂若春秋者亦非一代, 安可一一歷陳歟? 若曰: "萬物之精, 上爲列星." 則愚竊感焉. 星辰之在天者, 五行之精而自然之氣也, 愚未知某物之精, 乃爲某星也. 八駿之爲房精, 傅說之爲列星, 若此之類, 與所謂山河大地, 送影碧落之說, 何異哉? 此非儒者之所信也. 星之爲氣, 虛而凝者也, 其或陰氣未結, 或隕而爲石, 墜而爲丘阜者, 愚聞之邵子焉, 不聞物精之爲星也.

且夫盈天地閒者, 莫非氣也. 陰氣有所凝聚, 而陽之在外者不得入, 則周旋而爲風. 萬物之氣, 雖曰"出於艮入於坤", 而其陰之聚者無定所, 則陽之散也, 亦無方焉, 大塊噓氣者, 豈可拘於一方耶? 起於東者爲長養之風, 則其可以東方爲始耶? 起於西者爲肅殺之風, 則其可以西方爲始耶? 枳句來巢, 空穴來風, 則其可以空穴爲始耶? 程子之言曰: "今歲之雷, 起處起." 愚亦以爲調調刁刁者, 觸氣而起, 氣息而止, 初無出入也. 盛治之世, 陰陽之氣, 舒而不結, 故其散也必和, 而吹不鳴條; 世道旣衰, 陰陽之氣, 鬱而不舒, 故其散也必激, 而折木拔屋: 少女則和而散者也, 颶母則激而散者也. 成王一念之失, 大風偃禾; 周公數年之化, 海不揚波, 其氣之使然者, 亦由於人事也.

若山川之氣, 上升爲雲, 則休咎之徵, 因此可見. 先王設靈臺, 候雲物, 于以考吉凶之兆焉. 蓋休咎之作, 不作於作之日, 必有所由生. 故雲之白則必有流散之民, 雲之靑則必有害穀之蟲. 黑雲豈不爲水災之兆, 赤雲豈不爲兵革之徵乎? 黃雲則歲稔之祥也, 此乃氣之先見者耳. 若其非煙非霧, 郁郁紛紛, 蕭散漂靄, 獨得至和之氣, 而爲聖王之瑞者, 則其惟慶雲乎? 苟無阜財解慍之德, 則難乎致此矣, 豈爲水土輕淸之氣, 徒爲衣狗之比者哉?

霧者, 陰氣未洩而蒸鬱者耳. 物之鍾陰者, 亦能生霧, 蓋山川之沴氣也. 其赤而爲兵象, 靑而爲災孽者, 莫非陰盛之徵也. 莽賊僭位, 黃霧四塞, 天寶亂政, 大霧晝昏, 與夫高皇帝白登之圍, 文山柴市之死, 咸致陰霾, 或以臣下叛君上, 或以夷狄侵中國, 則若此者, 皆可類推也. 至若陽氣發散之後, 陰氣包陽, 而陽不得出, 則奮擊而爲雷霆. 故雷霆之作, 必以春夏, 此天地之怒氣也. 光之燁燁, 則陽氣發而爲電, 聲之虩虩, 則二氣相薄而爲雷. 先儒氏曰: "雷霆, 陰陽之正氣也, 或以驚蟄, 或以擊邪." 人固有邪氣之所鍾者, 物亦有邪氣之所寓者, 正氣之震乎邪氣, 亦其理也. 孔子迅雷必變者, 良以此也, 而況當震而震者. 若商之武乙, 魯之夷伯之廟, 則不可謂無是理也. 若曰: "必有一物, 操其柄而主張之者." 則近於鑿矣.

且若陽舒之時, 露以潤物者, 雲之澤也; 陰慘之際, 霜以殺草者, 露之結也. 《詩》不云乎? '蒹葭蒼蒼, 白露爲霜.' 此之謂也. 其或陰氣極盛, 則霜之隕也, 或不以時. 僞周臨朝, 陰陽易位, 南越極暖之地, 而六月降霜. 想必八荒, 都圍於陰沴之氣矣. 武氏之事, 所可道也, 言之長也. 雨露皆出於雲, 而澤之盛者爲雨, 澤之微者爲露. 陰陽相交, 斯乃下雨, 或密雲不雨者, 上下不交也. 《洪範傳》曰: "皇之不極, 厥罰常陰者." 其斯之謂乎? 且陽亢則旱, 陰盛則水, 必也陰陽和調, 然後雨暘適時. 夫以神農之聖, 處淳熙之世, 曰暘而暘, 曰雨而雨, 固其宜也. 聖王臨民, 天地交泰, 五日一風, 十日一雨, 亦其常也. 有如此之德, 則必有如此之應矣, 天道豈有私厚歟?

夫冤氣者, 招旱之由也. 是故一女懷冤, 尙致赤地, 則武王之克殷, 足以消天下之冤氣矣; 眞卿之決獄, 足以消一隅之冤氣矣, 甘雨之霆, 不足怪矣. 而況大平之世, 本無匹夫匹婦之不被其澤乎? 若夫隆寒之時, 天地雖已閉塞, 而二氣亦不得不交, 故雨澤之凝爲雪花, 蓋陰氣使然也. 草木之花, 受氣之陽, 故多五出, 五者陽數也; 雪花, 受氣之陰, 故獨六出, 六者陰數也, 此亦莫之爲而然耳. 若袁安之閉戶, 龜山之立庭, 暖寒之會, 山陰之興, 則或有守靜之樂, 或有訪道之誠, 或出於豪奢, 或出於放達, 皆不關於天道, 則何足爲今日道哉?

且雹者, 戾氣之所出也, 陰氣脅陽, 故其發也害於物. 稽於往古, 則大如馬頭, 小如鷄卵, 傷人殺獸者, 或出於黷武之世, 或警于基禍之主, 則其爲足戒於歷代者, 不必縷陳, 而推此可知矣. 嗚呼! 一氣運化, 散爲萬殊, 分而言之, 則天地萬象, 各一氣也; 合而言之, 則天地萬象, 同一氣也. 鍾五行之正氣者, 爲日月星辰; 受天地之戾氣者, 爲陰霾霧雹; 雷電霹靂, 則出於二氣之相激; 風雲雨露, 則出於二氣之相合, 其分雖殊, 其理則一也.

執事於篇終, 又敎之曰: "位天地育萬物, 其道何由?" 愚於此言, 深有感焉. 愚聞人君正其心以正朝廷, 正朝廷以正四方, 四方正則天地之氣亦正矣. 又聞心和則形和, 形和則氣和, 氣和則天地之和應矣. 天地之氣旣正, 則日月安有薄蝕? 星辰安有失躔者哉? 天地之氣旣和, 則雷電霹靂, 豈洩其威? 風雲霜雪, 豈失其時? 陰霾戾氣, 豈有作孼者哉? 天以雨暘燠寒風而生成庶物, 人君以肅乂哲謀聖而上應天道. 天之時雨, 若乎肅也; 天之時暘, 若乎乂也. 時燠者, 哲之應也; 時寒者, 謀之應也; 時風者, 聖之應也. 以此觀之, 天地之位, 萬物之育, 豈不繫於一人之修德乎? 子思子曰: "惟天下至誠爲能化." 又曰: "洋洋乎發育萬物, 峻極于天." 程子曰: "天德王道, 其要只在謹獨." 噫! 今我東方動植之物, 咸鼓舞於鳶魚之天者, 豈不繫於聖主之謹獨乎? 願執事以芻蕘之一得, 上達天聰, 則韋布書生, 庶無遺恨於篳門圭竇之下矣. 謹對.

《조선왕조실록》이이의 졸기[1]

선조대왕 17년【갑신년甲申年으로, 명나라의 만력萬曆 12년이다.】정월 초
하루인 기묘일己卯日.

이조판서吏曹判書 이이李珥가 졸卒하였다.

이이는 병조판서兵曹判書가 되었을 때(1582년 12월)부터 과로하여 병을
얻었다. 이때에 이르러 병세가 심해지자 주상主上께서 어의御醫를 보내
병을 치료하게 하였다. 그때 서익徐益이 순무어사巡撫御史로 관북關北에
나가게 되었는데, 주상께서 서익에게 이이를 찾아가 변방의 일을 묻게

---

1 《선조수정실록宣祖修正實錄》18권 선조 17년(1584) 정월正月 1번째 기사

하였다. 이이의 자제들이 "병세가 막 차도를 보이기 시작하였으니, 기력을 피곤하게 해서는 안 됩니다. 만나보지 마십시오."라고 하였다. 그러나 이이는 "나의 이 몸은 나라를 위한 것일 뿐이다. 설사 이 때문에 병세가 더 위중해지더라도 다만 운명에 불과하다."라고 하고는, 억지로 일어나 서익을 맞이하여 여섯 조항의 방략方略을 입으로 불러주었다. 이이의 아우 이우李瑀가 다 받아 쓰자 이이가 기절하였다가 다시 깨어났다. 그러나 이튿날 졸하였으니, 향년 49세였다.

주상께서 이 소식을 듣고는 깜짝 놀라 후회하며 소리를 내어 슬피 곡哭하고, 3일 동안 소선素膳(고기나 생선이 없는 밥상)을 들이고, 휼전恤典²을 더욱 더 많이 내렸다. 모든 벼슬아치와 동료, 관학館學(성균관과 사부학당)의 여러 유생, 호위 병사와 저잣거리의 백성, 관청의 여러 낮은 관리, 각 관아의 구실아치와 노비들이 모두 모여들어 전奠³을 올리며 곡하였으며, 가난한 마을의 서민도 이따금 함께 조의를 표하고 눈물을 흘리며 "우리 백성은 복도 없구나."라고 하였다. 발인發靷(상여가 빈소를 떠나 장지葬地로 가는 것)하는 날 밤에는 원근의 사람들이 모여서 영구靈柩를 전송하니, 하늘을 밝힌 횃불이 수십 리에 걸쳐 끊이지 않았다.

이이는 서울 안에 소유한 집이 없었고, 거처한 집에는 남겨놓은 곡식(재산)이 없었기 때문에, 막역한 친구가 수의襚衣를 부의로 보내 염하여 장사를 치러주고, 또 작은 집을 사서 이이의 유족에게 주었지만, 유족

---

2 휼전 : 관리가 죽었을 때 조정에서 내리는 여러 가지 특전으로, 조회를 폐하여 애도를 표함, 제사를 내림[賜祭], 배향配享함, 관위官位를 내림[追封], 시호諡號를 내림[贈諡], 비석을 세워줌[樹碑], 후사後嗣를 세워줌[立坊], 사당을 세워줌[建祠], 유족을 위해 하사품을 내림[恤賞], 음직蔭職을 내림[恤蔭] 등이 있다.

3 전 : 빈소殯所를 차리기 전에 먼저 간단한 술과 과일 등을 차려 놓는 예식이다.

은 그래도 생계를 유지하지 못하였다. 이이는 서자庶子 둘을 두었다.〔부인 노씨盧氏[4]는 임진왜란 때에 죽었는데, 그 마을에 정려문旌閭門을 세우게 하였다.〕

이이는 자字는 숙헌叔獻, 호號는 율곡栗谷이다. 태어나면서부터 슬기가 남달라 확연히 큰 뜻이 있었다. 어릴 때부터 매우 총명하여 7세 때이미 경서經書를 이해하고 글을 지었다. 타고난 성품이 효성스럽고 유순하여 12세 때 아버지가 병들자 팔을 찔러 피를 내어 아버지께 올리고 조상의 사당에 가서 울며 기도하니, 아버지의 병이 곧 나았다고 한다. 학문을 하면서 사장詞章[5]을 일삼지 않았어도 문장이 일찍부터 이루어져 이름이 사방에 알려졌다.

어머니를 잃고 몸이 쇠약해질 정도로 너무 지나치게 슬퍼하였기 때문에 선학禪學에 잘못 물들어 19세 때 금강산에 들어가 불교의 계율을 지키고 참선하는 일에 마음을 다하여 실천하였는데, 승려들 사이에 "생불生佛이 나왔다."고 떠들썩한 소문이 있었다. 그러나 얼마 뒤 그것이 그릇된 것임을 깨닫고는 돌아와 오로지 정학正學(유학儒學)에 정진하였다. 스승의 가르침을 받지 않고도 큰 근원을 환히 꿰뚫어 보고 정미한 뜻을 분석하여 독실하게 믿고 힘써 실천하였다.

---

4 부인 노씨 : 이름은 고공雇工이며, 성주목사星州牧使 노경린盧慶麟의 딸이다. 율곡의 15대 종손 이천용李天鏞 옹이 정경부인 노씨의 신위神位 뒷면에 "졸卒 정경부인노씨貞敬夫人盧氏 휘고공諱雇工 신주神主"라는 글자가 쓰여있음을 확인하였다고 한다.(송의호, 〈선비 정신의 미학(49): 겨레의 스승 율곡 이이〉《월간중앙》202004호. 2020.03.17)

5 사장 : 원문은 '雕篆'이다. 문장을 꾸미는 것으로, 곧 사장詞章을 이른다.

과거科擧에 급제한 후에는 여러 차례 청현직淸顯職을 사양하여 그 도道를 사소한 자리에 쓰려고 하지 않았다. 해주海州의 산중으로 물러가 살 때는 배우려는 이들을 가르치기 위해 은병정사隱屛精舍를 건립하고, 사당을 세워 주자朱子에게 제사를 지내고, 정암靜菴 조광조趙光祖·퇴계退溪 이황李滉을 배향配享하여 본보기로 삼았다. 출사함과 은퇴함·사양함과 받아들임은 한결같이 옛사람을 본받았다.

어려서부터 장공예張公藝[6]의 9대가 한 집에서 화목하게 살았다는 고사를 사모하여 늘 그림을 걸어놓고 감상하였는데, 이때에 이르러 큰형수[7]에게 형의 신주神主를 받들어 함께 살기를 청하였고, 형제와 조카를 널리 모아 생계를 함께 하였다. 명절·매달 초하루와 보름·매일 새벽에 사당에 나아가 고유告由하고 배알拜謁하는 예禮를 한결같이 《주자가례朱子家禮》를 준수하였으며, 아래로 노비에 이르기까지 인사하고 출입하는 데 모두 예식을 두었다. 별도로 가르치는 글(〈동거상계사同居相戒辭〉)을 짓고 한글로 번역하여 가르치니, 규문閨門(부녀자가 거처하는 곳)이 관부官府 같았다. 한 당堂에 모여 식사를 하며, 음악을 연주하고 노래하며, 놀고 쉬는 데에도 모두 예절을 두었다. 비록 당대에 예禮를 차려 상사喪事와 제사祭事를 정성껏 치르는 사람이라도 가정 교육의 예禮에 이르러서는 모두 미칠 수 있는 이가 없었다.

일찍 부모를 여읜 것을 늘 슬퍼하여 둘째 형을 아버지 섬기듯이 하여

---

6 장공예 : 수장壽張 사람으로 북제北齊·북주北周·수隋·당唐나라에 걸쳐 99세를 살았다는 인물이다.

7 큰형수 : 큰형 이선李璿의 부인으로 곽연성郭連城의 딸 선산 곽씨善山郭氏다. 이선은 1570년 47세의 나이에 사망하였다.

분부를 받듦이 게으르지 않았고, 서모庶母를 친어머니 섬기듯이 하여 겨울에는 따뜻하게 여름에는 시원하게 해드리며 아침저녁으로 문안을 드리는 등 매우 세심하게 대하였고, 봉록도 자기 마음대로 쓰지 않았다. 문인門人이 '예禮가 아니'라고 간언諫言하자, 이이는 "내 개인적인 의견이 이와 같은 것이니, 법도로 삼을 수는 없다."라고 하였다.

조정에 들어가서 주상主上을 섬길 때는 충성과 온 힘을 다하였으며, 비록 조정에서 물러나 민간에 있다 하더라도 늘 그리워하며 잊지 않았다. 전후로 올린 봉장封章(봉함하여 올린 상소문)과 면전面前에서 아뢴 말은 절실하고 솔직하며 정성스럽고 간절한데, 다스림의 요체를 논한 것은 규모가 성대하고 원대하여 하夏·은殷·주周 세 왕조의 정치를 회복하는 것을 기약하였다. 국세國勢가 쇠미해져 가는 것을 보고 난리의 조짐을 분명하게 알아, 항상 임금의 마음을 바르게 인도하고 풍속을 바로 세우고 조정을 화합하여 하나가 되게 함을 근본 강령으로 삼았고, 부패한 정치를 경장하고 백성을 구제하고 군비軍備를 늘려 갖추는 일을 급선무로 삼았다. 반복하여 언관言官들의 탄핵을 당하였으나 이이는 시종일관 한 뜻이었으므로 아무리 소인과 속류에게 배척을 당해도 조금도 근심하지 않았다. 주상께서 처음에는 견제하였으나 늦게나마 다시 뜻이 맞아 총애와 신임이 막 두터워졌는데 갑자기 졸卒한 것이다.

이이는 타고난 바탕이 매우 고상한데다가 수양함이 더욱 깊어, 마음은 맑고 순수하며 행동은 대범하고 과감하였다. 사람을 대하거나 일을 처리할 때는 하나같이 정성스럽고 신실信實하여 사랑을 받든 미움을 받든 털끝만큼도 개의치 않았기 때문에 어리석거나 지혜롭거나를 막론하고 진심으로 따르지 않는 사람이 없었다.

시대를 구제하는 것을 급선무로 여겼기 때문에 조정에서 물러났다가 다시 나가서도 사류士類를 안정시켜 화합하게 함을 자기의 임무로 삼아 사심 없이 직언하다가 주위에서 꺼려 마침내 당인黨人이 원수로 여기는 사람이 되어 거의 큰 화에서 벗어나지 못할 뻔하였다.

이이는 인물을 선발하고 추천[8]할 때 반드시 학문과 법도를 위주로 하였기 때문에 거짓으로 구차하게 영합한 자는 나중에 배반한 이가 많았다. 이 때문에 평범한 사람의 평가는 이이를 가리켜 현실과는 거리가 먼 사람이라고 하였다. 그러나 이이가 죽은 뒤에 편당偏黨이 크게 기승을 부려 한쪽을 제거하고는 '조정이 바르게 되었다.'고들 말하지만, 그 안에서 자기들끼리 반목하고 분열하여 여러 갈래로 찢어져 마침내 국가의 무궁한 화근이 되었고, 임진왜란에 이르러서는 국토가 비로소 무너져 나라가 마침내 기울게 되었다. 대체로 이이가 평소 미리 염려하여 말한 것이 딱 들어맞지 않은 것이 없었으므로 그가 건의한 나라를 이롭게 하고 시의時宜에 맞는 대책을 회상하여 채택하니, 국론과 민언民言이 모두 "그 도덕과 충의의 진실함은 능멸할 수 없을 것이다."라고 칭송하였다.

저서에는 문집文集 및 《성학집요聖學輯要》, 《격몽요결擊蒙要訣》, 《소학집주小學集註》 개정본[9]이 있으니, 모두 세상에 통행한다.

---

8 선발하고 추천 : 원문은 '論薦'이다. 논論은 '륜掄'과 통용하니 '선발하다'는 말이고, '천薦'은 '추천하다'라는 말이다.

9 소학집주 개정본 : 명나라의 하사신何士信·오눌吳訥·진선陳選·정유程愈 등의 설을 참고하여 편찬한 《소학제가집주小學諸家集註》를 말한다.

宣祖大王十七年【甲申 萬曆十二年】正月朔己卯.

吏曹判書李珥卒.

珥自爲兵判, 盡瘁成疾. 至是疾甚, 上委醫救藥. 時, 徐益以巡撫御史, 赴關北, 上令就問邊事. 子弟以爲"病方少間, 不宜勞動, 請辭接應." 珥曰: "吾此身, 只爲國耳. 正復因此加重, 亦命也." 强起延待, 口號六條方略以授之, 書畢而氣塞復甦, 踰日而卒. 年四十九.

上驚悼, 發聲哀哭, 進素膳三日, 恤典加厚. 百官僚友·館學諸生·衛卒市民·流外庶官·吏胥僕隸, 皆奔集奠哭. 窮閭小民, 往往相弔出涕曰: "民生無福矣." 發靷之夜, 遠近會送, 炬火燭天, 數十里不絶.

珥京中無宅, 居家無餘粟, 親友襚賻殮葬, 且爲買小宅, 以與其家屬, 家屬猶不能存活. 有庶子二人.【夫人盧氏, 死於壬辰倭難, 命旌其門.】

珥字叔獻, 號栗谷. 生而神異, 廓然有大志. 聰明夙慧, 七歲已能通經著書. 至性孝順, 十二歲父病, 刺臂出血, 泣禱先祠, 父病卽瘳. 爲學不事雕篆, 而文章夙成, 名聞四方.

因喪母悲毁, 誤染禪學, 十九歲入金剛山, 從事戒定, 山中譁言: "生佛出矣." 旣而省悟其非, 反而專精正學, 不待師承, 洞見大原, 剖析精微, 篤信力行.

登第之後, 屢辭淸顯, 不欲小用其道, 退居海州山中, 講學授徒, 建隱屛精舍, 祠祀朱子, 配以靜菴·退溪, 以爲矜式地. 其出處·辭受, 一以古人自律.

少慕張公藝九世同居, 常揭圖看玩. 至是請伯嫂奉神主同居, 大會叔仲子姪, 與同衣食. 歲時·朔望晨朝, 展告謁拜, 一遵《家禮》, 下逮婢僕, 參謁出入, 具有禮式. 別作訓辭, 諺譯敎訓, 閨門如官府. 會食一堂, 絃歌游處, 皆有禮節. 雖當世之號爲講禮, 致謹喪祭者, 至於家敎之禮, 皆莫能及.

每慟早孤, 事仲兄如事嚴父, 服勤不懈; 事庶母如事母, 溫凊定省, 俸祿亦不自專. 學者規以非禮則珥曰: "我自意見如此, 不足爲法也."

立朝事上, 竭忠盡力, 雖退處田里, 惓惓不忘. 前後封章面奏, 切直懇惻, 其論治體, 規模高遠, 以挽回三代爲期. 見國勢衰靡, 灼知亂兆, 常以格君·正俗, 和一朝廷爲本領, 而以更弊政·救生民·增修武備爲急務. 反覆論列, 終始一意, 雖被小人·俗流排沮, 而不少恤. 上始加裁抑, 晚復契合, 寵任方隆, 而遽卒矣.

珥資稟甚高, 充養益厚, 淸明和粹, 坦易英果. 待人處物, 一出於誠信, 恩嫌愛惡, 一毫不以介意, 人無愚智, 無不歸心.

由其急於濟時, 旣退復進, 以保合士類爲己任, 盡言無私, 左右觸忌, 遂爲黨人所仇, 幾不免大禍.

其論薦人物, 必以學問·名檢爲主, 故飾僞偸合者, 後多背貳. 以此, 流俗之論, 指爲疎闊. 然珥沒後, 偏黨大勝, 克去一邊, 謂爲朝廷已正, 而中自睽乖, 四分五裂, 竟爲國家無窮之禍, 至于壬辰之亂, 封疆自潰, 國遂以傾. 凡珥平日預慮而先言者, 無不符驗, 其所建請便宜之策, 頗見追思採用, 國論民言皆誦"其道德忠義之實, 有不可枉者矣."

所著有《文集》及《聖學輯要》·《擊蒙要訣》·《小學集註》改本, 行于世.

이이 간략연보

1536년(중종 31. 1세)

－ 12월 26일, 강릉江陵 북평촌北坪村 외가에서 태어남.

어머니 신사임당의 태몽에, 흑룡黑龍이 아이를 감싸 품 안에 넣어
주는 것을 보았기 때문에, 어릴 때 이름을 '현룡見龍'이라 하고, 산
실産室을 '몽룡실夢龍室'이라고 함.

1541년(중종 36. 6세)

－ 어머니와 함께 강릉에서 서울 본가로 올라옴.

1548년(명종 3. 13세)

－ 진사進士 초시初試에 합격함.

1551년(명종 6. 16세)

－ 5월, 어머니 상喪을 당함.

1552년(명종 7. 17세)

- 탈상脫喪한 뒤 심상心喪을 더함.

1553년(명종 8. 18세)

- 가을에 심상을 벗고 관례冠禮를 함.

1554년(명종 9. 19세)

- 우계牛溪 성혼成渾과 친교를 맺음.
- 3월, 금강산으로 들어가 불교를 공부함.

1555년(명종 10. 20세)

- 불교를 버리고 다시 유가로 돌아와 〈자경문自警文〉을 지음.

1556년(명종 11. 21세)

- 봄에 한성시漢城試에서 장원을 함.

1557년(명종 12. 22세)

- 9월, 성주목사星州牧使 노경린盧慶麟의 딸과 혼인함.

1558년(명종 13. 23세)

- 봄에 경북 예안禮安의 도산陶山에 가서 퇴계退溪 이황李滉을 찾아뵘.
- 겨울에 별시別試에서 〈천도책天道策〉으로 장원을 함.

1561년(명종 16. 26세)

- 5월, 아버지 상喪을 당함.

1564년(명종 19. 29세)

- 7월, 생원시生員試·진사시進士試, 8월에 명경과明經科에 모두 장원으로 급제하여 호조좌랑戶曹佐郎에 제수됨.

1565년(명종 20. 30세)
- 봄에 예조좌랑禮曹佐郎으로 옮김.
- 11월, 사간원司諫院 정언正言에 제수되었으나 사양하는 소疏를 올림.

1566년(명종 21. 31세)
- 3월, 다시 사간원 정언에 제수됨.
- 겨울에 이조좌랑吏曹佐郎에 제수됨.

1567년(명종 22. 선조 즉위년. 32세)
- 명종이 승하昇遐하자 만사挽詞를 지어올림.
- 10월, 기대승奇大升과 《대학大學》의 구절을 논하는 편지를 주고받음.

1568년(선조 1. 33세)
- 2월, 사헌부司憲府 지평持平에 제수됨.
- 4월, 장인 노경린盧慶麟이 별세함.
- 5월, 우계 성혼과 '지선至善과 중中', '안자격치성정지설顔子格致誠正之說'을 논함.
- 천추사千秋使 서장관書狀官으로 차출, 성균관 직강直講이 되어 명나라 북경에 다녀옴.
- 북경에서 돌아와 홍문관弘文館 부교리副校理에 제수되었으나 불교에 몸담았던 것을 구실로 상소하여 사직함.
- 11월, 다시 이조좌랑에 제수되었으나 외조모의 병환을 구실로 사직

하고 강릉으로 돌아감.

1569년(선조 2. 34세)

- 6월, 홍문관 교리에 제수되어 7월에 서울로 올라옴.
- 9월, 〈동호문답東湖問答〉을 지어 왕에게 올림.
- 10월, 휴가를 얻어 강릉으로 돌아왔다가 외조모의 상喪을 당함.

1570년(선조 3. 35세)

- 4월, 또 홍문관 교리에 제수됨.
- 8월, 맏형 죽곡竹谷 이선李璿이 별세함.
- 10월, 병으로 벼슬을 그만두고 처가가 있는 해주海州 야두촌野頭村
  으로 내려감.
- 12월, 퇴계 이황의 부음을 듣고 영위靈位를 갖추어 곡한 뒤, 만시輓
  詩를 지음. 제문祭文을 지어 아우 이우李瑀에게 직접 가지고 예안으
  로 가 조문하게 함.

1571년(선조 4. 36세)

- 정월, 해주에서 파주坡州 밤골[栗谷]로 돌아감.
- 봄에 이조정랑吏曹正郎에 제수되었으나 나아가지 않음.
- 4월, 다시 홍문관 교리에 제수됨. 조정에 나아가자 의정부검상사인議
  政府檢詳舍人 홍문관부응교지제교弘文館副應敎知製敎 겸경연시독관兼
  經筵侍讀官 춘추관편수관春秋館編修官을 제수하였으나 모두 사양함.
- 6월, 청주목사淸州牧使에 제수됨. 부임하여 〈서원향약西原鄕約〉을
  지어 민생을 교화함.

1572년(선조 5. 37세)

- 3월, 병으로 체직遞職되어 서울로 올라옴.
- 여름에 홍문관 부응교에 제수되었으나 병으로 사직하고 파주 밤골로 돌아감.
- 우계 성혼과 '리기理氣', '사단칠정四端七情', '인심도심人心道心'을 논함.
- 영의정 이준경李浚慶이 임종 때, 붕당朋黨의 조짐을 경계하는 차자箚子를 왕에게 올렸는데, 이이가 이 차자를 논박하는 소疏를 올림.
- 8월, 원접사遠接使의 요청으로 계차종사관啓差從事官(임금의 뜻을 전달하는 관리)으로 삼았으나 병으로 사양함.
- 9월, 사간원司諫院 사간司諫, 12월, 홍문관弘文館 응교應敎, 홍문관 전한典翰에 제수되었으나 모두 상소하여 사퇴함.

1573년(선조 6. 38세)

- 7월, 홍문관弘文館 직제학直提學에 제수되었으나 세 차례 상소를 올려 사직을 윤허 받아 8월에 파주 밤골로 돌아감.
- 9월, 다시 홍문관 직제학에 제수되어 다시 서울로 올라옴.
- 10월, 통정대부通政大夫 승정원承政院 동부승지同副承旨 지제교知製敎 겸경연참찬관兼經筵參贊官 춘추관수찬관春秋館修撰官에 제수됨.

1574년(선조 7. 39세)

- 정월, 우부승지右副承旨에 제수됨.
  왕의 구언교서求言敎書에 응하여 〈만언봉사萬言封事〉를 지어 올림.
- 3월, 사간원司諫院 대사간大司諫에 제수됨.
- 4월, 우부승지右副承旨에 제수되었으나 병으로 사직하고 파주 밤골

로 돌아감.

- 6월, 큰아들 서자庶子 경림景臨이 태어남.
- 10월, 황해도관찰사黃海道觀察使에 제수됨.

1575년(선조 8. 40세)

- 3월, 병으로 체직되어 밤골로 돌아감.

  홍문관弘文館 부제학副提學에 제수됨.
- 9월,《성학집요聖學輯要》를 완성하여 올림.
- 동서東西 붕당의 갈등이 심화되어 중재를 시도함.

1576년(선조 9. 41세)

- 2월, 벼슬에서 물러나 파주 밤골로 돌아감.

  우부승지右副承旨, 대사간大司諫, 이조참의吏曹參議, 전라감사全羅監
  司, 병조참의兵曹參議 등에 제수되었으나 모두 병을 구실로 사퇴함.
- 10월, 해주海州 석담石潭으로 가 청계당聽溪堂을 지음.
- 12월, 이듬해 정월에 있을 명종明宗의 비妃 인순왕후仁順王后 소상小祥
  때문에 서울에 왔다가 병조참지兵曹參知에 제수되었으나 사퇴·체직됨.

1577년(선조 10. 42세)

- 정월, 해주 석담으로 돌아가 〈동거계사同居戒辭〉를 지음.
- 12월,《격몽요결擊蒙要訣》을 완성함.

1578년(선조 11. 43세)

- 3월, 대사간大司諫에 제수되어 사은謝恩하고, 4월에 파주 밤골로 돌
  아감.

- 5월, 다시 대사간에 제수되었으나 상소하여 사퇴하고 〈만언소萬言疏〉를 올림.
- 6월, 다시 대사간에 제수되었으나 사양하고 나아가지 않음. 얼마 뒤 이조참의吏曹參議에 제수되었으나 사양하고 나아가지 않음.
- 겨울에 해주海州 석담石潭으로 돌아감.

1579년(선조 12. 44세)
- 3월, 둘째 아들 서자庶子 경정景鼎이 태어남.
  《소학제가집주小學諸家集註》를 완성함.
- 5월, 대사간大司諫에 제수되었으나 상소하여 사퇴함.

1580년(선조 13. 45세)
- 5월, 《기자실기箕子實記》를 편찬함.
- 12월, 대사간大司諫에 제수되어 사은謝恩함.

1581년(선조 14. 46세)
- 6월, 가선대부嘉善大夫 사헌부대사헌司憲府大司憲에 특별 승진함.
- 8월, 체직遞職됨.
- 9월, 사간원司諫院 대사간大司諫과 예문관藝文館 제학提學에 제수됨.
- 10월, 자헌대부資憲大夫 호조판서戶曹判書에 제수됨.
- 11월, 《경연일기經筵日記》를 완성함.

1582년(선조 15. 47세)
- 정월, 이조판서吏曹判書에 제수됨.

- 7월, 왕명으로 〈인심도심설人心道心說〉, 〈학교모범學校模範 및 사목
  事目〉을 지어 올림. 〈김시습전金時習傳〉을 지음.
- 8월, 형조판서刑曹判書에 제수됨.
- 9월, 의정부議政府 우참찬右參贊에 제수됨.
  숭정대부崇政大夫에 특별 승진하여 우찬성右贊成에 제수됨.
- 10월, 명나라 사신을 접대하는 원접사遠接使에 뽑힘.
  명나라 사신을 위해 〈극기복례설克己復禮說〉을 지음.
- 12월, 병조판서兵曹判書에 제수됨.

1583년(선조 16. 48세)

- 6월, 여진족이 침입한 일 때문에 대궐로 가던 중 어지럼증이 심하여
  도중에 내병조內兵曹에 잠시 누워 있던 일로 삼사三司의 탄핵을 받
  아, 상소하여 사직을 청하고 파주 밤골로 내려감.
- 9월, 판돈녕부사判敦寧府事에 제수되었으나 상소하여 사양함.
  특명으로 이조판서吏曹判書에 제수됨.

1584년(선조 17. 49세)

- 정월 16일, 서울 대사동大寺洞(지금의 인사동) 집에서 별세함.
- 3월 20일, 파주 두문리斗文里 자운산紫雲山 기슭 선영先塋에 묻힘.

1624년(인조 2)

- '문성文成'이라는 시호를 내림.

1681년(숙종 7)

- 문묘文廟에 종사從祀됨.

율곡성리학 산책
이자성리서李子性理書

2022년 10월 01일 초판 1쇄 발행

저자　　　　　이이李珥
편자　　　　　이도중李度中
역주　　　　　전병수田炳秀

발행인　　　　전병수
편집·디자인　 배민정

발행　　　　　도서출판 수류화개
　　　　　　　등록 제569−251002015000018호 (2015.3.4.)
　　　　　　　주소 세종시 한누리대로 312 노블비지니스타운 704호
　　　　　　　전화 044−905−2248
　　　　　　　팩스 02−6280−0258
　　　　　　　메일 waterflowerpress@naver.com
　　　　　　　홈페이지 http://blog.naver.com/waterflowerpress

ⓒ 도서출판 수류화개, 2022

값 20,000원
ISBN 979−11−92153−07−0(93150)

《이자성리서》 원전

李子性理書序

子云者成德之尊稱也言子不

言姓萬古一人而已仲尼之稱

子是也連姓而稱子若顏孟子

之類是也不言姓而稱夫子古

志上下通用自孔門諸尼父為

夫子朱門彝晦菴為夫子而後

其彝反重於連姓之稱矣鄒魯

之四聖遞闡之五賢我東之粟

尤二先生皆得稱子者以其道

德仁義心性理氣之說互相發

明大有切於斯文故也十子之

驟皆已書諸冊而布諸世不待

言矣若吾夫子粟谷李先生資

逈生知道無不通直接朱夫子

之正脉夫子亦嘗曰發之去氣

也所以發者理也非氣不能發

非理無所發聖人復起不易斯

言其自任之重又何如也是以

尤翁以宋五子儗之　正宗大

王以左海夫子名之皆所以尊

其德也惟我延平先祖夫子之

弟子也嘗於　經邈請刊遺集

矣庚申適當全書之校役議舉

子舉以冠篇首公論亐張橫議

沮止多見其不知量也於夫子

何傷乎従吾遊者朴君基稷嗜

書者也得聞其性理之說躍然

而喜將與同志之士合力刊行

尊聖賢者是心聖人之徒也嗚

呼夫子宗廟之美百官之富皆

在全書而此篇乃入道之門也

覽是書者徒尊其辭而不求其

道門尚不可入何望堂室之奧

乎程叔子序明道墓表曰學者

於道不知所向孰知斯人之為

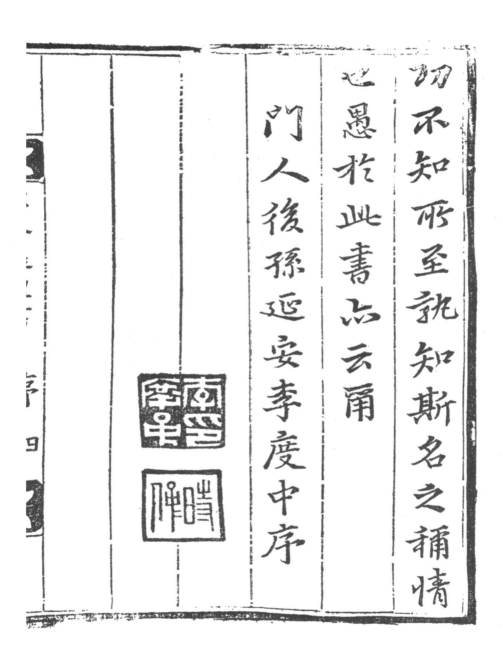

切不知所至就知斯名之補情

也愚於此書云云甫

門人後孫延妥李度中序

李子性理書

理一分殊賦

仰玄覽乎混淪兮俯冥觀乎礦礴窟綑縕之化源兮
極羣彙之至賾廓遊心於物初兮悟萬殊之一本慨
太虛之無朕兮泯聲臭於混沌一生兩而之四兮闔
與闢其相因爰成象而效法兮湯藏用而顯仁分一
光於晝夜兮日月昭乎其迭曜散一聲於大塊兮萬
籟調刁於眾竅一元之往復舒慘兮序四時而錯行
一氣之屈伸消長兮判鬼神於幽明矧林叢之品類
兮賦一命而受形同成器於豪篇兮若無間於通塞

然偏正之既殊兮又區別於動植雖性命之各正兮
夫孰非太和之化醇雖統體之渾然兮又豈非粲縩
而有倫懿聖后之首出兮誕範圍而彌綸洞惟明於
大本兮掲達道而教人噫彼民縱曰同胞兮愛莫先
於親親噫彼物縱曰吾與兮務莫急於仁民老吾老
而立愛兮孝克被乎无垠長吾長而立敬兮順斯達
於率土兮善推而有序兮孰近遺而遠取始不出乎
一家兮終化被乎艸木既合德於元妙兮豈物我之
有隔固天秩之不紊兮豈本末之相錯何曲見之有
作兮欲舉一而廢百或窺本於慌惚兮或逐末於形

器彼索隱昧乎物情兮恆固心於不貳小太山於秋

毫兮哂莊生之誕異欲以德而報怨兮嗤老氏之倒

施徒想像乎理一兮若有田而不治彼淺量昧乎物

理兮局親疎而騁私窘室廬而宄空虛兮紛婦姑之

勃磎愛欲生而惡欲死兮甘目眜而心迷徒拘拘於

分殊兮若不耕而求穫嘆我生之困蒙兮仰前訓而

尋繹內潛求於方寸兮外以察夫飛躍用雄費而孔

彰兮體則隱而未現苟玩費而知隱兮信厥微之莫

顯然兀蹈之實難兮恐斯言之不踐肆敷陳而作歌

今庶有神於觀省歌曰陰根乎動陽本乎靜齡一

體軷分二儀形資黃矩氣始玄規乾坤異用軷貫乎

一故神妙兩故化物无涵妙有有著真无道非器

外理與物俱敦化无窮川流不息軷尸其機鳴呼太

極

上退溪李先生選

主一无適敬之要法酬酢萬變敬之活法若於事物

上一一窮理而各知其當然之則則臨時應接如鏡

照物不動其中東應西答而心體自如因其平昔斷

置事理分明故也不先窮理而每事臨時商量則商

量一事時宅事已踐過安得辭頭應接譬如五色同

現鏡中而鏡之明體不隨色變同時鈇照敬之活法
亦如是也此則動中功夫若於靜中則須於一事專
心如讀書而思躬鴻鵠便是不敬蓋靜中主一无適
敬之體也動中酬酢萬變而不失其主宰者敬之用
也非敬則不可以止於至善而於敬之中又有至善
馬靜非枯木死灰動不紛紛擾擾而動靜如一體用
不離者乃敬之至善也以此推之舜之明四目達四
聰齊七政修五禮如五器錐若多事何當不敬何往
而无主一之功也先生以為何如若方氏所謂中虛
而有主宰朱子曰聖人之心瑩脫虛明者事物來若

大若小四方八面莫不隨物隨應此心元不曾有這

物事此之謂也

　與奇明彥大升

夫至善云者只是事物當然之則也其則非它只是

十分恰好處耳統而言之則知行俱到一疵不存萬

理明盡之後方可謂之止至善分而言之則於知示

有箇至善於行亦有箇至善知到十分恰好處更无

移易則謂之知之止於至善行到十分恰好處更无

遷動則謂之行之止於至善何害哉先生只取統言

之止至善而不取分言之止至善何耶若如先生之

言則於行只有至善而於知无有至善也有物必有

則知是何物而獨无有至善耶若以知為非物則明德

且謂之物知獨非物耶天下之有名可名者皆可謂

之物豈必物之物乃為物耶以此觀之大學之止至

善分而言之則明德亦有止至善新民亦有止至善

就明德上分言之則修身亦有止至善正心亦有止

至善誠意亦有止至善格物致知亦有止至善新民

亦然合而言之則明德新民皆止於至善然後乃極

其止至善之分耳烏可謂之格物致知无止至善耶

且先生所謂明明德雖盡猶未到窮理盡性地位者

尤為未安明明德之目有格物致知此則窮理也有

誠意正心修身此則盡性也若如先生之說則大學

功夫雖極盡而猶未至聖人也夫如是則孔子何不

教人以至極之道而乃教以第二等之學使人雖盡

其道只做第二等人耶先生又以為能得為不惑地

位本說見大學此說不必溪辨故明明德未到窮理盡性地位此

淺溪就其淺者言之則不惑亦可謂之能得就其溪

亦太固先儒之說各有所指不可執滯也能得固有

處言之則非不思而得不勉而中則不可謂之能得

之極功烏可訓大學不極功止於不惑而終不至聖

016

人地位耶且顏子未盡正心功夫云者此言初學者

驟聞而不察之則反爲其病豈意先生亦有所不合

耶且道聖人只盡其心性之分耶抑加毫末於心性

之分耶若曰聖人於心性上又有加焉則顏子可謂

畢心正之極功矣若曰聖人不加毫末則顏子固有

一毫未盡處矣心正之極功既未畢則心之知亦有

一毫未盡處矣且聖人之從心所欲者心所欲皆天

一毫未盡處矣且聖人之從心所欲者有時非天理故

理故也顏子之未得從心者心所欲有時非天理故

也此所謂非天理者就其至精至微處言之耳非謂

顏子便有惡念也既不得從心所欲則不可謂之盡

其心性之分也夫所謂聖所謂化所謂神者非淵淵

恍惚之謂也只是盡其心性之分而已若曰顏子既

盡心性之分而猶未化則是聖人之德必有贅於心

性也烏可哉若曰顏子既畢心正之極功而猶未盡

心性之分則大學工夫落在第二等矣且先生以為

明明德既盡然後方可止於至善玥以為明明德既

盡處此是明明德之止至善此說雖不大忤若學者

不察以為明明德既盡然後又求止至善功夫則豈

不大錯耶且先生所謂至善非中者亦未安至善乃

天然自有之中也聖賢之說雖各有所指而名之者

其實一也若皆二之則既有至善又有中又有當然

之則學者將何所適從耶

答朴和叔淳

台教所謂澹一虛明之氣是陰耶陽耶若是陰則陰

前又是陽若是陽則陽前又是陰安得為氣之始乎

若曰別有非陰非陽之氣管夫陰陽則如此怳語不

曾見于經傳也且所謂冲漠无朕者指理而言就理

上求氣則冲漠无朕而萬象森然就氣上求理則一

陰一陽之謂道言雖如此實元理獨立而冲漠无陰

陽之時也此虛最空活者而溪玩也

答朴和叔

台諭所謂經傳所論未嘗及天地之先者最為未安

夫子曰易有太極是生兩儀周子曰無極而太極未

知閤下以此等說話皆歸之於天地已生之後乎小

閣關大闢闔之說此固然矣天地未生之前謂之陰

者此其當理雖聖人不可得而易也但既是陰則是

亦氣也安得謂之冲漠無眹乎以此知所謂冲漠無

眹者只是單指太極而實無冲漠無陰陽之時也問

下且道天地只一而已乎抑過去有無限天地乎若

曰天地只一而已則坤復何說若曰天地無窮生滅

則此天地未生之前陰含陽者乃前天地既滅之餘
也豈可以此為極本窮源之論乎台論又曰然則太
極懸空獨立此文不然前天地既滅之後太虛寂然
只陰而已則太極在陰後天地將闢一陽摩生則太
極在陽雖欲懸空其可得乎張子之論固為語病滯
於一邊而花潭主張太過不知陰陽樞紐之妙在乎
太極而乃以一陽未生之前氣之陰者為陰陽之本
先乃辜聖賢之旨乎嗚呼陰陽無始也无終也无外
也未嘗有不動不靜之時一動一靜一陰一陽而理
无不在故聖賢極本窮源之論不過以太極為陰陽

021

之卒而其實本无陰陽未生太極獨立之時也今者

極本窮源而反以陰氣為陰陽之本殊不知此陰是

前陽之後也但知今年之春以去冬為本而不知去

年之冬又以去春為始也無乃未瑩乎

答成浩原渾

至善與中之論尚未歸一緣珥所見自不端的故言

不明瑩致足下輾轉生疑耳但先儒之說似是分明

不可別生意旨王溪盧氏曰至善太極之異名而明

德之本體得之於天而有本然一定之則者至善之

體乃吾心統體之太極也見於日用之間而各有本

然一定之則者至善之用乃事事物物各具之太極
也以此觀之至善之體即未發之中耶至善之用非
事物上自有之中耶蓋至善之體即未發之中而天
命之性也至善之用即事物上自有之中而率性之
道也止於至善者即時中之中而修道之教也至善
道也止於至善者乃
上分性道而著教字不得者至善是專指正理不兼
人事而言故也惟止於至善者乃
而言者中字兼性情德行而言故也中字上通性道教
處行足下乃以中為體以至善為用无乃未安耶正蓋以
理如規矩德行而言則正理為體德行為用正
對德行而言則正理為體德行為用正
理如規矩德行如用規矩做方圓相似且足下以時

中之中為率性之道此亦似誤時中是修道者也若

以此為率性之道則道乃因人而有者也烏可哉觀細

和者情之大德也達道則可時中者致中和者也立大本

而行不達道者也毫

簪間不可有簪也　且未發之中只是吾心之統體一

太極也不可便噎做理之一本處易有太極之太極

也足下所謂以吾心對事物而言則吾心為體事物

為用者甚是但以吾心對天道而言則天道為體吾

心為用矣統體中也有體用各具中也有體用以易

有太極之太極觀之則吾心之一太極亦是各具中

之統體也易有太極之太極乃統體中之統體也易

有太極之太極水之本源也至善與中吾心之一太
極水之在井者也即至善之體之所從出
器者耳即中之用若以至善只作器中之水則是舉
其用遺其體也以中只作井中之水則是執其體而
昧其用也皆不成道理矣若曰至善與中同實而異
指至善當但其主意不是至善即吾心與事物上本然
之中則同實虛○至善事物之則又
所重在事物上大學工夫豈不輕體而重用而輕內而重外而
千萬不是更宜商量○何謂吾心之則未發致知而是
敬者而專指正理而言異指中即不偏不倚无過不

及之正理也同實而無指德行而言處異指中庸之理是

至善也中庸之行是止至善也中和是至善之體用

也致中和是止至善也莫節節推之莫不相應如此立說方无病

痛矣足下前日以為至善即中則但言至善或但言

中足矣何必兩言之耶珥以此思之而得其說焉中

庸之道至微至妙初學者驟聞之則力量不能承當

或有流而為无近名无近刑之學者矣是以聖人之

教必先立至善以為標的使學者曉然以事理當然

之極為至善然後進之於中庸使知至善乃所以不

偏不倚无過不及之道則不陷於執中不流於過不

及而真能止乎至善耳

答成浩原

顏子一毫未盡之說眾皆非之而珥獨不肯自非者
非故立異而好勝也誠以鄙意終有所未安故不敢
曲循眾見耳顏子與聖人所爭者只在思與不思勉
與不勉耳其得之其中之則一也夫所謂思者非格
致而何所謂勉者非誠正而何事物之來未能不思
而必思之今日既思而得矣明日事物之來又不免
於思則可謂格致之功已畢乎今日既勉而中矣明
日又不免於勉則可謂誠正之功已畢乎夫所謂力

之盡者只是就人事上極其力无以復加云爾非若

聖人之動以天而不施人事也且顏子之查滓非若

衆人之查滓也不貳過之可消釋也纖芥必見不若无過

不若无氷凍之可消釋也纖芥必見不若无纖芥之

可見故此之於聖人則微有查滓耳格致誠正固學

者事亦不可捨此而求聖人也位天地育萬物許大

神妙不測是聖人之能事而其實不過學問之極功

耳豈可捨學問之功而別求一種聖人道理耶足下

以格致誠正斷然為學者事以其十分盡頭歸之於

顏子而求聖人於格致誠正之外无乃未安耶此正

釋教拂迹迢凡聖之機權也非吾儒之的論也低者聖人固不可求聖人於高遠恍惚之境尤不可也愚則以為物極其格知極其至意極其誠心極其正者聖人也格致誠正而未造其極者君子也就君子上最近聖人而未達一間者顏子也未格致而欲格致未誠正而欲誠正顏子雖不免於思勉而亦不待著力學者也聖人无待於思勉而自未誠正而欲誠正者學者也聖人无待於思勉而亦不待著力學者未免苦心極力耳大抵珥則以不思而得為知之極不勉而中為行之極足下則以為思得為知之極勉中為行之極又求聖人於其極之外此所以多言而

愈不相合也顏子若造其極則聖人過其極而非中
也聖人若止於其極則顏子必有所未至也所爭在
此夫豈多言末子有言曰人心私欲者非若眾人所
謂私欲也但微有一毫把捉底意思則雖云本是道
心之發然終未離人心之境所謂動以人則有顏
子之有不善正在此間者是也既曰有妄則非私欲
而何須是都无此意思自然從容中道方純是道心
也孔謐朱渓味此言則可見心正之極功非聖人未
了而程子所謂顏子心麤者非謂眾人之麤心也珥
之所謂未盡者豈敢胡說亂道哉

答成浩原

至善與中之論大槩相合其不合者足下之意以為

中只在於吾心而不在於事物故也程子有言曰事

事物皆有自然之中足下偶未之見耶大本者中

之在心者也達道者中之在事物者也先儒多說中

無定體若只以在心者謂之中則未發之中實體一

定為可謂之无定體耶從古聖賢之言中者多指其

用或曰執中或曰時中皆指達道而未發之中則子

思始著於中庸故先儒以為擴先聖所未發若如足

下之言則從古聖賢所言中者皆指未發之中耶至

善是十分是處中亦十分是處明德有箇至善則明

德有箇中新民有箇至善則新民有箇中何不可言

之有愚之前書只言事物而欠曰用二字下之說

是矣但既謂之事物則曰用二字在其中矣足下恐

其泛言事物則吾心亦在事物中耶此則未然自天

而觀事物則人心亦一事物者是矣自人而觀事物

則吾心自吾心事物自事物不成只言事物而吾心

亦在其中矣足下以為章句釋至善不曰天理而曰

事理其下曰天理者總會吾心而言之以此究其立

名之義者頗不可曉若如此言則天理初不在於吾

心而至於止至善然後天理乃在吾心耶事理者摠言天理之在事物者而省文曰事理而吾心之理亦在其中矣恐不可以天理事理為在心在事之別而究其立名之義也自天命而觀之則明德亦一箇物事明德之體郎至善之體而未發之中也明德之用即至善之用而已發之中也明德者即立大本而行達道者也如此者破豈不分曉乎統體各具之說足下之說亦是但天命與性自有界限不可一向滾合也時中之說愚意亦非專以教為時中也只謂教亦時中耳時中二字先儒有指達道而言者有指行

亦時中耳時中二字先儒有指達道而言者有指行

達道而言者前書恐足下專以達道為時中故有所
云今者又恐足下專以行達道為時中也朱子釋
時中章句曰中無定體隨時而在是乃平常之理也
此指達道而言也其曰君子知其在我故能戒謹不
睹恐懼不聞致此則而无時不中此指行達道而
言也達道是時中之道也行達道是時中之行也君
子之能行達道者未甞不能立大本者也故朱子曰
必其體立而後用有以行然則愚以時中為致中和
者亦非過矣先大學後中庸之說非特足下之言為
然也愚意亦主乎此也非謂學中庸而流於異端故

立大學以救之也足下更取而徐玩之何如先儒曰
中體難識善端易擴是故中庸論下學功夫必曰擇
善而不曰擇中必曰明善而不曰明中豈不以中體
難識乎若大學中庸各自明道不相管攝初非有意
於先後次第則程朱之教人先讀大學者非孔曾子
思之意也不先大學從事於格物致知而徑學中庸
欲上達天理則吾未保其善學聖道也足下責愚以
敢言至引荀卿不覺竦然自失也雖然以學言之則
愚幸而生於朱子之後必不為性惡之論以才言之
則愚不幸而才不足雖欲為荀卿不可得也足下憂

其追隨不為善可矣勿憂其為荀卿也道孤之說誠

如下論溪恨溪恨但愚意恨无朋友講磨相長之益

耳非敢以任斯道者自處也點撿自家之論當服膺

而終身焉

聖賢之說或橫或豎各有所指欲以豎準橫以橫合

豎則或失其旨矣心一也而謂之道謂之人者性命

形氣之別也情一也而或曰四或曰七者專言理無

言氣之不同也是故人心道心不能相兼而相為終

始焉四端不能兼七情而七情則兼四端道心之微

人心之危朱子之説盡矣四端不如七情之全七情
不如四端之粹是則愚見也人心道心相為終始者
何謂也今人之心直出於性命之正而或不能順而
遂之間之以私意則是始以道心而終以人心也或
出於形氣而不咈乎正理則固不違於道心矣或咈
乎正理而知非制伏不從其欲則是始以人心而終
以道心也蓋人心道心兼情意而言也不但指情也
七情則統言人心之動有此七者四端則就七情中
擇其善一邊而言也固不如人心道心之相對説下
矣且情是發出恁地不及計較則又不如人心道心

之相為終始矣烏可強就而相準耶今欲兩邊說下
則當遵人心道心之說欲說善一邊則當遵四端之
說欲兼善惡說則當遵七情之說不必將柄就鑿紛
紛立論也四端七情正如本然之性氣質之性本然
之性則不兼氣質而為言也氣質之性則却兼本然
之性故四端不能兼七情則無四端朱子所謂
發於理發於氣者只是大綱說豈料後人之分開大
甚乎學者活者可也且退溪先生既以善歸之四端
而又曰七者之情亦无有不善若然則四端之外亦
有善情也此情從何而發哉孟子舉其大槩故只言

惻隱羞惡恭敬是非而其它善情之為四端則學者

當反三而知之人情安有不本於仁義禮智而為善

情者乎此一般當善情既有四端而又於四端之外

有善情則是人心有二本也其可乎大抵未發則性

也已發則情也發而計較商量則意也心為性情意

之主故未發及其計較皆可謂之心也發者氣

也所以發者理也其發直出於正理而氣不用事則

道心也七情之善一邊也發之際氣已用事則人

心也七情之合善惡也知其氣之用事精察而趨乎

正理則人心聽命於道心也不能精察而惟其所向

039

則情勝慾熾而人心愈危道心愈微矣精察與否皆
是意之所為故自修莫先於誠意今若曰四端理發
而氣隨之七情氣發而理乘之則是理氣二物或先
或後相對為兩歧各自出來矣人心豈非二本乎情
雖萬般夫孰非發於理乎惟其氣或揜而用事或不
揜而聽命於理故有善惡之異以此體認庶幾見之
矣別紙之說大槩得之但所謂四七發於性人心道
心發於心者似有心性二歧之病性則心中之理也
心則盛貯性之器也安有發於性發於心之別乎人
心道心皆發於性而為氣所揜者為人心不為氣所

揀者為道心

答成浩原

未發之體亦有善惡之可言者甚誤喜怒哀樂之未發謂之中也者大本也安有善惡之可言耶衆人之心不昏昧則必散亂大本不立故不可謂之中也幸於一瞬之間或有未發之時則即此未發之時全體湛然與聖人不異矣惟其瞥然之際遽失其體昏亂隨之故不得其中耳其所以昏且亂者由其拘於氣質故也若曰拘於氣質而不能立其大本則可也若曰未發之時亦有惡之萌兆則大不可蓋其或昏

昧或散亂者不可謂之未發也

善惡之情无非感物而動特所感有正有
邪其動有中有過不及斯有善惡之分耳

性則理
未發之
時本无
不善

氣質則
清濁粹
聚有萬
不同

心

發為情
善

惡亦不可不謂之

喜怒哀懼愛惡欲
仁之端　義之端　禮之端　智之端

此情之發而不為形氣所拘
直遂其性之本然故善而中
節可見其為仁義禮智之端
也直發故直書

此情之發而為形氣所拘失
其性之本然故惡而不中節
不見其為仁義禮智之端也
橫發故橫書

程子曰人生氣稟理有善惡此曉人深切八字打開
虛也其所謂理者指其乘氣流行之理而非指理之
本然也本然之理固純善而乘氣流行其分萬殊氣
稟有善惡故理亦有善惡也夫理之本然則純善而
已乘氣之際參差不齊清淨至貴之物又汙穢至賤
之處理无所不在而在清淨則理亦清淨在汙穢則
理亦汙穢若以汙穢者為非理之本然則可遂以為
汙穢之物无理則不可也夫本然者理之一也流行
者分之殊也捨流行之理而別求本然之理固不可
若以理之有善惡者為理之本然則亦不可理一分

殊四字最宜體究徒知理之一而不知分之殊則釋
氏之以作用為性而猖狂自恣是也徒知分之殊而
不知理之一則荀揚以性為惡或以為善惡混者是
也昨書以為未發之時亦有不善之萌者更思之元
見其大錯吾兄之不識大本病根正在於此未發者
性之本然也太極之妙也中也大本也於此亦有不
善之萌則是聖人獨有大本而常人無大本也孟子
性善之說為駕虛之高談而人不可以為堯舜矣子
思何不曰君子之喜怒哀樂之未發謂之中而乃泛
言喜怒哀樂之未發謂之中耶千萬不是切宜速改

答成浩原

夫理者氣之主宰也氣者理之所乘也非理則氣无
所根柢非氣則理无所依著既非二物又非一物非
一物故一而二非二物故二而一也非一物者何謂
也理氣雖相離不得而玅合之中理自理氣自氣不
相挾雜故非一物也非二物者何謂也雖曰理自理
氣自氣而渾淪无間无先後无離合不見其爲二物
故非二物也是故動靜无端陰陽无始故理无始故
亦无始也夫理一而已矣本无偏正通塞清濁粹駁
之異而所乘之氣升降飛揚未嘗止息雜糅參差是

生天地萬物而或正或偏或通或塞或清或濁或粹
或駁焉理雖一而既乘於氣則其分萬殊故在天地
而為天地之理在萬物而為萬物之理在吾人而為
吾人之理狀則參差不齊者氣之所為也雖曰氣之
所為而必有理為之主宰則其所以參差不齊者亦
是理當如此非理不如此而氣獨如此也天地人物
雖各有其理而天地之理即萬物之理萬物之理即
吾人之理也此所謂統體一太極也雖曰一理而人
之性非物之性犬之性非牛之性此所謂各一其性
者也推本則理氣為天地之父母而天地又為人物

之父母矣天地得氣之至正至通者故有定性而無
變焉萬物得氣之偏且塞者故亦有定性而无變焉
是故天地萬物更無修為之術惟人也得氣之正且
通者而清濁粹駁有萬不同非若天地之純一矣但
心之為物虛靈洞徹萬理具備濁者可變而之清駁
者可變而之粹故修為之功獨在於人而修為之極
至於位天地育萬物狀後吾人之能事畢矣於人之
中有聖人者獨得至通至正至清至粹之氣而與天
地合德故聖人亦有定性而无變有定性而无變狀
後斯可謂之踐形矣狀則天地聖人之準則而聖人

眾人之準則也其所謂修為之術不過按聖人已成
之規矩而已若萬物則性不能稟全德心不能通眾
理艸木之全塞固不足道矣禽獸之或通一路者有
虎狼之父子蜂蟻之君臣鷹行有兄弟之厚雎鳩有
夫婦之別巢穴有預知之智候蟲有峩時之信而皆
不可變而通之其得各遂其性者只在吾人參贊化
育之功而已夫人也稟天地之帥以為性分天地之
塞以為形故吾心之用即天地之化也天地之化無
二本故吾心之發无二原矣人生而靜天之性也感
於物而動性之欲也感動之際欲居仁欲由義欲復

禮欲窮理欲忠信欲孝於其親欲忠於其君欲正家
欲敬兄欲劬偲於朋友則如此之類謂之道心感動
氣不為之撓蔽故主乎理而目之以道心也如或飢
者固是形氣而其發也直出於仁義禮智之正而形
欲食寒欲衣渴欲飲癢欲搔目欲色耳欲聲四肢之
欲安佚則如此之類謂之人心其原雖本乎天性而
其發也由乎耳目四肢之私而非天理之本然故主
乎氣而目之以人心也道心之發如火始然如泉始
達造次難見故曰微人心之發如鷹解韛如馬脫羈
飛騰難制故曰危人心道心雖二名而其原則只是

一心其發也或為理義或為食色故隨其發而異其
名若來書所謂理氣互發則是理氣二物各為根柢
於方寸之中未發之時已有人心道心之苗脈理發
則為道心氣發則為人心矣朕則吾兄有二本矣豈
不大錯乎朱子曰心之虛靈知覺一而已矣吾兄何
從而得此理氣互發之說乎其所謂或原或生者見
其既發而立論矣其發也為理義則推究其故何從
而有此理義之心乎此由於性命在心故有此道心
也其發也為食色則推究其故何從而有此食色之
念乎此由於血氣成形故有此人心也云尒非若互

發之說或理發或氣發而大本不一也大抵發之者
氣也所以發者理也非氣則不能發非理則無所發
發之以下二十三字
聖人復起不易斯言無先後無離合不可謂互發也
但人心道心則或爲形氣或爲道義其原雖一而其
流既歧固不可不分兩邊說下矣若四端七情則有
不然者四端是七情之善一邊也七情是四端之總
會者也一邊安可與總會者分兩邊相對乎朱子發
於理發於氣之說意必有在而今者未得其意只守
其說分開拖引則豈不至於輾轉失眞乎朱子之意
亦不過曰四端專言理七情兼言氣云爾耳非曰四

端則理先發七情則氣先發也退溪因此而立論曰

四端理發而氣隨之七情氣發而理乘之所謂氣發

而理乘之者可也非特七情氣爲朕四端亦是氣發而

理乘之也何則見孺子入井朕後乃發惻隱惻隱之心見

之而惻隱者氣也此所謂氣發也惻隱之本則仁也

此所謂理乘之也非特人心爲朕天地之化無非氣

化而理乘之也是故陰陽動靜而太極乘之此則非

有先後之可言也若理發氣隨之說則分明有先後

矣此豈非害理乎天地之化卽吾心之發也天地之

化若有理化者氣化者則吾心亦當有理發者氣發

若矣天地既无理化氣化之殊則吾心安得有理發
氣發之異乎若曰吾心異於天地之化則非愚之所
知也此段最可領悟處於此未且所謂發於理者猶
契則恐无歸一之期矣
曰性發為情也若曰理發氣隨則是纔發之初氣无
干涉而既發之後乃隨而發也此豈理耶退溪與奇
明彦論四七之說无慮萬餘言明彦之論則分明直
截勢如破竹退溪則辨說雖詳而義理不明反覆咀
嚼辛元的實之滋味明彦學識豈敢冀於退溪乎只
是有箇才智偶於此處見得到耳竊詳退溪之意以
四端為由中而發七情為感外而發以此為先入之

見而以朱子發於理發於氣之說主張而伸長之做

出許多葛藤安讀之未嘗不慨嘆以爲正見之一累

也易曰寂然不動感而遂通雖聖人之心未嘗有无

感而自動者也必有感而動而所感皆外物也何以

言之感於父則孝動焉感於君則忠動焉感於兄則

敬動焉父也君也兄也者豈是在中之理乎天下安

有无感而由中自發之情乎特所感有正有邪其動

有過有不及斯有善惡之分耳今若以不待外感由

中自發者爲四端則是无父而孝發无君而忠發无

兄而敬發矣豈人之眞情乎今以惻隱言之見孺子

入井肢後此心乃發所感者孺子也孺子非外物乎

安有不見孺子之入井而自發惻隱者乎就令有之

不過爲心病耳非人之情也夫人之性有仁義禮智

信五者而已五者之外无他性情有喜怒哀懼愛惡

欲七者而已七者之外无他情四端只是善情之別

名言七情則四端在其中矣非若人心道心之相對

立名也吾見必欲竝而比之何耶蓋人心道心相對

立名既曰道心則非人心既曰人心則非道心故可

作兩邊說下矣若七情則已包四端在其中不可謂

四端非七情七情非四端也烏可分兩邊乎七情之

包四端吾見猶未見得乎夫人之情當喜而喜臨器

而哀見所親而慈愛見理而欲竊之見賢而欲齊之

者愛欲四懷　仁之端也當怒而怒當惡而惡者怒懇

義之端也見尊賢而畏懼者懼禮之端也當喜怒哀

懇之際知其所當喜所當怒所當哀所當懇是此屬又

知其所不當喜所不當怒所不當哀所不當懇者屬此

縶如此者以四端準于七情則惻隱屬愛愛惡屬惡

其是非恰之情而知　智之端也善情之發不可枚舉大

恭敬屬懇是非屬于智其當喜怒與否之情也七情

之外更無四端矣朕則四端專言道心七情合人心

道心而言之也與人心道心之自分兩邊者豈不迥
脉不同乎吾兄性有主理主氣之說雖似无害恐是
病根藏于此中也本脉之性則專言理而不及乎氣
矣氣質之性則兼言氣而包理在其中亦不可以主
理主氣之說泛脉分兩邊也本脉之性與氣質之性
分兩邊則不知者豈不以爲二性乎且四端謂之主
理可也七情謂之主氣則不可也七情包理氣而言
非主氣也　人心道心可作主理主氣之說四端七情
　　　　　則不可如此說以四端在七情中而七情
兼理氣
故也　子思論性情之德曰喜怒哀樂之未發謂之
中發而皆中節謂之和只舉七情而不舉四端若如

兄言七情爲主氣則子思論大本達道而遺却理一
邊矣豈不爲大久乎道理浩浩立論最難言之雖無
病見者以私意橫柱胃中而驅之牽合則未嘗不爲
大病故借聖賢之言以誤後學者亦有之矣程子曰
器亦道道亦器此言理氣之不能相離而見者逐以
理氣爲一物朱子曰理氣淩是二物此言理氣之不
相挾雜而見者逐以理氣爲有先後近來所謂性先
動心先動之說固不足道矣至如羅整菴以高明超
卓之見亦微有理氣一物之病邊溪之精詳謹密近
代所無而理發氣隨之說亦微有理氣先後之病老

先生未捐館舍時珥聞此言心知其非第以年少學

淺未敢問難歸一每念及此未嘗不痛恨也

答成浩原

理氣之說與人心道心之說皆是一貫若人心道心

未透則是於理氣未透也理氣之不相離者若已灼

見則人心道心之無二原可以推此而知之耳惟於

理氣有未透以爲或可相離各在一處故亦於人心

道心疑其有二原耳理氣可以相離則程子所謂陰

陽無始者爲虛語也此說豈珥杜撰乎特先賢未及

詳言之耳昨爲長書待兄之需辨說頗詳譬論亦切

一覽可以契合矣如此而猶有疑則姑置此事多讀
聖賢之書夏涘後日之有見可也玼則十季前已窺
此端而厥後漸漸思繹每讀經傳輒取以相準當初
或有不合之時厥後漸合以至今日則融會脗合淩
肤無疑千百雄辯之口終不可以回鄙見但恨氣質
浮駁不能力踐而實之每用慨嘆自訟耳

理形而上者也氣形而下者也二者不能相離既不
能相離則其發用一也不可謂互有發用也若曰互
有發用則是理發用時氣或有所不及氣發用時理
或有所不及也如是則理氣有離合有先後動靜有

端陰陽有始矣其錯不小矣但理無爲而氣有爲故
以情之出乎本然之性而不撰於形氣者屬之理當
初雖出於本然而形氣撰之者屬之氣此亦不得已
之論也人性之本善者理也而非氣則理不發人心
道心夫豈非原於理乎非未發之時亦有人心苗脈
與理相對于方寸中也源一而流二朱子豈不知之
乎特立言曉人各有所主耳程子曰不是善與惡在
性中爲兩物相對各自出來夫善惡判然二物而尚
無相對各自出來之理況理氣之混淪不離者乃有
相對互發之理乎若朱子眞以爲理氣互有發用相

對各出則是朱子亦誤也何以爲朱子乎人心道心
之立名聖人豈得巳乎理之本然者固是純善而乘
氣發用善惡斯分徒見其乘氣發用有善而不
知理之本然則是不識大本也徒見其理之本然而
不知其雜氣發用或流而爲惡則認賊爲子矣是故
聖人有憂焉乃以情之直遂其性命之本然者目之
以道心使人存養而克廣之情之揜乎形氣而不能
直遂其性命之本然者目之以人心使人審其過不
及而節制之節制之者道心之所爲也夫形色天性
也人心亦豈不善乎由其有過有不及而流於惡耳

老能充廣道心節制人心使形色各循其則則動靜

云爲莫非性命之本然矣此從古聖賢心法之宗旨

此與理氣互發之說有何交涉邊溪之病專在於互

發二字惜哉以老先生之精密於大本上猶有一重

膜子也北溪陳氏之說未知亦知朱子之意之所在

乎抑眞以爲互發如邊溪之見乎是則未可知也道

理浚是如此但當持守此見力行而實之不當狐疑

不定使異同之說亂吾方寸也稷徒之言曰金屑雖

貴落眼則翳此譬聖賢之說雖賢誤見則爲害也此

言甚好聖賢之言意或有枉不求其意徒泥於言豈

不友害乎夫子曰器欲速貧死欲速朽雖曾子尚以

爲當狀若非有子之辨則後世之塟家者必棄糧委

貨而送死者必以薄葬爲是矣此豈聖賢之意乎朱

子或原或生之說亦當求其意而得之不當泥於言

而欲主互發之說也羅整菴識見高明近代傑狀之

儒也有見於大本而反疑朱子有二歧之見此則雖

不識朱子而却於大本上有見矣但以人心道心爲

體用失其名義亦可惜也雖狀整菴之失在於名目

上遐溪之失在於性理上遐濤之失較重矣如此毀

議論豈可驟掛他眼乎不知者必以爲誣毀遐溪矣蘇齋於

人心道心欲從整菴之說此亦以互發之說爲不然

故也其見本是但不必資於互發之說而人心道心
亦各得其名義矣何必乃爾令以此議論質于蘇齋

則其時故不取爾非似有契合之理但

物之不能離器而流行不息者惟水也故惟水可以

喻理水之本清性之本善也器之清淨汙穢之不同

者氣質之殊也器動而水動者氣發而理藴也器水

俱動无有器動水動之異者無理氣互發之殊也器

動則水必動水未嘗自動者理无為而氣有為也聖

人氣質清粹性全其體無一毫人欲之私故其發也

從心所欲不踰矩而人心亦道心也譬如清淨之器

儲水無一點塵滓故其動也水之本清者傾瀉而出

流行者皆清水也賢者則氣質雖清粹未免有少
濁駁雜之故必歇進修之功歇後能復其本歇之性
其發也有直遂其本歇之性而不為形氣所搶者有
雖發於性而形氣用事者形氣雖用事而人心聽命
於道心故食色之心亦循軌轍譬如儲水之器雖清
淨而未免有少許塵滓在裏必加澄治之功歇後水
得其本歇之清故其動也或有清水傾出塵滓未動
者或有清水雖出而塵滓已動者必止其塵滓使不
混淆歇後水之流行者乃得其清也不肖者氣質多
濁少清多駁少粹性既汨其本歇而又无進修之功

其發也多爲形氣所使是人心爲主也閒有道心雜
出於人心之閒而不知所以察之守之故一任形氣
之私至於情勝欲熾而道心亦爲人心也譬如儲水
之器汙穢不淨泥滓滿中水失其本狀之淸又無澄
淨之功其動也泥滓汩水一而出不見其爲淸水也閒
有泥滓未及汩亂之際忽有淸水暫出而瞥狀之頃
泥滓還汩故淸者旋濁流行者皆濁水也性本善而
氣質之拘或流而爲惡以惡爲非性之本狀則可謂
之不本於性不可也水本淸而泥滓之汩遂成濁流
以濁爲非水之本狀則可謂之非水之流則不可也

中人之性在賢不肖之間推此而可知之矣理不離

氣真如水不離器也今日互有發用則是或罷先動

而水隨而動或水先動而器隨而動天下寧有此理

乎且以人乘馬喻之則人則性也馬則氣質也馬之

性或馴良或不順者氣稟清濁粹駁之殊也出門之

時或有馬從人意而出者或有人信馬從人意而出

者屬之人乃道心也人信馬足而出者屬之馬乃人

心也門前之路事物當行之路也人棄馬而未出門

之時人信馬足馬從人意俱无端倪此則人心道心

信字知之而故任之也 信字不知而任之也
信意與任字同意而微 與任字同蓋

本無相對之苗脈也聖人之血氣與人同耳飢欲食

渴欲飲寒欲衣癢欲搔亦所不免故聖人不能無人

心譬如馬性雖極馴豈无或有人信馬足而出門之

時乎但馬順人意不待牽制而自由正路此則聖人

之從心所欲而人心亦道心者也他人則氣稟不純

人心之發而不以道心主之則流而為惡矣譬言如人

信馬足出門而又不牽制則馬任意而行不由正路

夫其中最不馴之馬人雖牽制而騰躍不已必奔走

于荒榛荊棘之間此則氣稟濁駁而人心為主道心

為所揜蔽者也馬性如是不馴則每每騰躍未嘗少

有靜立之時此則中心昏昧雜擾而大本不立者也

雖不馴之馬牽而靜立則當其靜立之時與馴良之

馬無異此則衆人之心昏昧雜擾中體雖不立牽有

未發之時則此刻之閒湛然之體與程人不異者也

如此取喻則人心道心主理主氣之說豈不明白易

知予若以互發之說譬之則是未出門之時人馬異

處出門之後人乃乘馬而或有人出而馬隨之者或

有馬出而人隨之者矣名理俱侠不成說話矣雖朕

人馬或可相離不如譬以器水之親切也水亦有形

又非理無形之比譬喻可以泯看不可泥著於譬喻

也

人生氣質之性固有善惡之一定者也故天子曰性
相近也習相逺也又曰上智與下愚不移但非其性
之本狀而昏昧雜擾故不可謂未發之中也未發者
性之本狀也昏昧雜擾則氣已揜性故不可謂性之
體也今承來書詳究其旨則兄之所見非誤也發言
乃誤也前呈鄙書太厲聲氣追愧追愧來書所謂汲
汲歸一何可強爲亦待乎潛思玩索者此言極是道
理須是潛思自得若專靠人言則今日遇雄辯之人
以比爲是則悦其言而從之明日又遇雄辯之人以

彼爲是則亦將悅其言而遷就之矣何時有定見乎

桝礒激水之說可謂見物恩道矣猶有所未盡也夫

水之就下理也激之則在手者此亦理也水若一於

就下雖激而不上則爲無理也激之而在手者雖氣

而所以激之而在手者理也烏可謂氣獨作用乎水

之就下本肤之理也激而在手藥氣之理也求本肤

於乘氣之外固不可若以乘氣而反常者謂之本肤

亦不可若見其反常而遂以爲氣獨作用而非理所

枉亦不可也某也之老奼牖下固是反常但治道不

升賞罰无章則惡人得志善人困窮固其理也孟子

曰小役大弱役強者天也夫不論德之大小而惟以
小大強弱爲勝負者此豈天之本狀哉特以勢言之
耳勢既如此則理亦如此故謂之天也狀則某人之
得保首領謂之非理之本狀則可謂之氣獨爲之而
無理則不可也天下安有理外之氣耶此段最可滾究於此有得

理氣之妙難見亦難說夫理之源一而已矣氣之源
亦一而已矣氣流行而參差不齊理亦流行而參差則可見理氣不相離之妙矣
不齊氣不離理理不離氣夫如是則理氣一也何處
見其有異耶所謂理自理氣自氣者何處見其理自

理氣自氣耶望吾兄精思著一轉語欲驗識見之所
至也

答成浩原

周子曰太極動而生陽靜而生陰此二句豈有病之
言乎若誤見則必以為陰陽本无而太極在陰陽之
先太極動朕後陽乃生太極靜朕後陰乃生也如是
觀之大失本意而以句語釋之則順而不礙或原或
生之說亦如是也夫五行出於理氣而猶曰木生火
火生土者以其序言之也著泥其言而以為火必生
於木而非本於理可乎發道心著氣也而非性命則

氣之生人心亦猶木生火之謂也

道心謂原於性命以人心謂生於形氣豈不順乎形

道心不發原人心者性也而非形氣則人心不發以

理氣詠呈牛溪道兄

元氣何端始無形在有形窮源知本合〔理氣本合也非有始〕

之者皆非知道者也沿波見羣精為二五之精〔理氣原一而分〕

水逐方圓器空隨小大瓶〔理之乗氣流行參差不齊者如此空瓶之說出〕

於釋氏而其譬喻親切故用之二歧君莫惑默驗性為情

性者理氣之合也蓋理在氣中狀後為性若不在形

質之中則當謂之理不當謂之性也但就形質中單

指其理而言之則本然之性也本然之性不可雜以
氣也子思孟子言其本然之性程子張子言其氣質
之性其實一性而所主而言者不同今不知其所主
之意遂以爲二性則可謂知理乎性既一而乃以爲
情有理發氣發之殊則可謂知性乎

答成浩原

理氣元不相離似是一物而其所以異者理无形也
氣有形也理无爲也氣有爲也无形无爲而爲有形
有爲之主者理也有形有爲而爲无形无爲之器者
氣也理无形而氣有形故理通而氣局理无爲而氣

有爲故氣發而理藥理通者何謂也理者無本末也

無先後也無本末無先後故未應不是先已應不是

後說程子是故藥氣流行參差不齊而其本狀之妙無

乎不在氣之偏則理亦偏而所偏非理也氣也氣之

全則理亦全而所全非理也氣也至於清濁粹駮糟

粕煨燼糞壤汙穢之中理無所不在各爲其性而其

本狀之妙則不害其自若也此之謂理之通也氣局

者何謂也氣已涉形迹故有本末也有先後也氣之

本則湛一清虛而已曷嘗有糟粕煨燼糞壤汙穢之

氣哉惟其升降飛揚未嘗止息故參差不齊而萬變

生焉於是氣之流行也有不失其本狀者有失其本
狀者既失其本狀則氣之本狀者已无所柱偏者偏
氣也非全氣也清者清氣也非濁氣也糟粕煨燼糟
粕煨燼之氣也非湛一清虛之氣也非若理之於萬
物本狀之妙無乎不在也此所謂氣之局也氣發而
理乘者何謂也陰靜陽動機自介也非有使之者也
陽之動則理乘於動非理動也陰之靜則理乘於靜
非理靜也故朱子曰太極者本狀之妙也動靜者所
乘之機也陰靜陽動其機自介而其所以陰靜陽動
者理也故周子曰太極動而生陽靜而生陰夫所謂

動而生陽靜而生陰者原其未朕而言也動靜所萦
之機者見其已朕而言也動靜無端陰陽无始則理
氣之流行皆已朕而已安有未朕之時乎是故天地
之化吾心之發無非氣發而理萦之也所謂氣發理
乘者非氣先於理也氣有為而理無為則其言不得
不爾也夫理上不可加一字不可加一毫修為之力
理本善也何可修為乎聖賢之千言萬言只使人撿
束其氣使復其氣之本朕而已氣之本朕者浩朕之
氣也浩朕之氣充塞天地則本善之理無少掩蔽此
孟子養氣之論所以有功於聖門也若非氣發理乘

一途而理亦別有作用則不可謂理无爲也孔子何
以曰人能弘道非道弘人乎如是看破則氣發理乘
一途明白坦然而或原或生人信馬足馬順人意之
說亦得旁通而各極其趣試細玩詳思勿以其人之
淺淺而輒輕其言也
氣發理乘一途之說與或原或生人信馬足馬從人
意之說皆可通貫吾兄尚於此處未透故猶於邊溪
理氣互發內出外感先有兩箇意思之說未能盡捨
而反欲援邊溪此說附于珥說也別幅議論頗詳猶
恐兄未能渙然釋然也蓋氣發理乘一途之說推本

之論也或原或生人信焉足焉從人意之說沿流之

論也今兄曰其未發也無理氣各用之苗脈此則合

於鄙見矣但謂性情之間元有理氣兩物各自出來

則此非但言語之失實是所見差誤也又曰就一逢

取其重而言此則又合於鄙見一書之內乍合乍

離此雖所見之不的亦將信將疑而將有覺悟之機

也今若知氣發理乘與人信焉足焉從人意滾為一

說則同歸于一又何疑哉道心原於性命而發者氣

也則謂之理發不可也人心道心俱是氣發而氣有

順乎本然之理者則氣亦是本然之氣也故理乘其

本然之氣而爲道心焉氣有變乎本然之理者則亦
變乎本然之氣也故理亦乘其所變之氣而爲人心
而或過或不及焉或於繾發之初已有道心宰制而
不使之過不及者焉或於有過有不及之後道心亦
宰制而使趨於中者焉氣順乎本然之理者固是氣
發而氣聽命於理故所重在理而以主理言氣變乎
本然之理者固是原於理而已非氣之本然則不可
謂聽命於理也故所重在氣而以主氣言氣之聽命
與否皆氣之所爲也理則無爲也不可謂互有發用
也但聖人形氣无非聽命於理而人心亦道心則當

別作議論不可滾爲一說也且朱子曰心之虛靈矣

覺一而已矣或原於性命之正或生於形氣之私先

下一心字在前則心是氣也或原或生而無非心之

發則豈非氣發耶心中所有之理乃性也未有心發

而性不發之理則豈非理乘乎或原者以其理之所

重而言也或生者以其氣之所重而言也非當初有

理氣二苗脈也立言曉人不得已如此而學者之誤

見與否亦非朱子所預料也如是觀之則氣發理乘

與或原或生之說果相違忤子如是辨說而猶不合

則恐其終不能相合也若退溪互發二字則似非下

語之失恐不能澆見理氣不相離之妙也又有內出
外感之異與鄙見大相不同而吾兄欲援而就之此
不特不知鄙意之所在也又不能灼見邊溪之意也
蓋邊溪則以內出為道心以外感為人心珥則以為
人心道心皆內出而其動也皆由於外感也是果相
合而可援而就之耶須將邊溪元論及珥前後之書
更觀而求其意何如
性情本無理氣互發之理凡性發為情只是氣發而
理乘等之言非珥杜撰得出乃先儒之意也特未詳
言之而珥但敷衍其旨耳建天地而不悖竢後聖而

不惑者淩駕無疑何處見得先儒之意乎朱子不云

乎氣質之性只是此性此性字體也隨在氣質之中故

隨氣質而自為一性此性之性字氣程子曰性即氣氣即

性生之謂也以此觀之氣質之性本狀之性淩非二

性特就氣質上單指其理曰本狀之性合理氣而命

之曰氣質之謂不性既一則情豈二源乎除是有二

性狀後方有二情耳若如退溪之說則本狀之性柱

東氣質之性柱西自東而出者謂之道心自西而出

者謂之人心此豈理耶若曰性一則又將以為自性

而出者謂之道心無性而自出者謂之人心此亦理

耶言不順則事不成此處切望反覆商量

前日圖說中之言非以爲擴前聖所未發也其圖及

所謂原於仁而反害仁等之說雖是先賢之意無明

言之者淺見者必疑其畔先賢之說故云云耳不以

辭害意何如

答成浩原

枯木有枯木之氣死灰有死灰之氣天下安有有形

無氣之物乎只是既爲枯木死灰之氣則非復生木

浩火之氣生氣已斷不能流行矣以理之乘氣而言

則理之在枯木死灰者固局於氣而各爲一理以理

之本體言則雖枯木死灰而其本體之渾然者固
自若也是故枯木死灰之氣非生木活火之氣而枯
木死灰之理即生木活火之理也惟其理之乘氣而
局於一物故朱子曰理絕不同惟其理之雖局於氣
而本體自如故朱子曰理自理氣自氣不相挾雜局
於物者氣之局也理自理不相挾雜者理之通也今
兄只見理之零零碎碎者局於氣而各為一理不見
渾然一體之理雖枉於氣而無所不通其於一貫之
旨何翅隔重關複領哉荀揚徒見零碎之理各枉一
物而不見本體故有性惡善惡混之說孟子只舉本

體而不及乘氣之說故不能折服告子故曰論性不
論氣不備論氣不論性不明二之則不是今兄所見
只論氣而不論性陷於荀揚矣與其不明昌若不備
之為愈乎道理難看最忌執著一邊見此言而猶不
合則姑且各尊所知不復論辨以待積功後更辨如
何耳

答成浩原

人之所見有三層有讀聖賢之書曉其名目者是一
層也有既讀聖賢之書曉其名目而又能潛思精察
豁然有悟其名目之理臍然在心目之間知其聖賢

之言果不我欺者是又一層也但此一層殺有層級

有悟其一端者有悟其全體者全體之中其悟亦有

淺淺要非口讀目覽之比而心有所悟故俱歸一層

也有既悟名目之理瞭然在心目之間而又能真踐

力行實其所知及其至也則親復其境身親其事不

徒目見而已也如此狀後方可謂之真知也最下一

層聞人言而從之者也中一層望見者也上一層履

其地而親見者也譬如有一高山於此山頂之景勝

斺不可言一人則未嘗識其山之所在徒聞人言而

信之故人言山頂有水則亦以為有水人言山頂有

089

石則亦以爲有石既不能自見而惟人言是從則他
人或以爲無水無石亦不能識其虛實也人言不一
而我見無定則不可不擇其人而從其言也人若可
信者則其言亦可信也聖賢之言必可信故依之而
不違也但既從其言而不能知其意之所在故有人
或誤傳可信者之言亦不得不從也今之學者於道
所見亦如此徒逐聖賢之言而不知其意故或有失
其本旨者或有見其記錄之誤而猶牽合從之者既
不能自見則其勢不得不然也一人則因他人之指
道導識其山之所在舉頭望見則山上勝妙之景渙然

滿眼旣自望見矣他人之誤傳者豈足以動之哉於
是有樂其勝妙之景必欲親履其境而求上山頂者
又有旣見其景自以為樂俯視他人逐逐於言語不
覺撫掌大笑以是為足而不求上山者於望見之中
亦有異焉有自東而見其東面者有自西而見其西
面者有不拘於東西而見其全體者雖有偏全之異
而皆是自見也彼不能自見而從人言者雖能說出
全體非其自言也如鸚鵡之傳人言也則安足以折
服望見一面者之心哉又有一人則旣望見勝妙之
景樂之不已褰衣闊步勉勉上山而任重道遠力量

有限鮮有窺其山頂者矣既窺其山頂則勝妙之景

皆爲我物又非望見之比矣狀而到山頂之中亦有

異焉有望見其東面而上于東面者亦有望其西面

而上于西面者有望其全體而無所不到者上于一

面者雖極其至而不得爲上山之極功也大槩有是

三層而其中曲折不可枚數有先識其山之所在雖

不能望見而上山不已一朝到于山頂則足目俱到

偟爲已物者曾子之類又有不識其山之所在而偶行山

路雖得上山而元不識山又不望見山頂故終不能

到山頂者司馬溫公之類如是之類何可悉舉乎以此取喻

則今之學者大槩從人言者也縱能說出無病不過
依攤模畫耳依攤模畫之中說出無病者亦不可多
見亦可嘆也若孔門弟子及程朱門下之根基不全
不溘者皆望見一面者也曾點則望見全體而以是
為樂不求上山故終於狂者而已也曾點之學有以
見夫人欲盡處天理流行隨處充滿無所欠缺其習
中之樂為如何哉俯視諸子徒見一面規規於事為
之末豈不撫掌大笑乎雖狹樂於此而已曾無偃首
上山之功其檢束之行反不若諸子之謹飭矣所見
之物安得為己物乎若顏曾思孟周張程朱則不止

於望見而親履其境者也朱子六十之年始曰吾今
年方無疑此親見之言也孟子之所謂自得者亦指
此境也就中顏子明道用功甚易譬如人之所處去
山頂本不遠故舉目移足不勞而至也若聖人則本
在山頂者也雖本在山頂而山色無窮勝劣之景不
可不待周覽故雖以孔子之生知安行若禮樂名物
之徒則雖極其山頂而各處一面不能以全體為己
制器度數則必問於人而後知之也若伯夷柳下惠
物者也若異端則所謂山頂者非此山也更有他山
山頂有可驚可愕之物荊榛塞途而惑者乃從之不

亦悲哉人之不能望見此山而徒信人言者為為彼人

指異山為此山而其人素所信重者則必將褰衣涉

榛而從之矣豈不尤可悲哉者望見者則寧有此患

哉但望見一面者所見不全故雖自不惑於異端而

發言之或羞者反誤他人未必不為涉榛途者之助

也此等處尤不可不明目張膽極言而明辨之

近觀整菴退溪花潭三先生之說整菴最高邊溪次

之花潭又次之就中整菴花潭多自得之味邊溪多

依據之味子之說誅整菴則望見全體而微有未盡瑩

者且不能淺信朱子的見其意而氣質英邁超卓故

言或有過當者微涉於理氣一物之病而實非以理

氣為一物也所見未盡瑩故言或過差耳退溪則淺於

信朱子深求其意而氣質精詳慎密用功亦深於其於

朱子之意不可謂不契其於全體不可謂无見而若

窈狀貫通處則猶有所未知故見有未瑩言或微差

理氣互發理發氣隨之說反為知見之累耳花潭則

聰明過人而厚重不足其讀書窮理不拘文字而多

用意思聰明過人故見之不難厚重不足故得少為

足其於理氣不相離之妙處瞭目見非他人讀書

依樣之比故便為至樂以為湛一清虛之氣無物不

096

柱自以爲得千聖不盡傳之妙而殊不知向上夏有
理通氣局一節繼善成性之理則無物不柱而湛一
清虛之氣則多有不柱者也理無變而氣有變元氣
生生不息往者過來者續而已往之氣已無所柱而
花潭則以爲一氣長存往者不過來者不續此花潭
所以有認氣爲理之病也雖狀偏全間花潭是自得
之見也今之學者開口便說理無形而氣有形理氣
浚非一物此非自言也傳人之言也何足以敵花潭
之口而服花潭之心哉惟退溪攻破之說溪中其病
可以救後學之誤見也蓋退溪多依樣之味故其言

拘而謹花潭多自得之味故其言樂而放謹故少失

放故多失寧爲退溪之依樣不必效花潭之自得也

與成浩原

理氣無始實无先後之可言但推本其所以肰則理

是樞紐根柢故不得不以理爲先聖賢之言雖積千

萬大要不過如此而已若於物上觀則分明先有理

而後有氣盖天地未生之前不可謂无天地之理也

推之物物皆肰今吾兄反以極本窮源者爲有先後

而以物上看者爲无先後尋盾枘鑿至於此極不敢

望其歸一也但程子之言曰陰陽无始且道此言是

假託曉譬耶是明白直說耶此言者是假託曉譬則
吾兄之說是矣不朕則安可謂之陰陽有始乎吾兄
之說曲折不同大槩謂有太一之初者此是所見之
根本也此言無病則珥說非矣理氣本自混合皆本
有也非有始生之時故先儒推求不過以一元之初
為始或以一歲之初為始未聞極本窮源而必有太
一之初如吾兄之說者也且吾兄以有先後者為實
朕而嘲珥妄見未知吾兄亦以無先後者為假託乎
昔者老子之言曰有生於無莊子之言曰有有也者
有無也者有未始有无也者有未始有夫未始有无

也者此等皆是太一之初之說也大抵凡物有始則
必有終天地至大而惟其有始故不免變滅若使此
氣之源實有所始則其必變滅而有无氣之時矣其
形狀何如耶惟其無始也故又無終無始無終故無
竅无外也曾與吾兒論太極動而生陽余曰此是樞
紐根柢之說非謂陰陽自無而生也兒亦即可余心
自幸矣不意今者吾兒做出太一之初之說以爲陰
陽自無而生不免老莊之說極令人駭嘆寢食不安
也道理不可容易言之溪願積久玩索也
理通氣局要自本體上說出亦不可離了本體別求

流行也人之性非物之性者氣之局也人之理即物
之理者理之通也方圓之器不同而器中之水一也
大小之瓶不同而瓶中之空二也氣之一本者理之
通故也理之萬殊者氣之局故也本體之中流行具
焉流行之中本體存焉由是推之理通氣局之說果
落一邊乎愛曰仁宓曰義之類不一而足先儒何嘗
不以一字論理耶此柱淡思細究亦不可強合也前
書琈說頗傷陵屬來示果當淡謝淡謝但氣斷理通
有形无氣人心失本狀之氣等說皆非琈語試取前
書而夏觀之何如若變其語而反詞之則是自作元

隻而求克其訟也無乃不能平心之過耶呵呵以偏

塞爲失其本狀之氣者雖似不當但以孟子失其本

心之語求之則恐不悖理本心不可失而猶謂之失

則況湛一之變爲汙穢者不可謂之失乎夏思之何

如至如以勉齋之論爲得强敵者尤近於戲語若以

道理相辨則刡羗可詢狂言可擇珥亦可以容喙矣

今若不求之道理而惟强弱是觀則一遏澆足以勝

十李珥矣況將勉齋助之乎是羣虎搏一羊也餘不

能言只拄面陳

答安應休 天瑞

102

理有體用固也一本之理之體也萬殊之理理之

用也理何以有萬殊乎氣之不齊故乘氣流行乃有

萬殊也理何以流行乎氣之流行也理乘其機故也

故朱子曰太極者本然之妙也動靜者所乘之機也

理本无爲而乘氣流行變化萬端雜流行變化而其

無爲之體則固自若也此等處不可草草理會也吾

友見此理之乘氣流行變化不一而乃以理爲有動

有爲此所以不知理氣也朱子所謂天道流行者指

理之乘氣者也又何疑哉故張子曰由氣化有道之

名氣化非道也理之乘氣化者謂之道故有道之名

達道之達理之在情者也：「之達」之達字，全書本作道．按：此言者，中庸所謂「喜怒哀樂之未發謂之中，發而皆中節謂之和，中也者天下之大本也，和也者天下之達道也．」四句中，指「和也者天下之達道也」．故達與道字皆非也．據上文「天命之性」、「率性之道」及下文「情非和也」，則當作和也．

也天命之性理之枉人者也人非氣耶率性之道理之枉事物者也事物非氣耶達道之達理之枉情者也情非氣耶是故情非和也情之德乃和也情之德乃理之枉情者也若以情爲和則將放情縱欲無所不至矣其可乎人之喜怒哀樂猶天之春夏秋冬也春夏秋冬乃氣之流行也所以行是氣者乃理也喜怒哀樂亦氣之發動也所以乘是氣機者乃理也大抵有形有爲而有動有靜者氣也無形無爲而枉動枉靜者理也理雖無形無爲而氣非理則無所本故曰無形無爲而爲有形有爲之主者理也有形有爲

而為無形無為之罷者氣也是故性理也心氣也情
是心之動也先賢於心性有合而言之者孟子曰仁
人心是也有分而言之者朱子曰性者心之理是也
析之得其義合之得其旨然後知理氣矣情字命名
之意從性從肉是血氣行理之名也今以先儒之說
證之朱子曰憂是情憂之理是仁今君以情為理則
是以憂為理也憂若是理則又豈有理之理乎其不
可一也朱子嘗以人情天理並言者非一今君以情
為理則是朱子以兩理並言也其不可二也程子曰
情既熾而益蕩其性鑿矣今君以情為理則理亦有

熾而害性者乎其不可三也且君既云情有善惡矣

而猶以為理則理亦有善惡理乎其不可四也先

賢多就情上論天理以情之善者為天理之流行君

有見乎此而偏執之故不問是非而惟先入為主殊

不知此非以情為天理也謂天理流行於情上耳夫

理必寓氣氣必載理未發也理在於心而其名為性

已發也理在於情而其名為道若夫情之不循理者

只是私欲而違達道者也如此立言則可以顛撲不

破矣

答安應休

情是心之動也氣機動而爲情乘其機者乃理也是
故理在於情非情便是理也性發爲情其初无有不
善云者是單舉善情一邊耳非通論善惡之情也四
端即明德之發名目豈異哉合心性而總名曰明德
指其情之發處曰四端耳善情是循天理者也於情
上見天理之流行非謂情是天理也程子曰心如穀
種其生之性乃仁也陽氣發處乃情也陽氣發處是
芽也今高論以桃仁爲仁以芽爲仁之發而不知生
理之竗在芽而非芽爲生理則是昧乎理氣之分也
朱子所謂溫和慈愛底道理者即所謂慶之理也底

字之字同一語意何有不同乎大抵性即理也理無
不善但理不能獨立必寓於氣狀後爲性氣有清濁
粹駁之不齊是故以其本狀而言則性善而情亦善
以其兼氣而言則性且有善惡情豈无善惡乎若曰
情无不善則是指聖人而言也非通論天下之情也
性雖有善惡而當其未發之際幾微不動四德渾狀
氣未用事故中庸謂之中中者大本也及其既動其
氣清明惟理是從則乃中節之情而是達道也豈有
纖毫之疵累乎惟其氣質不齊其動也氣或不清不
能循理則其發也不中而馴至於惡自其初動而已

狀非厥初必善而厥流乃惡也故周子曰誠无為幾
善惡誠无為者未發也幾者動之微者也動之微也
已有善惡幾乃情也意者緣計較者也情則不得
自由驀地發動意則緣是情而商量邁用故朱子曰
意緣有是情而發用延世儒者多曰情无不善而意
有善惡此徒知有本狀之性情而不知有氣之性
情也徒知意之名而不知意之實也余故曰心之初
動者為情緣是情而商量者為意聖人復起不易斯
言矣人心道心通情意而言者也人莫不有性亦莫
不有形此心之知覺蒭由形之寒煖飢飽勞佚好惡

而發則謂之人心初非不善而易流於人欲故曰危

直由性之仁義禮智而發則謂之道心此則旣无不

善務在擴而大之也只是精微難見故曰徵所爲而

發者有二名而其知覺則一也故曰人心道心非二

心也人心道心旣非二心則四端七情亦非二情也

情之總名曰七情而揀擇其善情曰四端也朱子發

於理發於氣云者只是指四端之主理七情之兼言

氣耳傳錄未必无誤若必以七情四端分二邊則人

性之本狀與氣質亦分爲二性矣安有是理乎天理

者无爲也必乘氣機而乃動氣不動而理動者萬无

其理性之乘氣而動者乃爲情則離氣求情豈不謬
乎然則以情爲理者可見其非矣若曰理在於情則
可也溫和慈愛者情也所以溫和慈愛者理也是乃
仁也若便以溫和慈愛爲理則是不知道器之分也
理之未發也渾然全具則仁之體也理之既發也此
心溫和慈愛而理亦寓焉理之在溫和慈愛者乃理
之用也非溫和慈愛便是理也理之渾然而不可名
狀者則所以煦者也理之發用而在於溫和慈愛者
則所當狀者也天之元亨利貞是人之仁義禮智也
春夏秋冬之溫煖凉冷者猶人之慈愛恭敬斷制分

別者也今若以温煖凉冷爲元亨利貞則非知道者

也豈可以慈愛恭敬斷制分別而謂之理乎此虛極

精微恐難艸艸思繹而優曉也

人心道心圖説 壬午○奉教製進

臣按天理之賦於人者謂之性合性與氣而爲主宰

於一身者謂之心心應事物而發於外者謂之情性

是心之體情是心之用心是未發已發之摠名故曰

心統性情性之目有五曰仁義禮智信情之目有七

曰喜怒哀懼愛惡欲情之發也有爲道義而發者如

欲孝其親欲忠其君見孺子入井而惻隱見非義而

善惡過宗廟而恭敬之類是也此則謂之道心有爲

口體而發者如飢欲食寒欲衣勞欲休精盛思室之

類是也此則謂之人心理氣渾融元不相離心動爲

情也發之者氣也所以發者理也非氣則不能發非

理則无所發安有理發氣發之殊乎但道心雖不離

乎氣而其發也爲道義故屬之性命人心雖亦本乎

理而其發也爲口體故屬之形氣方寸之中初无二

心只於發處有此二端故發道心者氣也而非性命

則道心不生原人心者理也而非形氣則人心不生

此所以或原或生公私之異者也道心純是天理故

有善而无惡人心也有天理也有人欲故有善有惡
如當食而食當衣而衣聖賢所不免此則天理也因
食色之念而流而爲惡者此則人欲也道心只可守
之而已人心易流於人欲故雖善亦危治心者於一
念之發知其爲道心則擴而充之知其爲人心則精
而察之必以道心節制而人心常聽命於道心則人
心亦爲道心矣何理之不存何欲之不遏乎真西山
論天理人欲極分曉於學者功夫甚有益但以人心
專歸之人欲一意克治則看未盡者朱子既曰雖上
智不能无人心則聖人亦有人心矣豈可盡謂之人

欲乎以此觀之則七情即人心道心善惡之摠名也

孟子就七情中剔出善一邊目之以四端四端即道

心及人心之善者也四端不言信者程子曰既有誠

心為四端則信在其中矣蓋五性之信如五行之土

无定位无專氣而寄旺於四時論者或以四端為道

心七情為人心四端固可謂之道心矣七情豈可只

謂之人心乎七情之外无它情若偏指人心則是舉

其半而遺其半矣子思子以七情之未發者謂之中

已發者謂之和論性情之全德而只舉七情則寧有

偏舉人心之理乎此則較然无可疑者矣性具於心

而發為情性既本善則情亦安无不善而情或有不
善者何耶理本純善而氣有清濁氣者盛理之器也
當其未發氣未用事故中體純善及其發也善惡始
分善者清氣之發也惡者濁氣之發也其本則只天
理而已情之善者乘清明之氣循天理而直出不失
其中可見其為仁義禮智之端故目之以四端情之
不善者雖亦本乎理而既為汙濁之氣所掩失其本
體而橫生或過或不及本於仁而反害仁本於義而
反害義本於禮而反害禮本於智而反害智故不可
謂之四端耳周子曰五性感動而善惡分程子曰善

惡皆天理朱子曰因天理而有人欲皆此意也今之
學者不知善惡由於氣之清濁求其說而不得故乃
以理發者為善氣發者為惡使理氣有相離之失此
是未瑩之論也臣不揆愚憒謹作圖如左

水氣智性信禮心火
金義仁木

道心—善
人心
總名之
曰七情

惡

仁之端
義之端
禮之端
智之端

天理之直出者

本仁而反害仁
本義而反害義
本禮而反害禮
本智而反害智

人欲之橫生者

117

克己復禮說　壬午冬〇詔使黃洪憲作

竊謂仁者本心之全德禮者天理之節文已者一身
之私欲也人莫不具此本心而其所以未仁者由有
私欲間之也欲去私欲須是整理身心一遵乎禮然
後已可克而禮可復矣義禮智均是天理而獨舉禮
者禮是撿束身心底物事視聽言動悉循天則動容
周旋皆中節文則心德斯全而義智在其中矣顏子
一聞聖訓擔當勇詣優復天性此所以獨稱好學也
小邦之人所見孤陋只守程朱之說實无它道理可
以敷衍雖欲不拘窠臼不可得也

論心性情

余謂季鷹曰大抵氣質之性非別性也氣質包性與
生俱生故謂之性也氣質如甌性如水清淨甌中儲
水者聖人也甌中有沙泥者中人也全然泥土中有
水者下等人也至如衡獸雛塞莫不有水譬如和水
泥塊子也終不可澄清蓋溼性已乾无計可澄且不
見其有水而亦不可謂之无水也聖人情无不中君
子情或不中而意无不中常人或情中而意不中或
情不中而意中若以情為无不善任情而行則何嘗
不敗事朱子曰情者性之用性者情之體心為性情

之主斯言亦包氣質而言不可不省

右李子性理書乃李子門人黙齋李

以漢孫郭齋公之不肅也夫李子嘗

陌後一人也其德業事功文章經術

備在全書原已昭日月於中天源河

海於大地矣而就中心性理彙之說

裒千古之秘奧牖百世之羣蒙為士

者不可一日無此也蓋全書浩汗而

雜糅此編簡約而易知故弆朱書之

况有大全又有節要此吾党先生纂輯

之本意也小子魺舉弆素污函丈於

沕上承教之餘謹以是事窃不自撰

其僣猥昀與摹洿及誌蓋付诸剞劂

一以遂逐丈簧嵗之志一以守中子

景怖之誠示應嵗他日關劃全書之

鍔虺云甫丙子上元新畬門人㳽川

朴基樉謹跋